Praxis des Übersetzens
Polnisch – Deutsch
Deutsch – Polnisch

Mit Übungen, Kommentaren und Fehleranalysen

von
Grażyna Milińska

Oldenbourg Verlag München

Bibliografische Information der Deutschen Nationalbibliothek

Die Deutsche Nationalbibliothek verzeichnet diese Publikation in der Deutschen
Nationalbibliografie; detaillierte bibliografische Daten sind im Internet über
http://dnb.d-nb.de abrufbar.

© 2011 Oldenbourg Wissenschaftsverlag GmbH
Rosenheimer Straße 145, D-81671 München
Telefon: (089) 45051-0
www.oldenbourg-verlag.de

Lektorat: Kristin Beck
Herstellung: Constanze Müller
Titelbild: thinkstockphotos.de
Einbandgestaltung: hauser lacour
Gesamtherstellung: Grafik & Druck GmbH, München

Dieses Papier ist alterungsbeständig nach DIN/ISO 9706.

ISBN 978-3-486-70350-4

Vorwort

Übungsgrundlage von „Praxis des Übersetzens Polnisch-Deutsch/Deutsch-Polnisch" sind Artikel und Interviews aus der polnischen und deutschen Presse, überwiegend aus dem Jahr 2010. Ihre Thematik lässt sich aus den Überschriften der Kapitel erschließen. Mehrere Texte befassen sich mit politischen Ereignissen in Deutschland und Polen. Der Schwierigkeitsgrad ist – eine sichere Beherrschung beider Sprachen vorausgesetzt – als mittelschwer einzustufen. Die Kapitel 1 bis 10 enthalten Übungen, lexikalische Erläuterungen und Übersetzungsbeispiele. In den Kapiteln 11 bis 20 finden sich dazu die Lösungen, Kommentare und Fehleranalysen.

Bei der Arbeit an dem Buch habe ich langjährige didaktische Erfahrungen aus meinen Lehrveranstaltungen zur Vorbereitung auf die Staatliche Prüfung für Übersetzer und Übersetzerinnen beim Staatlichen Prüfungsamt für Übersetzer Berlin sowie meine Erfahrungen als Fachprüferin genutzt. Das Buch ist für Prüfungskandidaten, Studenten und für alle gedacht, die das Übersetzen praktisch üben möchten. Ich hoffe, dass es interessierten Personen beim Selbststudium eine wertvolle Hilfe ist.

Translationstheorien, die in der zweiten Hälfte des 20. Jahrhunderts entstanden und bis heute lebhaft diskutiert werden, sind nicht Gegenstand dieses Buches. Wer sich hier einen Überblick verschaffen möchte, sei auf die Auswahl übersetzungswissenschaftlicher Werke in der Bibliographie verwiesen.

Ich danke allen, die mir bei der Arbeit an dem Buch geholfen haben. Nützliche Anregungen bekam ich von den Instituten für polnische Sprache an den Universitäten Warschau und Breslau. Mitarbeiterinnen und Mitarbeiter der Gesellschaft für deutsche Sprache in Wiesbaden beantworteten meine Fragen mit viel Verständnis für deren translatorische Problematik und brachten wertvolle Ideen ein.

Ein besonderer Dank gilt meiner Lektorin Frau Kristin Beck, die mich einfühlsam begleitete und dem Manuskript an manch einer Stelle den letzten Schliff verlieh sowie Frau Sarah Voit, die sich geduldig um die äußere Gestaltung des Buches kümmerte.

Es gab auch einen engeren kleinen Kreis von Personen, die mich unterstützt haben. Vorzügliche Hilfe war mir ein Austausch über lexikalische Raffinessen, insbesondere der juristischen Terminologie, und dann und vor allem – die großartige und zuverlässige Unterstützung beim Recherchieren, wiederholten Korrekturlesen, bei den letzten inhaltlichen, sprachlichen und stilistischen Verbesserungen – ein herzliches Dankeschön! Glücklich schätzen kann sich eine Autorin, der so viel Entgegenkommen zuteil geworden ist.

Sollten sich Fehler – welcher Art auch immer – dennoch in das Manuskript eingeschlichen haben, übernehme ich für sie die alleinige Verantwortung.

Grażyna Milińska   Berlin, im März 2011

Inhalt

1 Komorowski to siła spokoju

1.1 Haupttext

Komorowski to siła spokoju

Jarosław Kaczyński ma charyzmę, ale nie sądzę, aby się zmienił jako polityk – ocenia Jarosław Gowin, poseł PO

Rz: Dlaczego uważa pan, że polska polityka, w szczególności polityka Platformy, jest plastikowa i infantylna?

Jarosław Gowin, członek zarządu PO: Nie mówiłem o polityce Platformy, tylko o polskiej polityce ostatnich kilkunastu lat.

Rz: Skąd taka ocena?

Brakuje dużych politycznych projektów. Ostatnim był projekt IV RP. Zawierał trafną diagnozę polskiej sytuacji i trafny postulat przebudowy instytucji państwowych. Został jednak skompromitowany przez praktykę rządów PiS – LPR – Samoobrona. Od tamtego czasu weszliśmy w fazę politycznego minimalizmu. Po burzliwych latach 2005 – 2007 Polacy zatęsknili za stabilizacją. […]

Rz: Chwaląc pomysł IV RP, burzy pan strategię kandydata PO Bronisława Komorowskiego, która zasadza się na walce III RP przeciwko IV RP.

Nie od tego jestem w polityce, by się wpisywać w jakieś kampanijne strategie. Zamierzam działać na rzecz Komorowskiego. Ale nie dlatego, żeby wpisywać się w jakąś walkę między III a IV RP. Tylko dlatego, że uważam go za lepiej przygotowanego do prezydentury. A przede wszystkim dlatego, że Polska potrzebuje silnej władzy, skupionej w jednym ośrodku.

Rz: Skąd to przekonanie?

Kohabitacja w polskim wydaniu kompletnie się nie udała. A przy Jarosławie Kaczyńskim byłaby dramatycznie trudniejsza. Ze względu na jego sposób uprawiania polityki i cechy osobowościowe.

*Rz: Jakie cechy ma pan na myśli? Przecież Kaczyński nie jest plastikowy ani infantylny.
A to właśnie zarzuca pan polityce?*

Nigdy nie zarzuciłbym mu, że jest politykiem infantylnym. To ktoś, kto podchodzi do
polityki niesłychanie poważnie. Ma „klasyczne" podejście do polityki.

Rz: Co to oznacza?

On uważa, iż polityk powinien się mierzyć z wielkimi wyzwaniami swoich czasów. I
przede wszystkim starać się realizować własny program. A w mniejszym stopniu
kierować się sondażami, politycznym PR. To w postawie Kaczyńskiego cenię.
Natomiast nie zgadzam się z jego stylem polityki i pomysłem na Polskę.

Rz: Ale chwalił pan pomysł IV RP.

To nie był jego pomysł na państwo. Przeciwnie – uważam, że PiS w poprzedniej
kadencji przejął ten projekt, realizując go niesłychanie wybiórczo i instrumentalnie.
Starał się nadmiernie scentralizować państwo, rozszerzać sferę jego ingerencji. A ja
uważam, że państwo należy rzeczywiście wzmacniać, zarazem ograniczając obszar
jego działania. Na to nałożył się styl działania Jarosława Kaczyńskiego. Jest
człowiekiem nieustającego konfliktu, starał się rządzić przez zarządzanie konfliktami,
które sam wywoływał. Nie chciałbym tego wątku rozwijać, by nie usłyszeć, że
uprawiam czarny PR. [...]

1.2   Lexik

Komorowski to siła spokoju

Die Erde ist ein Planet. Tiger sind Raubtiere, Tulpen Blumen. Aber – ist *Komorowski die Stärke der Gelassenheit, verkörpert* er sie oder *liegt* vielmehr *in der Gelassenheit seine Kraft?* Dass *to* sich nicht immer mit dem Verb *sein* wiedergeben
lässt bzw. wiedergegeben werden muss, ist ja bekannt.

Komorowski to siła spokoju bedeutet erheblich mehr, als dass er Gelassenheit aus-
strahlt oder dass in der Gelassenheit sein Naturell zum Ausdruck kommt.

Komorowski verkörpert die Kraft der Gelassenheit käme der Intention des Aus-
gangstextes näher. *In Komorowskis Ruhe liegt seine K*raft ist stilistisch elegant, er-
innert aber an *In der Ruhe liegt die Kraft,* erläutert also vielmehr die Herkunft der
Kraft, was das Original jedoch nicht beabsichtigt.

Tiger sind Raubtiere. Sie verkörpern nicht Raubtiere, sie sind es. Komorowski besitzt nicht
die Stärke der Gelassenheit, er strahlt sie nicht nur aus, er *ist* sie. Also ist *Komorowski die
Stärke der Gelassenheit.* Oder: *Komorowski – die Stärke der Gelassenheit.*

Pomysł IV RP został jednak skompromitowany przez praktykę rządów PiS – LPR – Samoobrona.

Die Regierungspraxis der Koalition PiS–LPR–Samoobrona (Recht und Gerechtig-keit – Liga Polnischer Familien – Selbstverteidigung) hat das Konzept der IV. Pol-nischen Republik lächerlich gemacht.

Eventuell auch (vgl. Zitate): *Das Konzept der IV. Polnischen Republik wurde durch die Regierungspraxis von PiS–LPR–Samoobrona (Recht und Gerechtigkeit – Liga Polnischer Familien – Selbstverteidigung) kompromittiert.*

Wir teilen offensichtlich die Faszination für das Kino und reagieren allergisch auf Leute, die unsere Visionen zu kompromittieren drohen. (Quelle: berlinonline.de vom 21.01.2005) Wohl auch, um diese Position nicht zu kompro-mittieren, blieb man dem „Wettgipfel" fern. (Quelle: fr-aktuell.de vom 18.05.2005)

Chwaląc pomysł IV RP, burzy pan strategię kandydata PO, która zasadza się na walce III RP przeciwko IV RP.

Indem Sie die Idee der IV. Polnischen Republik loben, zerstören Sie die Strategie des PO-Kandidaten, die sich auf eine Kampfansage der III. Polnischen Republik gegen die IV. Polnische Republik gründet.

Chwaląc, burzy pan strategię – indem Sie loben, zerstören Sie die Strategie/machen Sie die Strategie zunichte

strategia zasadza się na walce – die Strategie gründet sich auf eine Kampfansage

Um die allzu häufige Wiederholung von *Polnische Republik* zu vermeiden, emp-fiehlt es sich, den Satz zu verkürzen.

Indem Sie die Idee der IV. Polnischen Republik loben, machen Sie die Strategie des Kandidaten der PO (Bürgerplattform) zunichte, die sich auf eine Kampfansage der III. Polnischen Republik gegen die IV. gründet.

Oder: *Indem Sie die Idee der IV. Polnischen Republik loben, zerstören Sie die Stra-tegie des Kandidaten der Bürgerplattform, die sich auf eine Kampfansage der III. Republik gegen die IV. gründet.*

A ja uważam, że państwo należy rzeczywiście wzmacniać, zarazem ograniczając obszar jego działania.

Das im Polnischen so beliebte Partizip Präsens *robiąc, idąc, czytając* wird zwar oft aber nicht immer mit *indem* wiedergegeben.

Ich bin der Ansicht, dass man den Staat in der Tat stärken, seinen Handlungsspiel-raum gleichzeitig einschränken muss.

obszar działania – Handlungsspielraum

Die im Zuge der Globalisierung auf europäischer Ebene gewachsene Anzahl von Vetospielern in den parlamentari-
schen Demokratien schränkt den Handlungsspielraum von Regierungen ein. (Quelle: fr-aktuell.de vom
08.02.2005) Die SPD-Wehrexperten Rainer Arnold und Hans-Peter Bartels begrüßten in einer gemeinsamen Erklärung die Feststellung des Gerichts, dass dem Gesetzgeber „ein politischer Handlungsspielraum zur Ausgestaltung
der Wehrpflicht" gegeben sei. (Quelle: fr-aktuell.de vom 21.01.2005)

Nie od tego jestem w polityce, by się wpisywać w jakieś kampanijne strategie.

*Ich sehe meine Aufgabe in der Politik nicht darin, mich an irgendwelchen Wahl-
kampfstrategien zu beteiligen.*

Nie być od czegoś – heißt umgangssprachlich so viel, wie etwas nicht für seine Aufgabe halten.

Wpisywać się ist in dem vorliegenden Kontext wahrscheinlich am günstigsten als
sich beteiligen wiederzugeben. Ansonsten auch *sich anpassen, sich einreihen, zuge-
ordnet werden (z. B. einem Trend).*

Zamierzam działać na rzecz Komorowskiego.

Ich habe vor Komorowski zu unterstützen.

Den Kontext bildet der bevorstehende Wahlkampf, in dem ein Politiker auf die Unterstützung seiner Parteifreunde bzw. Anhänger hoffen kann und sie dann auch im
Normalfall bekommt. *Unterstützen* ist hier das nächstliegende Verb. *Sich für jdn.
einsetzen* würde man in einer Konfliktsituation verwenden, in der sich jemand für
jemanden anders einsetzt, indem er ihn verbal verteidigt oder lobt. Auch bei einer
Bewerbung, wenn jemand einen bestimmten Kandidaten durchzusetzen versucht.

Zugunsten von wird oft in Verbindung mit *der Opfer* oder *zugunsten einer guten
Sache* (Spendenaktion, Nothilfe) gebraucht.

Erbsensuppe, Glühwein und Kakao werden auch zugunsten dieses guten Zwecks verkauft. (Quelle: abendblatt.de
vom 04.01.2005) Der Berliner Fußball-Bundesligaklub will auch das Spiel zum Anlass für eine Spendenaktion
zugunsten der Flutopfer in Asien nehmen. (Quelle: archiv.tagesspiegel.de vom 08.01.2005) Sie laden am 25. Januar
zu einer „Charity Gala" zugunsten der Unicef Nothilfe ins Kempinski Hotel Atlantic. (Quelle: welt.de vom
14.01.2005)

Polska potrzebuje silnej władzy, skupionej w jednym ośrodku.

Polen braucht eine starke Führung, die von einem einzigen Machtzentrum ausgeht.

Lexikalische Varianten wie *Macht, Gewalt* (PONS; PWN) sind hier wenig hilfreich.

Die politische Führung und ihre Sicherheitsdienste wissen also, dass man ihnen auf die Finger schaut. (Quelle: sueddeutsche.de vom 08.01.2005) Als Präsident wird Talabani mehr Ehre zukommen als wirkliche politische Macht, denn die Verfassung bestimmt den Ministerpräsidenten und dessen Regierung als eigentliches Machtzentrum. (Quelle: tagesschau.de vom 07.04.2005)

On uważa, iż polityk powinien się mierzyć z wielkimi wyzwaniami swoich czasów. I przede wszystkim starać się realizować własny program.

Er ist der Ansicht, ein Politiker solle sich den großen Herausforderungen seiner Zeit stellen. Und vor allem sein eigenes Programm umsetzen.

mierzyć z wielkimi wyzwaniami – sich den großen Herausforderungen seiner Zeit stellen; nicht: sich messen an den Herausforderungen; *realizować program – das Programm umsetzen* (sonst auch *Pläne, Träume verwirklichen/realisieren*)

Jest człowiekiem nieustającego konfliktu, starał się rządzić przez zarządzanie konfliktami, które sam wywoływał.

Er ist ein Mann fortwährenden Konfliktes, sein Regierungsstil bestand darin, selbst generierte Konflikte zu managen.

Managen ist ein vielfältig einsetzbares Verb:

Diese Verträge – ich nenne sie Wegekarten zu vortrefflicher Leistung – gestatten den Kindern, ihr eigenes Leben zu managen. (Quelle: abendblatt.de vom 26.04.2005) Gerade für jemanden wie Hubert Kleinert, der einmal nah dran war an denen, die jetzt grüne Politik managen. (Quelle: spiegel.de vom 30.04.2005) Um die Masse der Informationen zu managen, saßen die Moderatoren gleich vor drei Laptops, kamen aber trotzdem gelegentlich durcheinander. (Quelle: spiegel.de vom 03.05.2005)

poseł PO; członek zarządu PO; kadencja

PO-Abgeordneter, Abgeordneter der Bürgerplattform (PO)

Mitglied des PO-Vorstands, Vorstandsmitglied der Bürgerplattform

die Legislaturperiode

Od tamtego czasu weszliśmy w fazę politycznego minimalizmu.

Es ist nicht *der politische Minimalismus,* der Probleme bereitet, sondern *od tamtego czasu weszliśmy.* Das Verb *wejść* muss je nach Kontext – *wejść na giełdę, w posiadanie, do polityki, w wiek emerytalny, na stronę internetową* oder *w nałóg* – unterschiedlich übersetzt werden. In *wejść na giełdę* deutet *wejść* auf eine aktive Haltung hin, der Gang an die Börse ist kein zufälliges Ereignis. Anders, wenn jemand *wszedł w wiek emerytalny, das Pensionsalter erreicht hat.*

Wie aktiv ist *wejść* in *weszliśmy w fazę politycznego minimalizmu?* Ist der politische Minimalismus über das Land hereingebrochen (einem unvorhergesehenen Ereignis gleich) oder hat das Volk ihn selbst gewollt und erreicht?

Es heißt im Originaltext, die Jahre 2005–2007 seien aus politischer Sicht stürmisch gewesen. Das Volk sehnte sich, *sehnten wir uns,* nach Stabilität. Diese Sehnsucht fand Erfüllung im Ausgang der Wahl von 2007, im Wechsel der politischen Richtung und in der Abkehr von der damaligen Idee von Polen – der IV. Republik.

Dann traten wir in eine Phase des politischen Minimalismus ein wäre – mit der Korrektur auf *dann* statt *seitdem* – dem polnischen Original am nächsten. Möglich wäre auch *Seitdem befinden wir uns in einer Phase des politischen Minimalismus,* wobei hier das aktive *weszliśmy* verloren geht.

Nie chciałbym tego wątku rozwijać, by nie usłyszeć, że uprawiam czarny PR.

uprawiać czarny PR – wie im Polnischen *schwarze PR betreiben; wątek – Thema;* kontextabhängig auch *Gedanke, Grundgedanke, Hauptgedanke, Motiv, Hauptmotiv, Strang, Hauptstrang; by nie usłyszeć – sonst wird es noch heißen* oder *sonst wird man mir noch nachsagen* oder *um nicht zu hören zu bekommen*

Czarny PR (auch *czarny pijar*) – *schwarze PR,* negativer Wahlkampf, beinhaltet Methoden und Handlungen, deren Ziel es ist, den politischen Gegner (auch ein Unternehmen) in den Augen der Öffentlichkeit zu diffamieren. Mit gezielten Methoden – entsprechend präparierten Äußerungen oder Andeutungen – versucht man den Gegner in den Augen der Öffentlichkeit zu kompromittieren.

projekt IV RP

das Projekt der IV. Polnischen Republik

Der Idee der IV. Polnischen Republik liegt ein tiefgreifender politischer und moralischer Wandel im Lande zugrunde, den die PiS in den Parlamentswahlen 2005 zum allerersten Mal und in Abgrenzung zum liberalen Programm der Bürgerplattform propagierte. Das ideologische Programm der IV. Polnischen Republik umfasste u. a. eine moralische Erneuerung des öffentlichen Lebens, Wiederbelebung nationaldemokratischer Traditionen, Bekämpfung der Korruption. Mit der IV. Polnischen Republik werden oft die Jahre 2005–2007 assoziiert.

kohabitacja

Kohabitation ist im Deutschen ein medizinischer Begriff und ein Synonym von: Akt, Koitus, Kopulation, Vereinigung, Verkehr (vgl. Wortschatz Uni Leipzig). Als Tatbestand verschiedener sexueller Straftaten wird im deutschen Strafgesetzbuch allerdings nur der Begriff *Beischlaf* verwendet (vgl. § 177 SGB).

Darüber hinaus handelt es sich um einen politikwissenschaftlichen Begriff, der (vor allem in Bezug auf Frankreich) die Zusammenarbeit des Staatspräsidenten mit der Regierung einer anderen politischen Richtung bedeutet (vgl. DUDEN. FREMDWÖR-TERBUCH). Das hat zur Folge, dass das Staatsoberhaupt auf eine enge Zusammenarbeit mit der Regierung und der sie tragenden Parlamentsmehrheit angewiesen ist.
In Polen gab es eine Kohabitation seit den Parlamentswahlen 2007 bis April 2010. Der Staatspräsident und der Premierminister gehörten zwei entgegengesetzten politischen Lagern, der PiS und der Bürgerplattform, an.

Beide – der links-liberale Präsident Mesic und der konservative Premier Sanader müssen sich auf weitere Jahre der Kohabitation einstellen. (Quelle: tagesschau.de vom 18.01.2005) Das Manöver schlug fehl: Frankreich wählte eine „linke" Mehrheit, und der Präsident musste mit dem sozialistischen Premier Lionel Jospin fünf Jahre in „Kohabitation" leben. (Quelle: fr-aktuell.de vom 24.05.2005) Chirac mußte sich wohl oder übel in die fünf Jahre lang dauernde Kohabitation mit den Linken schicken. (Quelle: welt.de vom 24.05.2005)

Mówiłem o polityce ostatnich kilkunastu lat.

Kilkanaście bereitet dem Übersetzer fast immer Kummer. *Über zehn* (PWN) ist nicht in jedem Fall präzise und stilistisch günstig, *ein Dutzend/ein gutes Dutzend* (PONS) beginnt, streng mathematisch betrachtet, bei 12. Mit der Umschreibung *zwischen elf und neunzehn* läuft man die Gefahr, den Stil zu verschandeln. Im Falle des gesprochenen Satzes *Mówiłem o polityce ostatnich kilkunastu lat* besteht diese Gefahr allerdings kaum. Der Satz lässt sich als *Ich sprach von der Politik der letzten zehn bis zwanzig Jahre* übersetzen.

1.3   Landeskunde

Die allgemeine Kenntnis der politischen, wirtschaftlichen und kulturellen Situation beider Länder (Land der Ausgangs- bzw. der Zielsprache) ist beim Übersetzen eine notwendige Voraussetzung. Beim Übersetzen von Texten zu aktuellen politischen und gesellschaftlichen Ereignissen stößt der Übersetzer auf Namen von Parteien und Organisationen. Diese muss er so wiedergeben, dass der Leser auch versteht, was sich hinter den Abkürzungen verbirgt. Z. B. *poseł PO – ein Abgeordneter der PO (Bürgerplattform), ein Abgeordneter der Bürgerplattform (PO), die PiS (Recht und Gerechtigkeit).*

Politische Parteien in Polen (Auswahl):

- *Platforma Obywatelska (PO) – die Bürgerplattform*

- *Sojusz Lewicy Demokratycznej (SLD) – Bund der Demokratischen Linken*

- *Polskie Stronnictwo Ludowe (PSL) – die Polnische Bauernpartei*

- *Prawo i Sprawiedliwość (PiS) – Recht und Gerechtigkeit*

- *Liga Polskich Rodzin (LPR) – Liga Polnischer Familien*

- *Samoobrona (Samoobrona Rzeczpospolitej Polskiej/Samoobrona RP) – Selbstverteidigung der Republik Polen*

Parteien in Deutschland (Auswahl):

- *CDU (Christlich Demokratische Union Deutschlands) – Unia Chrześcijańsko-Demokratyczna, chadecja, chadecy*

- *CSU (Christlich-Soziale Union) – Unia Chrześcijańsko-Społeczna*

- *FDP (Freie Demokratische Partei) – Wolna Partia Demokratyczna, Wolni Demokraci, liberałowie*

- *SPD (Sozialdemokratische Partei Deutschlands) – Socjaldemokratyczna Partia Niemiec, socjaldemokraci*

- *Bündnis 90/Die Grünen – Związek 90/Zieloni* (bevorzugt in der polnischen Presse); *Sojusz 90/Zieloni* (PWN); in der aktuellen Presse auch *Zieloni* (vgl. POLITYKA)

1.4   Übungen

ÜBUNG 1

Welche Sätze geben den Inhalt des Originals inhaltlich falsch oder zumindest ungenau wieder? Warum?

A) Komorowski to siła spokoju

1. Komorowski – die Stärke der Gelassenheit

2. Komorowskis Ruhe resultiert aus seiner Stärke

3. Komorowskis Macht ist seine Gelassenheit

B) Jarosław Kaczyński ma charyzmę, ale nie sądzę, aby się zmienił jako polityk – ocenia Jarosław Gowin, poseł PO.

1. „Jarosław Kaczyński verfügt über ein gewisses Charisma, aber ich glaube dennoch nicht, dass er sich verändert hat", sagt Jarosław Gowin, Abgeordneter der Bürgerplattform (PO).

2. „Jarosław Kaczyński hat Charisma, aber ich glaube nicht, dass er sich als Politiker gewandelt hat", sagt Jarosław Gowin, Abgeordneter der Bürgerplattform (PO).

3. „Jarosław Kaczyński ist charismatisch, aber m. E. ist er derselbe Politiker geblieben", sagt Jarosław Gowin, Abgeordneter der Bürgerplattform (PO).

C) Nie mówiłem o polityce Platformy, tylko o polskiej polityce ostatnich kilkunastu lat.

1. Ich habe nicht insbesondere von der Politik der Plattform gesprochen, sondern von der Staatspolitik der letzten zwanzig Jahre.

2. Ich meinte nicht die Politik der Plattform, sondern die polnische Politik der letzten zehn bis zwanzig Jahre.

3. Ich habe mich nicht über die Politik der Plattform unterhalten, sondern über die polnische Politik der letzten zehn bis zwanzig Jahre.

D) Skąd taka ocena?

1. Woher kommt diese Einschätzung?

2. Wie kommen Sie darauf?

3. Woher nehmen Sie das?

E) Brakuje dużych politycznych projektów. Ostatnim był projekt IV RP. Zawierał trafną diagnozę polskiej sytuacji i trafny postulat przebudowy instytucji państwowych. Został jednak skompromitowany przez praktykę rządów PiS – LPR – Samoobrona.

1. Es fehlen große politische Projekte. Das letzte war das Projekt der IV. Polnischen Republik. Es enthielt die treffende Diagnose der Situation in Polen und das richtige Postulat des Umbaus staatlicher Institutionen. Es wurde aber durch die Regierungspraxis von PiS-LPR-Samoobrona (Recht und Gerechtigkeit – Liga Polnischer Familien – Selbstverteidigung) lächerlich gemacht.

2. Es fehlen große politische Projekte. Das letzte war das Projekt der IV. Republik. Es enthielt die treffende Diagnose der politischen Situation und das richtige Postulat des Umbaus von Institutionen. Durch die Politik der Koalition PiS-LPR-Samoobrona (Recht und Gerechtigkeit – Liga Polnischer Familien – Selbstverteidigung) ist dieses Projekt unmöglich geworden.

3. Es fehlt ein großes politisches Projekt. Das letzte war das Projekt der IV. Republik. Es enthielt die treffende Diagnose der politischen Situation und das richtige Postulat des Umbaus staatlicher Institutionen. Durch die lächerliche Politik der Koalition PiS-LPR-Samoobrona (Recht und Gerechtigkeit – Liga Polnischer Familien – Selbstverteidigung) hat dieses Projekt an Bedeutung verloren.

F) Chwaląc pomysł IV RP, burzy pan strategię kandydata PO Bronisława Komorowskiego, która zasadza się na walce III RP przeciwko IV RP.

1. Indem Sie die IV. Polnische Republik loben, zerstören Sie die Politik des PO-Kandidaten Bronislaw Komorowski, der der IV. Republik einen Kampf angesagt hat.

2. Indem Sie die Idee der IV. Polnischen Republik loben, machen Sie die Strategie des PO-Kandidaten Bronisław Komorowski zunichte, die sich auf eine Kampfansage der III. Republik an die IV. Republik gründet.

3. Indem Sie die Idee der III. Polnischen Republik loben, machen Sie die Strategie des PO-Kandidaten Bronisław Komorowski zunichte, die als eine Kampfansage der IV. Republik an die III. gedacht ist.

G) Zamierzam działać na rzecz Komorowskiego. Ale nie dlatego, żeby wpisywać się w jakąś walkę między III a IV RP. Tylko dlatego, że uważam go za lepiej przygotowanego do prezydentury. A przede wszystkim dlatego, że Polska potrzebuje silnej władzy, skupionej w jednym ośrodku.

1. Ich beabsichtige, Komorowski zu unterstützen. Aber nicht deshalb, weil ich in einen Kampf zwischen der III. und der IV. Republik ziehen will, sondern weil ich überzeugt bin, dass Komorowski ein besserer Kandidat sein wird. Und vor allem deshalb, weil das Land eine starke Führung braucht, die von einem einzigen Machtzentrum ausgeht.

2. Ich beabsichtige, zugunsten Komorowskis zu handeln. Aber nicht, weil ich einen Kampf zwischen der III. und der IV. Polnischen Republik entfachen will, sondern weil ich überzeugt bin, dass Komorowski besser darauf vorbereitet ist, das Amt des Präsidenten auszuüben. Und vor allem deshalb, weil das Land eine starke Führung braucht, die von einem einzigen Machtzentrum ausgeht.

3. Ich beabsichtige Komorowski zu unterstützen. Aber nicht deshalb, weil ich mich an einem Kampf zwischen der III. und der IV. Republik beteiligen will, sondern weil ich überzeugt bin, dass Komorowski besser darauf vorbereitet ist, das Amt des Präsidenten auszuüben. Und vor allem deshalb, weil das Land eine starke Führung braucht, die von einem einzigen Machtzentrum ausgeht.

H) Nie od tego jestem w polityce, by się wpisywać w jakieś kampanijne strategie.

1. Ich bin nicht in der Politik, um mich in irgendwelche Strategien einzuschreiben.

2. Ich sehe meine Aufgabe in der Politik nicht darin, mich an irgendwelchen Wahlkampfstrategien zu beteiligen.

3. Ich bin nicht in der Politik, um im Wahlkampf irgendwelche Dinge zu versprechen.

I) Kohabitacja w polskim wydaniu kompletnie się nie udała. A przy Jarosławie Kaczyńskim byłaby dramatycznie trudniejsza. Ze względu na jego sposób uprawiania polityki i cechy osobowościowe.

1. Die polnische Variante der Kohabitation ist gänzlich misslungen. Jarosław Kaczyński würde die Probleme dramatisch verschärfen. Wegen der Art, wie er Politik betreibt und wegen seiner persönlichen Vorzüge.

2. Die polnische Variante der Kohabitation ist gänzlich misslungen. Und mit Jarosław Kaczyński wäre sie erheblich dramatischer. Wegen seiner Art Politik zu betreiben und seiner persönlichen Eigenschaften.

3. Die polnische Variante der Kohabitation ist gänzlich misslungen. Jarosław Kaczyński würde die Probleme kaum entschärfen. Trotz seiner Eigenschaften als Politiker und Mensch.

J) Kaczyński uważa, iż polityk powinien się mierzyć z wielkimi wyzwaniami swoich czasów. I przede wszystkim starać się realizować własny program.

1. Kaczyński vertritt die Ansicht, ein Politiker solle sich den großen Herausforderungen seiner Zeit stellen und sich vor allem bemühen, sein eigenes Programm umzusetzen.

2. Kaczyński ist der Ansicht, dass sich ein Politiker an den großen Herausforderungen seiner Zeit messen und sich vor allem bemühen muss, sein eigenes Programm zu verwirklichen.

3. Kaczyński ist der Ansicht, dass ein Politiker große Herausforderungen haben und sich vor allem um die Verwirklichung seines eigenen Programms bemühen muss.

K) A w mniejszym stopniu kierować się sondażami, politycznym PR.

1. Und sich dabei weniger von Umfragen und der politischen PR beeindrucken lassen.

2. Und sich dabei weniger nach Umfragen und der politischen PR richten.

3. Und dabei weniger die Umfragen zu studieren und sein Image kreieren.

L) To w postawie Kaczyńskiego cenię. Natomiast nie zgadzam się z jego stylem polityki i pomysłem na Polskę.

1. Das schätze ich sehr an Kaczyńskis Haltung. Nicht einverstanden bin ich dagegen mit dem Stil seiner Politik und seiner Idee von Polen.

2. Ich respektiere seine Einstellung. Sein politischer Stil und seine Idee von Polen gefallen mir aber nicht.

3. Kaczyńskis Haltung bedeutet mir viel. Nicht einverstanden bin ich dagegen mit seinem politischen Stil und seiner Idee von Polen.

M) Jest człowiekiem nieustającego konfliktu, starał się rządzić przez zarządzanie konfliktami, które sam wywoływał.

1. Er ist ein Mann fortwährenden Konflikts, sein Regierungsstil bestand darin, selbst generierte Konflikte zu managen.

2. Er ist ein Mann fortwährenden Konflikts, sein Regierungsstil bestand in dem Versuch, von ihm selbst generierte Konflikte zu lösen.

3. Er ist ein Mann fortwährenden Konflikts, sein politischer Stil war ein ewiger Versuch, eigene Konflikte zu bewältigen.

N) Nie chciałbym tego wątku rozwijać, by nie usłyszeć, że uprawiam czarny PR.

1. Ich möchte dieses Thema nicht weiter vertiefen, sonst wird es noch heißen, dass ich schwarze PR betreibe.

2. Ich möchte dieses Thema nicht weiter vertiefen, sonst wird man mir noch danken, dass ich schwarze PR betreibe.

3. Ich möchte dieses Thema nicht weiter vertiefen, sonst wird es noch heißen, dass ich Kaczyński-PR betreibe.

ÜBUNG 2

Mit oder ohne Artikel? Bestimmter oder unbestimmter Artikel? Wählen Sie die richtige Variante.

1. „Jarosław Kaczyński hat <u>ein/–</u> Charisma, aber ich glaube nicht, dass er sich als <u>ein/–/der</u> Politiker gewandelt hat", sagt Jarosław Gowin, <u>ein Abgeordneter/der Abgeordnete/Abgeordneter</u> <u>einer/der/–</u> Bürgerplattform PO.

2. Es fehlen <u>große politische Projekte/die großen politischen Projekte</u>.

3. Das letzte war <u>ein/das</u> Projekt der IV. Republik.

4. Es enthielt die treffende Diagnose der polnischen Situation und das richtige Postulat des Umbaus <u>staatlicher Institutionen/der staatlichen Institutionen</u>.

5. Nach den stürmischen Jahren 2005–2007 sehnten sich die Polen nach <u>einer/der/ –/Stabilität</u>.

6. Mit Jarosław Kaczyński würden sich die Probleme dramatisch verschärfen. Wegen der Art, wie er <u>eine/die/–/</u> Politik betreibt und wegen seiner persönlichen Eigenschaften.

7. PiS wollte den Staat allzu sehr zentralisieren und den Bereich <u>einer/der</u> staatlichen Einmischung erweitern.

8. Er ist ein Mann <u>eines/des/–/</u> fortwährenden Konfliktes.

ÜBUNG 3

Ergänzen Sie im richtigen Kasus:

1. Ich habe nicht von _____ Politik _____ Plattform gesprochen sondern von _____ polnisch_____ Politik _____ letzt_____ zehn bis zwanzig Jahre.

2. Es fehlen groß_____ politisch_____ Projekte. Das letzt_____ war _____ Projekt _____ IV. Republik. Es enthielt _____ treffend_____ Diagnose _____ polnischen Situation und _____ richtig_____ Postulat _____ Umbau_____ staatlich_____ Institutionen.

3. Durch _____ Politik _____ Koalition PiS-LPR-Samoobrona (Recht und Gerechtigkeit – Liga der Polnischen Familien – Selbstverteidigung) ist _____ Projekt lächerlich_____ geworden.

4. Nach _____ stürmisch_____ Jahr_____ 2005–2007 sehnten sich die Polen nach Stabilität.

5. _____ polnische Variante _____ Kohabitation ist gänzlich misslungen. Mit Jarosław Kaczyński würden sich _____ Probleme dramatisch verschärfen. Wegen _____ Art, wie er Politik betreibt und wegen sein_____ persön-lich_____ Eigenschaften.

6. PiS wollte _____ Staat allzu sehr zentralisieren und _____ Bereich _____ staatlich_____ Einmischung erweitern. Ich dagegen vertrete die An-sicht, dass _____ Staat in der Tat gestärkt werden muss, sein_____ Hand-lungsspielraum aber gleichzeitig eingeschränkt werden sollte.

7. Kaczyński ist _____ Mann fortwähren_____ Konflikt_____, sein Regie-rungsstil bestand darin, selbst generiert_____ Konflikte zu managen.

2 Bartoszewski: Niemcy są nam bliscy jak nigdy dotąd

2.1 Haupttext

Bartoszewski: Niemcy są nam bliscy jak nigdy dotąd

Współczesne osiągnięcia w stosunkach polsko-niemieckich to niewyobrażalny postęp dla kilku pokoleń Polaków. Obecne stosunki pomiędzy oboma narodami są najlepsze od dwudziestu lat – mówił podczas promocji swojej najnowszej książki Władysław Bartoszewski.

W trakcie spotkania z czytelnikami Bartoszewski opowiadał o swoich doświadczeniach w kontaktach z Niemcami, które znalazły wyraz w jego najnowszej książce pt. „O Niemcach i Polakach. Wspomnienia. Prognozy. Nadzieje." Spotkanie zorganizowano w ramach odbywającego się we Wrocławiu I Zjazdu Niemcoznawców

– Ostatnie 20 lat jest w kontaktach pomiędzy oboma narodami czymś zupełnie rewelacyjnym. Polsko-niemieckie stosunki są stosunkami dwóch społeczeństw, które w gruncie rzeczy mają bardzo podobne nawyki i obyczaje. Jest to zjawisko, które znajduje również odzwierciedlenie w danych statystycznych, bo od wielu lat w statystyce małżeństwa polsko-niemieckie i niemiecko-polskie są na pierwszym miejscu w tabeli małżeństw obywateli niemieckich z obywatelami innych krajów –mówił pełnomocnik premiera ds. dialogu międzynarodowego.

Bartoszewski mówiąc o ważnych obszarach kontaktów pomiędzy dwoma narodami wskazał wymianę młodzieży oraz współpracę graniczną Mówił również, że w stosunkach polsko-niemieckich istotne jest, aby partnerzy traktowali się odpowiedzialnie i rzetelnie. – W handlu, kontaktach naukowych czy wszystkim tym, co można nazwać substancją codzienności – podkreślił. Zdaniem Bartoszewskiego, sprzeczne interesy obu krajów dziś widać przede wszystkim w sferze gospodarczej. – Dla Niemców rosyjski czy chiński rynek zbytu jest ważniejszy niż polski, ale polski nie jest nieważny – wskazywał. – Nie oczekujmy przy tym za dużo. Z poziomu dna, jeżeli

chodzi o kontakty między naszymi krajami, wyszliśmy na poziom normalności. Normalność nie oznacza przy tym identyczności poglądów nawet w rodzinie, a co dopiero wśród znajomych – mówił.

Książka „O Niemcach i Polakach. Wspomnienia. Prognozy. Nadzieje" to zapis rozmów przeprowadzonych z Władysławem Bartoszewskim przez Rafała Rogulskiego i Jana Rydla. Uzupełniono je o obszerny rys historyczny o powojennej historii Niemiec, a także aneks, zawierający najważniejsze dokumenty dotyczące stosunków polsko-niemieckich. Książkę opublikowało Wydawnictwo Literackie.

2.2   Lexik

Współczesne osiągnięcia w stosunkach polsko-niemieckich to niewyobrażalny postęp dla kilku pokoleń Polaków.

Die gegenwärtigen Errungenschaften in den deutsch-polnischen Beziehungen bedeuten für mehrere Generationen von Polen einen unvorstellbaren Fortschritt.

Osiągnięcia sind *Errungenschaften*; *technische, politische, kulturelle Errungenschaften.*

Wem *Errungenschaften* zu stark nach Politik oder Technik klingt, der kann übersetzen: *was im deutsch-polnischen Verhältnis erreicht worden ist,* [...]

Was gegenwärtig in den deutsch-polnischen Beziehungen erreicht worden ist, bedeutet für mehrere Generationen von Polen einen unvorstellbaren Fortschritt.

Seine Bilder zeigen, wie einstige sozialistische Errungenschaften aus dem Stadtbild verschwinden und kuriose Lücken hinterlassen. (Quelle: archiv.tagesspiegel.de vom 05.01.2005) Die Menschen dort erwarten von uns keine Demut gegenüber der Natur, sondern entschlossene Hilfe mit den Errungenschaften der technischen Zivilisation. (Quelle: welt.de vom 05.01.2005) Erneut knicken bürgerliche Politiker ein, statt den demokratischen Verfassungsstaat und seine Errungenschaften offensiv zu verteidigen und die Feinde der Demokratie mit Sachargumenten in die Schranken zu weisen. (Quelle: welt.de vom 20.01.2005) Er erinnerte daran, dass der Inbegriff kultureller Errungenschaften in der Antike „bios" oder „vita" geheißen hatte: Das Leben selbst sollte Zeugnis von diesem Streben ablegen. (Quelle: berlinonline.de vom 15.01.2005)

W trakcie spotkania z czytelnikami Bartoszewski opowiadał o swoich doświadczeniach w kontaktach z Niemcami, które znalazły wyraz w jego najnowszej książce [...]

Bartoszewski sprach anlässlich einer Autorenlesung über seine Erfahrungen im Kontakt mit Deutschen, die er in seinem neuesten Buch „O Niemcach i Polakach. Wspomnienia. Prognozy. Nadzieje." (Über Deutsche und Polen. Erinnerungen. Prognosen. Hoffnungen) schildert.

spotkanie z czytelnikami – Autorenlesung

Die „Heidelberger Mordsteine" (ISBN: 3-935651-84-8) sind im Verlag Stefan Kehl erschienen und werden am Donnerstag, 28. September, 20.30 Uhr, in einer Autorenlesung bei „Kober & Löffler" in Mannheim vorgestellt. (Quelle: morgenweb.de vom 26.09.2006)

Der falsche Gebrauch von *znaleźć wyraz w* könnte adäquat falsch (!) als *(seinen) Ausdruck finden in* übersetzt werden. Die so verstandene möglichst originalgetreue Übersetzung würde dann lauten: *Bartoszewski erzählte von seinen Erfahrungen mit Deutschen, die in seinem neuesten Buch Ausdruck fanden.*
Znaleźć wyraz w und *Ausdruck finden in* haben in beiden Sprachen dieselbe Bedeutung: *etwas schlägt sich in etwas nieder, ist die Folge von etw.* Die Erfahrungen können sich in einem Buch weder *niederschlagen* noch *znaleźć wyraz*. Sie können geschildert, beschrieben, dargestellt werden.
Die phraseologisch korrekte Übersetzung lautet: *Bartoszewski erzählte von seinen Erfahrungen mit Deutschen, die er in seinem neuesten Buch schildert/über die er schreibt.*

– Ostatnie 20 lat jest w kontaktach pomiędzy oboma narodami czymś zupełnie rewelacyjnym. Polsko-niemieckie stosunki są stosunkami dwóch społeczeństw, które w gruncie rzeczy mają bardzo podobne nawyki i obyczaje.

„Die letzten 20 Jahre sind in der Geschichte der Kontakte zwischen den beiden Völkern absolut sensationell gewesen. Die deutsch-polnischen Beziehungen sind Beziehungen zwischen zwei Gesellschaften, die im Grunde genommen sehr ähnliche Gewohnheiten und Sitten haben."

rewelacyjne – sensationell, phänomenal; hier: *sensationell; obecne stosunki pomiędzy oboma narodami – das gegenwärtige Verhältnis/die heutigen Beziehungen zwischen den beiden Völkern*

Von *Gesellschaft* als *Bürger eines Landes* spricht man zwar meistens im Singular, aber es gibt auch die Pluralform, und die muss hier gebraucht werden. *Nawyki* sind hier *Gewohnheiten* (nicht: Angewohnheiten), obyczaje kann man als *Sitten*, auch *Bräuche* übersetzen. (*Co kraj, to obyczaj. – Andere Länder, andere Sitten.*)

Małżeństwa polsko-niemieckie i niemiecko-polskie są na pierwszym miejscu w tabeli
małżeństw obywateli niemieckich z obywatelami innych krajów.

*„Seit vielen Jahren belegen deutsch-polnische und polnisch-deutsche Eheschließun-
gen in der Statistik der Eheschließungen zwischen Deutschen mit Partnern und
Partnerinnen ausländischer Herkunft Platz Nr. 1.“*

Der Inhalt muss präzise wiedergegeben werden. *Die deutsch-polnischen und die
polnisch-deutschen Ehen/Eheschließungen* müssen in der Übersetzung separat genannt werden.

Niemcy są nam bliscy jak nigdy dotąd.

być komuś bliskim – einer anderen Person nahe stehen

In der Übersetzung muss *uns* erhalten bleiben, weil es die Aussage entsprechend
persönlich färbt. Also nicht: Die Deutschen und die Polen stehen sich so nahe wie
nie zuvor, sondern: *Die Deutschen stehen uns so nahe wie nie zuvor.*

niewyobrażalny postęp

Unvorstellbar, niewyobrażalny scheint in beiden Sprachen vor allem die Intensität
von *Qualen, Armut, Verwüstung und Zerstörung* zu beschreiben.

Die letzten 128 Tage des Dritten Reiches im Frühjahr 1945 sind eine Zeit massenhaften Sterbens und unvorstellbarer Qualen. (Quelle: welt.de vom 03.01.2005) Das verschafft den Staaten, deren Bevölkerung in für europäische
Verhältnisse unvorstellbarer Armut lebt, etwas Luft, sich besser aufzustellen – und dadurch die Lebensverhältnisse
anzuheben. (Quelle: berlinonline.de vom 14.06.2005) Der Monsterhurrikan ‚Katrina‘ hat in den amerikanischen
Südstaaten mindestens 80 Menschen in den Tod gerissen und hunderte Kilometer unvorstellbarer Verwüstung
hinterlassen. (Quelle: rtl.de vom 31.08.2005)

Aber man spricht auch, obgleich seltener, von *unvorstellbarer Präzision, Ausführlichkeit, Leidenschaft* und *einer unvorstellbar langen Zeit.*

Es wird eine Dokumentation in unvorstellbarer Ausführlichkeit verlangt. (Quelle: lvz-online.de vom
12.09.2005) Die zumeist weniger als einen Drittel Millimeter dünnen Staubteilchen sollen Aufschlüsse über den
Weltraum geben, wie er vor unvorstellbar langer Zeit bei der Entstehung unseres Sonnensystems, der Erde und der
anderen Planeten aussah. (Quelle: spiegel.de vom 17.01.2006) Mit schier unvorstellbarer Leidenschaft, einem
unbeugsamen Willen und mit gesunder Härte zogen sie dem nicht so einmütig auftretenden Kontrahenten den Zahn.
(Quelle: gea.de vom 03.02.2006) Eine Maschine, die - richtig programmiert - mit fast unvorstellbarer Präzision
arbeitet. (Quelle: abendblatt.de vom 05.06.2005) Die hieraus resultierenden Gefahren für jede freiheitliche Gesellschaft sind von wahrhaft unvorstellbarer Art. (Quelle: welt.de vom 21.01.2005)

Und so kann auch der Fortschritt *unvorstellbar, äußerst bedeutend, kolossal* sein, jedoch
nicht *so, dass man es sich nicht vorstellen kann,* (weil die Fantasie dafür nicht reicht).

Polski rynek zbytu nie jest nieważny.

Der polnische Absatzmarkt ist nicht unwichtig.

Es gibt hier keinen Grund auf die doppelte Verneinung zu verzichten.

traktować się rzetelnie

Wie soll man *traktować się rzetelnie* übersetzen? *Rzetelnie/rzetelny* assoziiert man im Polnischen mit solide, gewissenhaft. *Rzetelny pracownik* arbeitet zuverlässig, gründlich und redlich. *Rzetelna wiedza* ist ein fundiertes Wissen, *rzetelne informacje* sind zuverlässige Informationen. *Traktować się rzetelnie* bedeutet aber nicht, dass man gründlich oder gewissenhaft miteinander umgehen (nicht *sich behandeln*), sondern *verantwortungsvoll und loyal miteinander umgehen* soll.

Mówił również, że w stosunkach polsko-niemieckich istotne jest, aby partnerzy traktowali się odpowiedzialnie i rzetelnie. – W handlu, kontaktach naukowych czy wszystkim tym, co można nazwać substancją codzienności – podkreślił.

Warum versteht man im Deutschen nicht mit vergleichbarer Selbstverständlichkeit wie im Polnischen, was mit *substancja codzienności, der Substanz des Alltags,* gemeint ist? Liegt das fehlende Verständnis womöglich an der Wortart? Was passiert, wenn man vom Substantiv *Substanz* zum Adjektiv *substanziell* wechselt?
Substanziell bezeichnet etwas, was den wesentlichen Kern einer Sache ausmacht, und dass etwas von äußerster Wichtigkeit für einen Sachverhalt, dessen essentieller Bestandteil ist.
Essenziell (Synonym zu *substanziell*) scheint bei der Übersetzung fast noch geeigneter. Der Satz könnte im Deutschen also lauten: *Im deutsch-polnischen Verhältnis sei es wichtig, fügte er hinzu, dass die Partner verantwortungsvoll und loyal miteinander umgingen. „Im Handel, wissenschaftlichen Kontakten und alle Dingen, die man als essenziell für den Alltag bezeichnen könnte", unterstrich Bartoszewski.*

wyszliśmy z poziomu dna

Wir haben uns von ganz unten zu einer Normalität emporgearbeitet.

Der unterste Level, das unterste Niveau, die unterste Stufe sind hier wenig geeignet. Etwa: Wir haben den untersten Level verlassen und befinden uns jetzt auf dem Niveau der Normalität, wäre inhaltlich nicht nachvollziehbar.

Sich emporarbeiten weist auf Mühe, Aktivität hin. *Von ganz unten* entspricht *z poziomu dna*. *Wyjść z poziomu dna* verleiht dem polnischen Satz eine gewisse Dramatik, die im Deutschen durch *sich von unten emporarbeiten* enthalten ist.

Herr Professor Bartoszewski, wie viele Reisen ins Ausland haben Sie seit dem Wahlsieg von Donald Tusk gemacht? Man bekam den Eindruck, dass Sie auf allen politischen Baustellen zugange sind. (vgl. Interview Ü. 3)

Was ist *eine politische Baustelle?* Es ist sicher kein Ort und trotzdem kann man dort zugange sein. Wie das zum Beispiel der bayerische Ministerpräsident Seehofer im Herbst 2010 tat, der nach Tschechien fuhr und das Thema der Sudetendeutschen ansprach. Das Thema *Sudetendeutsche* ist eine politische Baustelle, ein politisch sensibles Terrain, das je nach Biographie und Betrachtungsweise mit unterschiedlichen Absichten betreten wird.

Keine politische Baustelle ist die Frage der geographischen Zugehörigkeit des Elsass. Die Äußerung des französischen Präsidenten, das Elsass gehöre zu Deutschland (vgl. Nachrichten vom 19. Januar 2011), war nur ein Missgeschick. Der Präsident hat sich auch sofort korrigiert.

Wie kann man *politische Baustelle* übersetzen? Als eine politische Situation, in der es noch viel zu tun gibt, wo wichtige Gespräche geführt werden (müssen).

Panie Profesorze, ile zagranicznych podróży odbył pan, odkąd Donald Tusk wygrał wybory? Miało się wrażenie, że jest pan aktywny wszędzie tam, gdzie jest jeszcze wiele do zrobienia, gdzie toczą się ważne rozmowy.

Bei Ihren Besuchen rennen Sie offene Türen ein. (vgl. Interview Ü. 3)

Die Übersetzung von *offene Türen einrennen* ist *wyważać otwarte drzwi*. (PONS; Phraseologisches Wörterbuch Polnisch-Deutsch, Ehegötz u. a., Leipzig 1990)

Słownik frazeologiczny języka polskiego (Skorupka) definiert *wywalać/wyważać otwarte drzwi* als *robić niepotrzebnie to, co już zostało zrobione, twierdzić z naciskiem rzecz oczywistą*.
Duden. Redewendungen erläutert *offene Türen einrennen* als *mit großem Engagement für etwas eintreten, was [von jmdm.] ohnehin befürwortet wird*.

Der deutsche Interviewer meint zweifellos Władysław Bartoszewskis Engagement und nicht, dass er europäischen Politikern mühsam etwas erläutern muss, was sie ohnehin schon wissen.
Der Satz lässt sich am einfachsten übersetzen als *W czasie swoich wizyt wyważa pan otwarte drzwi*. Oder umständlicher: *Podczas swoich wizyt wyraża pan z dużym zaangażowaniem opinie, które pana rozmówcy i tak podzielają*.

Wyważać otwarte drzwi wird in der aktuellen polnischen Presse oft gebraucht.

Oczywiście mogę sobie [...] przygotować własny zbiór, ale jeśli już coś takiego istnieje, to po co wyważać otwarte drzwi. (Quelle: Gazeta Wyborcza vom 28.12.2010) Rząd przez tydzień wyważał otwarte drzwi, zamiast od razu siąść do negocjacji z UniCredito. (Quelle: Gazeta Wyborcza 19.3.2006)

pełnomocnik premiera ds. dialogu międzynarodowego

Portal des Auswärtigen Amtes: *Beauftragter des Premierministers für internationale Fragen;* Der Tagesspiegel: *außenpolitischer Berater des Ministerpräsidenten*

I Zjazdu Niemcoznawców

1. Kongress der Deutschlandforscher; Erster Deutschlandforscher-Kongress in Breslau (vgl. Polen, Europe.online magazin vom 09.05.2010)

Breslau (dpa) – Premiere in Breslau: Polnische Deutschlandforscher sind am Sonntagabend in Niederschlesien zu ihrem ersten Kongress zusammengekommen. Dabei wollen die Wissenschaftler gut 20 Jahre nach der Wiedervereinigung Deutschlands und angesichts der positiven Wende im deutsch-polnischen Verhältnis eine Gesamtbilanz ihrer Forschungen über das westliche Nachbarland ziehen. Rund 250 Experten nehmen an dem mehrtägigen Treffen teil. (Quelle: Polen, Europe.online magazin vom 09.05.2010)

2.3 Übungen

ÜBUNG 1

Zwei der deutschen Sätze geben den Inhalt des Originals falsch oder zumindest ungenau wieder. Welche und warum?

A) Współczesne osiągnięcia w stosunkach polsko-niemieckich to niewyobrażalny postęp dla kilku pokoleń Polaków.

1. Was gegenwärtig in den deutsch-polnischen Beziehungen erreicht worden ist, bedeutet für mehrere Generationen von Polen einen unvorstellbaren Fortschritt.

2. Die gegenwärtigen Errungenschaften in den deutsch-polnischen Beziehungen sind für sehr viele Polen ein historischer Fortschritt.

3. Die heutigen Errungenschaften in den deutsch-polnischen Beziehungen sind für mehrere Generationen von Polen ein Fortschritt, den man sich kaum vorstellen kann.

B) Obecne stosunki pomiędzy oboma narodami są najlepsze od dwudziestu lat.

1. Das heutige Verhältnis zwischen den beiden Völkern ist das beste seit 20 Jahren.

2. Das heutige Verhältnis zwischen den Deutschen und den Polen ist das beste seit über 20 Jahren.

3. Die gegenwärtigen politischen Beziehungen zwischen den beiden Völkern sind die besten seit 20 Jahren.

C) W trakcie spotkania z czytelnikami Bartoszewski opowiadał o swoich doświadczeniach w kontaktach z Niemcami, które znalazły wyraz w jego najnowszej książce.

1. Während einer Autorenlesung erzählte Bartoszewski von seinen Erfahrungen im Kontakt mit Deutschen, die er in seinem neuesten Buch schildert.

2. Während einer Autorenlesung erzählte Bartoszewski von seinen Begegnungen mit Deutschen, die in seinem neuesten Buch geschildert werden.

3. Bei einem Treffen mit seinen Lesern erzählte Bartoszewski von seinen Erfahrungen im Kontakt mit Deutschen, die er in seinem Buch schildert.

D) Ostatnie 20 lat jest w kontaktach pomiędzy oboma narodami czymś zupełnie rewelacyjnym.

1. Die letzten 20 Jahre waren, was die Kontakte zwischen den beiden Völkern angeht, etwas absolut Neues.

2. Die letzten 20 Jahre waren, wenn es um die Kontakte zwischen den beiden Vökern geht, absolut großartig gewesen.

3. Die letzten 20 Jahre sind in der Geschichte der Kontakte zwischen den beiden Völkern absolut sensationell gewesen.

E) Polsko-niemieckie stosunki są stosunkami dwóch społeczeństw, które w gruncie rzeczy mają bardzo podobne nawyki i obyczaje.

1. Die deutsch-polnischen Beziehungen sind Beziehungen zwischen zwei Gesellschaften, die sich in puncto Angewohnheiten und Bräuche im Grunde genommen sehr ähneln.

2. Die deutsch-polnischen Beziehungen sind Beziehungen zwischen zwei Gesellschaften, die im Grunde sehr ähnliche Gewohnheiten und Sitten haben.

3. Die deutsch-polnischen Beziehungen sind Beziehungen zweier Gesellschaften, die, was Tradition angeht, sich im Grunde genommen sehr ähnlich sind.

F) Od wielu lat w statystyce małżeństwa polsko-niemieckie i niemiecko-polskie są na pierwszym miejscu w tabeli małżeństw obywateli niemieckich z obywatelami innych krajów.

1. Seit vielen Jahren liegen in der Statistik der Eheschließungen zwischen Deutschen mit Partnern und Partnerinnen ausländischer Herkunft Eheschließungen zwischen Deutschen und Polen ganz vorne.

2. Seit vielen Jahren belegen deutsch-polnische und polnisch-deutsche Ehen in der Statistik der Eheschließungen zwischen Deutschen und Bürgern anderer Länder Platz Nr. 1.

3. Schon seit Jahren werden zwischen Deutschen und Polen die meisten Ehen geschlossen, wenn man die Statistiken der Eheschließungen zwischen Deutschen und Bürgern anderer Länder vergleicht.

G) Bartoszewski mówiąc o ważnych obszarach kontaktów pomiędzy dwoma narodami
wskazał wymianę młodzieży oraz współpracę graniczną.

1. Bartoszewski sprach über wichtige Bereiche in den Kontakten zwischen beiden
   Völkern und nannte dabei den Jugendaustausch und die Zusammenarbeit in den
   Grenzgebieten.

2. Als wichtigste Bereiche in den Kontakten zwischen beiden Völkern nannte Bartoszewski den Jugendaustausch und die Zusammenarbeit in den Grenzgebieten.

3. Nach Bartoszewskis Ansicht zählen Jugendaustausch und Zusammenarbeit in
   den Grenzgebieten zu den wichtigsten Bereichen in der deutsch-polnischen Zusammenarbeit.

ÜBUNG 2

*Ergänzen Sie die fehlenden Artikel sowie die Endungen der Substantive, Adjektive
und Adverbien. Beachten Sie, dass die Sätze einen zusammenhängenden Text bilden.*

1. Komorowski „_____ Riesenchance"

2. Deutschland will mit _____ neu_____ polnisch_____ Präsident___ Komorowski _____ Beziehungen zu_____ Nachbarland verstärken. Komorowski sei „_____ Riesenchance", sagt Bundespräsident Wulff bei_____
   Antrittsbesuch _____ polnisch_____ Staatschef_____ in Berlin.
   D_____ beid_____ besuchen auch _____ ehemalige KZ Sachsenhausen.

3. Deutschland und Polen wollen eng_____ zusammenrücken. _____
   neu_____ polnisch_____ Präsident Bronisław Komorowski sprach
   bei_____ sein_____ Antrittsbesuch in Berlin von ein_____ „posi-
   tiv_____ Schicksalsgemeinschaft", _____ beid_____ Länder miteinander verbinde. Komorowskis Vorgänger Lech Kaczyński galt als sehr Deutsch-
   land- und EU-kritisch_____. Er war vor fünf Monaten bei einem Flugzeugabsturz in Smolensk um_____ Leben gekommen.

4. Bundespräsident Christian Wulff sagte nach ein_____ Treffen mit Komorowski: „_____ neue Präsident ist eine Riesenchance für das Verhältnis zwischen Deutschland und Polen, _____ wir beherzt ergreifen wollen." Komorowski war nach Gesprächen in Brüssel und Paris nach Berlin gekommen.

5. Bundeskanzlerin Angela Merkel (CDU) bekräftigte im Anschluss an ihr_____
   Treffen mit Komorowski, dass Deutschland und Polen ihre _____ Zusam-
   menarbeit in _____ EU weiter vertiefen wollen. Sie begrüßte den Vorschlag
   _____ Präsident_____, die Kooperation beider Länder mit Frankreich
   _____ Rahmen _____ „Weimarer Dreiecks" auszubauen.

6. _____ Drei-Länder-Zusammenarbeit zwischen Deutschland, Polen und
   Frankreich i_____„Weimarer Dreieck" besteht seit Anfang der 90_____
   Jahre. Seit Jahren gibt es aber keine Spitzentreffen mehr. Komorowski kündigte
   an, er wolle nach dem Vorbild _____ deutsch-polnischen Versöhnung einen
   vergleichbaren Prozess mit Russland einleiten. […]

7. Wulff und Komorowski verwiesen auf eine Reihe von anstehend_____ Jah-
   restag_____ wie _____ 20-jährige Bestehen _____ deutsch-polnischen
   Nachbarschaftsvertrags oder _____ 40. Jahrestag des Kniefalls von Willy
   Brandt in Warschau. Wulff sagte: „Das sind großartige Gelegenheiten, um
   _____ Gemeinsame zu betonen und über _____ Vergangenheit zu sprechen,
   um sie wachzuhalten und daraus die richtig_____ Schlüsse zu ziehen." […]

ÜBUNG 3

Unter Druck sind Polen immer unberechenbar

Władysław Bartoszewski über sein besonderes Verhältnis zu Deutschland, den
gemeinsamen Club EU und den richtigen Ton

Władyslaw Bartoszewski (85) ist seit November außenpolitischer Berater des neuen
polnischen Ministerpräsidenten Donald Tusk.

*Herr Professor Bartoszewski, wie viele Reisen ins Ausland haben Sie seit dem Wahlsieg
von Donald Tusk gemacht? Man bekam den Eindruck, dass Sie auf allen politischen
Baustellen zugange sind.*

Ich bin gar nicht so viel unterwegs. Offiziell war ich nur zwei Mal im Ausland und
beide Male bin ich bei Deutschen gewesen: zuerst bei Papst Benedikt XVI. und danach
bei Bundeskanzlerin Angela Merkel und Bundespräsident Horst Köhler. Aber natürlich
rede ich nicht nur mit Deutschen, hier in Warschau bin ich auch schon mit Delegationen
aus anderen Ländern zusammengetroffen.

*Gerade in den Augen der Deutschen gelten Sie als die personifizierte Charme- und
Kompetenzoffensive, die viel zerbrochenes Porzellan kitten muss.*

Ich bitte Sie, einen 85-Jährigen auf seinen Charme anzusprechen ist mehr als schmeichelhaft. Aber ich tue nichts anderes als mit den Leuten freundlich umzugehen. Das ist eben mein Naturell. Ich habe sieben Jahre in Deutschland gelebt und kenne fast alle Politiker der älteren Generation sehr gut. Es hat mich sehr gefreut, als ich von ihnen und vielen anderen Menschen Briefe bekommen habe, in denen sie mir Glück für mein neues Amt wünschten. Das zeigt, dass mich viele Deutsche als den kompetenten Partner betrachten, mit dem man offen und ehrlich reden kann und der die Interessen Polens frei von allen Parteibindungen vertritt.

Bei Ihren Besuchen rennen Sie offene Türen ein. Nach zwei Jahren ständiger Vetodrohungen scheint jeder froh zu sein, dass Polen wieder in den Schoß der europäischen Familie zurückgefunden hat.

Es ist eine Sache der Atmosphäre. Wir leben doch seit 2004 in einer gemeinsamen Familie, der Europäischen Union. In dieser Familie gab es aber in den vergangenen zwei Jahren viel Streit, Missverständnisse und ungelöste Probleme. Und nicht immer wurde der richtige Ton im Gespräch getroffen. Warnungen und Drohungen sind keine gute Grundlage für ein gutes Zusammenleben.

Die polnische Regierung unter dem damaligen Premier Kaczyński machte die deutsche Seite für diesen Streit verantwortlich.

Ich habe zwölf Jahre an deutschen Universitäten Vorlesungen gehalten und ich hatte nie Konflikte, mit keinem einzigen Studenten. Bis heute habe ich diese Leute in guter Erinnerung und sie mich auch. In dieser langen Zeit habe ich viele Leute getroffen, die mir von der Mentalität und der politischen Einstellung nicht immer sehr nahe standen, aber nie gab es böse Worte oder Konflikte.

Nach dem großen Schweigen redet man nun also wieder miteinander.

Und das Wichtige ist, man redet relativ offen miteinander. Während der Gespräche mit Bundeskanzlerin Merkel und Präsident Köhler haben wir nicht ein Wort über die abgewählte Regierung und deren Vertreter verloren. Wir haben über die aktuellen Probleme, deren Lösung und die Möglichkeiten gesprochen, wie der Dialog ausgebaut werden kann.

Nach dem Antrittsbesuch von Premier Tusk in Berlin wurde kritisiert, dass keine konkreten Ergebnisse präsentiert wurden.

Was sollten wir denn erreichen? Wir sind keine Revolutionäre. Wir sind konstruktiv denkende Mitglieder desselben Clubs mit Namen Europäische Union. […]

Das Gespräch führte Knut Krohn.

Übersetzen Sie ins Polnische. Beachten Sie, dass die Sätze einen zusammenhängen-den Text bilden.

1. Unter Druck sind Polen immer unberechenbar

2. Władysław Bartoszewski über sein besonderes Verhältnis zu Deutschland, den gemeinsamen Club EU und den richtigen Ton.

3. Władyslaw Bartoszewski (85) ist seit November außenpolitischer Berater des neuen polnischen Ministerpräsidenten Donald Tusk.

4. Herr Professor Bartoszewski, wie viele Reisen ins Ausland haben Sie seit dem Wahlsieg von Donald Tusk gemacht? Man bekam den Eindruck, dass Sie auf allen politischen Baustellen zugange sind.

5. Ich bin gar nicht so viel unterwegs. Offiziell war ich nur zwei Mal im Ausland und beide Male bin ich bei Deutschen gewesen: zuerst bei Papst Benedikt XVI. und danach bei Bundeskanzlerin Angela Merkel und Bundespräsident Horst Köhler. Aber natürlich rede ich nicht nur mit Deutschen, hier in Warschau bin ich auch schon mit Delegationen aus anderen Ländern zusammengetroffen.

6. Gerade in den Augen der Deutschen gelten Sie als die personifizierte Charme- und Kompetenzoffensive, die viel zerbrochenes Porzellan kitten muss.

7. Ich bitte Sie, einen 85-Jährigen auf seinen Charme anzusprechen ist mehr als schmeichelhaft. Aber ich tue nichts anderes als mit den Leuten freundlich um-zugehen. Das ist eben mein Naturell. Ich habe sieben Jahre in Deutschland ge-lebt und kenne fast alle Politiker der älteren Generation sehr gut.

8. Es hat mich sehr gefreut, als ich von ihnen und vielen anderen Menschen Briefe bekommen habe, in denen sie mir Glück für mein neues Amt wünschten. Das zeigt, dass mich viele Deutsche als den kompetenten Partner betrachten, mit dem man offen und ehrlich reden kann und der die Interessen Polens frei von al-len Parteibindungen vertritt.

9. Bei Ihren Besuchen rennen Sie offene Türen ein. Nach zwei Jahren ständiger Vetodrohungen scheint jeder froh zu sein, dass Polen wieder in den Schoß der europäischen Familie zurückgefunden hat.

10. Es ist eine Sache der Atmosphäre. Wir leben doch seit 2004 in einer gemeinsamen Familie, der Europäischen Union. In dieser Familie gab es aber in den vergangenen zwei Jahren viel Streit, Missverständnisse und ungelöste Probleme.
Und nicht immer wurde der richtige Ton im Gespräch getroffen. Warnungen
und Drohungen sind keine gute Grundlage für ein gutes Zusammenleben.

11. Die polnische Regierung unter dem damaligen Premier Kaczyński machte die
deutsche Seite für diesen Streit verantwortlich.

12. Ich habe zwölf Jahre an deutschen Universitäten Vorlesungen gehalten und ich
hatte nie Konflikte, mit keinem einzigen Studenten. Bis heute habe ich diese
Leute in guter Erinnerung und sie mich auch. In dieser langen Zeit habe ich viele Leute getroffen, die mir von der Mentalität und der politischen Einstellung
nicht immer sehr nahe standen, aber nie gab es böse Worte oder Konflikte.

13. Nach dem großen Schweigen redet man nun also wieder miteinander.

14. Und das Wichtige ist, man redet relativ offen miteinander. Während der Gespräche mit Bundeskanzlerin Merkel und Präsident Köhler haben wir nicht ein Wort
über die abgewählte Regierung und deren Vertreter verloren. Wir haben über die
aktuellen Probleme, deren Lösung und die Möglichkeiten gesprochen, wie der
Dialog ausgebaut werden kann.

15. Nach dem Antrittsbesuch von Premier Tusk in Berlin wurde kritisiert, dass keine konkreten Ergebnisse präsentiert wurden.

16. Was sollten wir denn erreichen? Wir sind keine Revolutionäre. Wir sind konstruktiv denkende Mitglieder desselben Clubs mit Namen Europäische Union.

17. Das Gespräch führte Knut Krohn.

3 Turecka minister nie chce krzyży w niemieckich szkołach

3.1 Haupttext

Turecka minister nie chce krzyży w niemieckich szkołach

– W szkole nie powinno się manifestować religii – mówi Aygül Özkan, pierwsza polityk tureckiego pochodzenia, która została w Niemczech ministrem. Chadecy chcą jej dymisji.

Özkan, córka tureckich gastarbajterów i wpływowy polityk CDU z Hamburga ma zostać oficjalnie zaprzysiężona jako minister ds. socjalnych w rządzie Dolnej Saksonii.

Jest pierwszym przedstawicielem liczącej 3 mln społeczności tureckich imigrantów, który w niemieckiej polityce zaszedł tak daleko. Jednak już wywołała skandal na całe Niemcy. W wywiadzie dla tygodnika „Focus" powiedziała, że w szkole nie ma miejsca na symbole religijne takie jak krzyże, czy islamskie chusty. – Szkoła powinna być neutralnym miejscem – oświadczyła.

W chadecji aż się zagotowało. – Czy pani Özkan wie do jakiej partii należy? – pytali politycy CDU. Członkowie jej bawarskiej siostry CSU sugerowali nawet, że Özkan nie powinna zostać ministrem i dzisiejszą ceremonię należy odwołać. – Szanuję panią Özkan, ale się z nią nie zgadzam. Krzyż symbolizuje wiodącą rolę chrześcijaństwa w naszej kulturze – mówił Hermann Gröhe, sekretarz generalny CDU. A Hans-Hermann Jantzen ewangelicki biskup Hanoweru, stolicy Dolnej Saksonii, apelował, by nie zakłamywać prawdy o kulturalnych korzeniach Niemiec. Przełożony Özkan – premier Dolnej Saksonii Christian Wulff próbował wczoraj studzić atmosferę. – Pani minister wyraziła swoje osobiste poglądy – ocenił.

Słowa, które oburzyły chadeków zyskały aplauz u zielonych i w SPD. Socjaldemokratyczny burmistrz Berlina Klaus Wowereit ogłosił, że gdyby chadecy wyrzucili Özkan, to w jego partii jest dla niej miejsce.

Aygül Özkan przeprosiła swoich kolegów na spotkaniu partyjnym.*)

*) Das Thema des Artikels ist die Ernennung der türkischstämmigen CDU-Politikerin Özkan zur Sozialministerin in Niedersachsen Ende April 2010. Özkans Äußerungen über das Verbot religiöser – muslimischer wie christlicher – Symbole an deutschen Schulen sorgten landesweit für Aufsehen und heftige Debatten.

3.2   Lexik

– W szkole nie powinno się manifestować religii – mówi Aygül Özkan, pierwsza polityk tureckiego pochodzenia, która została w Niemczech ministrem.

„Religion hat in der Schule nichts verloren", sagt Aygül Özkan, die erste türkischstämmige Politikerin, die in Deutschland Ministerin wurde.

Dem Magazin „Focus" sagte die 38 Jahre alte Özkan, christliche Symbole gehörten nicht an staatliche Schulen. Für Einrichtungen in kirchlicher Trägerschaft gelte das nicht, generell sollten aber Schulen ein neutraler Ort sein. Deshalb hätten auch Kopftücher in Klassenzimmern nichts zu suchen, meinte Özkan. Die Juristin ist nicht streng gläubig und hat selbst nie ein Kopftuch getragen. (Quelle: N24 vom 25.04.2010) „Die Schule sollte ein neutraler Ort sein", sagt Aygül Özkan über religiöse Symbole. (Quelle: Stuttgarter Zeitung vom 27.04.2010)

Chadecy chcą jej dymisji.

Christdemokraten fordern/verlangen ihren Rücktritt.

Niedersachsens künftige Sozialministerin Özkan trifft mit ihrem Kruzifix-Vorstoß auf den geballten Widerstand der CDU. Die Partei will das aushalten und erklärt die Debatte umgehend für beendet. Özkan akzeptiere die Linie der Partei, heißt es. Für die Opposition steht fest: „Die CDU ist mit der engagierten Muslimin überfordert". (Quelle: ntv.de Politik vom 26.04.2010)

Jest pierwszym przedstawicielem liczącej 3 mln społeczności tureckich imigrantów, który w niemieckiej polityce zaszedł tak daleko.

Sie ist die erste Vertreterin der drei Millionen zählendenGemeinschaft türkischer Immigranten, die es in der deutschen Politik so weit gebracht hat.

Jednak już wywołała skandal na całe Niemcy.

Und schon hat sie es geschafft, für einen deutschlandweiten Skandal zu sorgen.
Und schon hat sie für einen bundesweiten Skandal gesorgt.

Da der Kontext bekannt ist auch: *landesweiten/bundesweiten Skandal.*

W chadecji aż się zagotowało.

In der Union schlugen die Wogen hoch/kochte es regelrecht.

Ein Brief aus dem Verteidigungsministerium lässt beim Thema Flughafenausbau wieder die Wogen hochschlagen.
(Quelle: kn-online.de vom 08.09.2005)

Krzyż symbolizuje wiodącą rolę chrześcijaństwa w naszej kulturze – mówił Hermann
Gröhe, sekretarz generalny CDU.

*„Das Kreuz symbolisiert die führende Rolle des Christentums in unserer Kultur",
sagte Hermann Gröhe, der CDU-Generalsekretär.*

„Ich schätze Frau Özkan sehr, bin aber hier eindeutig anderer Meinung", betonte der CDU-Generalsekretär Hermann Gröhe, ein engagierter Protestant […]. (Quelle: ntv.de Politik, 26.04.2010)

Hans-Hermann Jantzen ewangelicki biskup Hanoweru, stolicy Dolnej Saksonii,
apelował, by nie zakłamywać prawdy o kulturalnych korzeniach Niemiec.

*Hans-Hermann Jantzen, der evangelische Bischof von Hannover, der Hauptstadt
Niedersachsens, ermahnte dazu, die Wahrheit über die kulturellen Wurzeln Deutschlands nicht zu verleugnen.*

Der hannoversche Landesbischof Jantzen (vgl. Zitat) ist als Übersetzung wenig hilfreich. Der Ausgangstext enthält zwei Informationen, die in dem Pressezitat fehlen.
Erstens, dass es sich um einen evangelischen Bischof handelt und zweitens, dass
Hannover die Hauptstadt Niedersachsens ist. Dass die zweite Information dem deutschen Leser bekannt ist, reicht als Argument dafür sie wegzulassen nicht aus. Der
Wissensstand des deutschen Lesers ist unerheblich, ausschlaggebend ist der Inhalt
des Originaltextes, und das ist in dem Fall der polnische Artikel.

Der hannoversche Landesbischof Jantzen begrüßte die Berufung einer Frau mit Migrationshintergrund zur Ministerin, sagte aber auch, er sei erstaunt über die Forderung nach einem Kruzifix-Verbot: „Unser Land darf seine kulturellen Wurzeln nicht verleugnen". (Quelle: Hamburger Abendblatt, 26.04.10)

krzyż

hier: *das Kruzifix, das Kreuz,* aber nicht *der Kruzifix* (der gekreuzigte Christus)

islamskie chusty

Obwohl *Tuch* bereits ein viereckiges gesäumtes Stück Stoff ist, das man sich um den Kopf binden kann, spricht man in diesem Kontext von *Kopftüchern*.

Özkan hatte neben dem Kruzifix-Verbot gleichzeitig ein Verbot von Kopftüchern an Schulen gefordert. (Quelle: Tagesspiegel vom 27.04.2010)

Czy pani Özkan, wie do jakiej partii należy? – pytali politycy CDU.

„Weiß Frau Özkan, welcher Partei sie angehört?", fragten CDU-Politiker.

Der Integrationsbeauftragte der CSU-Landesgruppe im Bundestag, Stefan Müller, hatte am Wochenende gefordert, Özkan solle sich überlegen, ob sie in einer christlichen Partei an der richtigen Stelle sei. Ihre Auffassungen seien „ebenso abwegig wie erschreckend". Bayerns Innenminister Herrmann (CSU) nannte ihre Haltung zum Kruzifix „indiskutabel". (Quelle: Tagessspiegel vom 27.04.2010)

Premier Dolnej Saksonii Christian Wulff próbował wczoraj studzić atmosferę.

die Wogen (der Aufregung) glätten, die Gemüter beruhigen

Derweil versuchen ranghohe Politiker die Wogen zu glätten. (Quelle: tagesschau.de vom 08.01.2005) Nach der heftigen Kritik am Gehalt des BVG-Chefs Andreas von Arnim, der 300 000 Euro plus einer bis zu 30-prozentigen Erfolgsprämie sowie eine großzügige Versorgung erhält, will die BVG die Wogen der Aufregung glätten. (Quelle: welt.de vom 19.02.2005)

chadecja (vgl. 1.3)

die CDU, die Christdemokraten

bawarska siostra CSU (vgl. 1.3)

die bayerische Schwesterpartei, die CSU

minister ds. socjalnych w rządzie Dolnej Saksonii

der vollständige Name lautet: *Minister/in für Soziales, Frauen, Familie, Gesundheit und Integration im niedersächsischen Kabinett/im Kabinett Niedersachsens*

in der Übersetzung reicht: *Sozialministerin im niedersächsischen Kabinett*

premier Dolnej Saksonii Christian Wulff

der Ministerpräsident von Niedersachsen

der niedersächsische Ministerpräsident

der Ministerpräsident Niedersachsens Christian Wulff

der niedersächsische Ministerpräsident Christian Wulff

socjaldemokratyczny burmistrz Berlina Klaus Wowereit

Hier gilt es regionale Unterschiede zu beachten: *Berlins Regierender Bürgermeister Klaus Wowereit (SPD); aber Oberbürgermeister (München), Erster Bürgermeister (Hamburg)*

pierwsza polityk tureckiego pochodzenia

die erste türkischstämmige Politikerin/die erste Politikerin türkischer Herkunft

córka tureckich gastarbajterów i wpływowy polityk CDU z Hamburga

eine/die Tochter türkischer Gastarbeiter und einflussreiche CDU-Politikerin aus Hamburg

pani minister wyraziła swoje osobiste poglądy

die Ministerin hat ihre persönlichen Ansichten/persönliche Meinung geäußert

Słowa, które oburzyły chadeków zyskały aplauz u zielonych i w SPD. Socjaldemokratyczny burmistrz Berlina Klaus Wowereit ogłosił, że gdyby chadecy wyrzucili Özkan, to w jego partii jest dla niej miejsce.

Özkans Äußerungen, die bei den Christdemokraten für Empörung sorgten, fanden Beifall bei den Grünen und in der SPD. Berlins Regierender Bürgermeister Klaus Wowereit (SPD) kündigte an, in seiner Partei gebe es Platz für Frau Özkan, sollten die Christdemokraten sie rauswerfen.

Niedersachsens Ministerpräsident Christian Wulff (CDU), der für die Berufung Özkans vorige Woche gelobt wurde, reagierte verärgert. Er stellte am Wochenende schnell klar, dass die Landesregierung Kreuze an Schulen begrüße. Der stellvertretende SPD-Vorsitzende Klaus Wowereit schlug Özkan einen Wechsel zu den Sozialdemokraten vor. (Quelle: N24 vom 25.04.2010)

Die kürzere und elegantere Formulierung *schlug Özkan einen Wechsel zu den Sozialdemokraten vor* (vgl. Zitat) hilft bei der Übersetzung wenig, weil sie inhaltlich vom polnischen Text abweicht. In diesem heißt es nicht, Wowereit habe Özkan einen Wechsel zur SPD vorgeschlagen, sondern, er habe eine solche Möglichkeit in Aussicht gestellt, für den Fall, dass die Christdemokraten die Ministerin rauswerfen sollten. Das polnische Verb *wyrzucić* ist als *rauswerfen, rausschmeißen* zu übersetzen, und nicht etwa *sollten die Christdemokraten der Ministerin nahelegen, die CDU zu verlassen.*

3.3   Übungen

ÜBUNG 1

Zwei der angegebenen Sätze geben den Inhalt des Originaltextes nicht richtig wieder. Welche?

A) – W szkole nie powinno się manifestować religii – mówi Aygül Özkan, [...]

1. „Religion hat im Unterricht nichts zu suchen", sagt Aygül Özkan [...]

2. „Man sollte in der Schule keine religiösen Manifestationen veranstalten", sagt Aygül Özkan [...]

3. „Religion hat in der Schule nichts verloren", sagt Aygül Özkan, [...]

B) [...] pierwsza polityk tureckiego pochodzenia, która została w Niemczech ministrem.

1. [...] die erste Politikerin mit Migrationshintergrund, die in Deutschland Ministerin wurde.

2. [...] die erste Politikerin aus der Türkei, die in Deutschland Ministerin wurde.

3. [...] die erste Politikerin türkischer Herkunft, die in Deutschland Ministerin wurde.

C) Jest pierwszym przedstawicielem liczącej 3 mln społeczności tureckich imigrantów, który w niemieckiej polityce zaszedł tak daleko.

1. Sie ist die erste Vertreterin der drei Millionen zählenden Gemeinschaft türkischer Immigranten, die es in der deutschen Politik so weit gebracht hat.

2. Sie ist die erste Vertreterin der türkischen Bürger in Deutschland (3 Mio.), die es in der deutschen Politik so weit gebracht hat.

3. Sie ist die erste Türkin von insgesamt drei Millionen Türken in Deutschland, die es in der Politik so weit gebracht hat.

D) Jednak już wywołała skandal na całe Niemcy.

1. Und schon hat sie es geschafft, für einen deutschlandweiten Skandal zu sorgen.

2. Und schon hat sie es geschafft, für einen Skandal in den deutschen Medien zu sorgen.

3. Und schon ist es ihr gelungen, mit ihren Äußerungen einen Skandal hervorzurufen.

E) W wywiadzie dla tygodnika „Focus" powiedziała, że w szkole nie ma miejsca na symbole religijne takie jak krzyże, czy islamskie chusty.

1. In einem Interview für das Wochenmagazin „Focus" sagte sie, in der Schule gebe es keinen Platz für religiöse Symbole wie Kruzifixe oder islamische Kopftücher.

2. In einem Interview für das Wochenmagazin „Focus" gab sie bekannt, in der Schule gebe es nicht genug Platz für religiöse Symbole wie Kreuze oder islamische Kopftücher.

3. In einem Interview für das Wochenmagazin „Focus" erklärte sie, in der Schule gebe es keine Räume für religiöse Symbole wie Kruzifixe oder islamische Kopftücher.

F) W chadecji aż się zagotowało. – Czy pani Özkan wie, do jakiej partii należy? – pytali politycy CDU.

1. In der CDU schlugen die Wogen hoch. „Weiß Frau Özkan eigentlich, welcher Partei sie angehört?", fragten CDU-Politiker.

2. In der Union kochte es. „Ist sich Frau Özkan eigentlich dessen bewusst, dass sie in der CDU ist?", fragten die CDU-Politiker.

3. Die Christdemokraten protestierten. „Weiß Frau Özkan eigentlich, welcher Partei sie gehört?", fragten CDU-Politiker.

G) Członkowie jej bawarskiej siostry CSU sugerowali nawet, że Özkan nie powinna zostać ministrem i dzisiejszą ceremonię należy odwołać.

1. Einige aus der bayerischen Schwesterpartei, der CSU, äußerten sogar, Özkan solle nicht zur Ministerin ernannt werden und man solle die heutige Zeremonie absagen.

2. In der bayerischen Schwesterpartei, der CSU, wurden sogar Stimmen laut, Özkan solle vielleicht doch besser keine Ministerin werden, und die heutige Zeremonie solle besser nicht stattfinden.

3. Die Mitglieder ihrer bayerischen Schwesterpartei, der CSU, äußersten sich dahingehend, dass die heutige Vereidigungszeremonie abgesagt werden sollte.

H) [...] ewangelicki biskup Hanoweru, stolicy Dolnej Saksonii, apelował, by nie zakłamywać prawdy o kulturalnych korzeniach Niemiec.

1. [...] der evangelische Bischof von Hannover, der Hauptstadt Niedersachsens, ermahnte dazu, die Wahrheit über die kulturellen Wurzeln Deutschlands nicht zu verleugnen.

2. [...] der evangelische Bischof von Hannover, der Hauptstadt Niedersachsens, appellierte, die Wahrheit über die kulturellen Wurzeln Deutschlands nicht zu verleugnen.

3. [...] der evangelische Bischof von Hannover, der Hauptstadt Niedersachsens, rief dazu auf, die Wahrheit über die kulturellen Wurzeln Deutschlands nicht zu verschleiern.

I) Przełożony Özkan – premier Dolnej Saksoni Christian Wulff próbował wczoraj studzić atmosferę.

1. Özkans Vorgesetzter, der niedersächsische Ministerpräsident Christian Wulff, wollte gestern alle beruhigen.

2. Özkans Vorgesetzter, der niedersächsische Ministerpräsident Christian Wulff, bemühte sich gestern, die Wogen zu glätten.

3. Gestern unternahm Özkans Vorgesetzter, der niedersächsische Ministerpräsident Christian Wulff, einen Versuch, den Streit beizulegen.

J) Aygül Özkan przeprosiła swoich kolegów na spotkaniu partyjnym.

1. Aygül Özkan hat ihre Kollegen auf einem Parteitreffen entschuldigt.

2. Aygül Özkan hat sich bei ihren Kollegen auf einem Parteitreffen entschuldigt.

3. Aygül Özkan hat sich bei ihren Kollegen auf dem Parteitag entschuldigt.

ÜBUNG 2

Einer der beiden Sätze ist grammatisch falsch. Welcher?

1. Aygül Özkan, die erste Politikerin türkischer Herkunft.

2. Aygül Özkan, die erste Politikerin der türkischen Herkunft.

3. Özkan ist die Tochter der türkischen Gastarbeiter.

4. Özkan ist die Tochter türkischer Gastarbeiter.

5. Sie hat es in deutscher Politik weit gebracht.

6. Sie hat es in der deutschen Politik weit gebracht.

7. In der Schule gibt es keinen Platz für religiöse Symbole wie Kruzifixe oder islamische Kopftücher.

8. In der Schule gibt es keinen Platz für die religiösen Symbole wie Kruzifixe oder die islamischen Kopftücher.

9. „Die Schule muss ein neutraler Ort sein", sagte sie.

10. „Die Schule muss neutraler Ort sein", sagte sie.

11. „Das Kreuz symbolisiert eine führende Rolle von Christentum in unserer Kultur", sagte er.

12. „Das Kreuz symbolisiert die führende Rolle des Christentums in unserer Kultur", sagte er.

ÜBUNG 3

Schlagen Sie eine andere, eventuell eine stilistisch günstigere Lösung vor.

Beispiel:

Und schon hat sie es geschafft, <u>in ganz Deutschland für einen Skandal zu sorgen</u>.

Und schon hat sie es geschafft, **für einen deutschlandweiten Skandal zu sorgen.**

1. Sie ist die erste Vertreterin der drei Millionen zählenden türkischen Gemeinschaft, die in der deutschen Politik so viel erreicht hat.

   Sie ist die erste Vertreterin der drei Millionen zählenden türkischen Gemeinschaft,……………………………………………………………………

2. In einem Interview <u>für das wöchentlich erscheinende Magazin</u> „Focus" erklärte sie, […].

   In einem Interview für ………………………………………… „Focus" erklärte sie, […].

3. „Weiß Frau Özkan eigentlich, <u>in welcher Partei sie ist?</u>", fragten CDU-Politiker.

   „Weiß Frau Özkan eigentlich, …………………………………………?", fragten CDU-Politiker.

4. Özkans Vorgesetzter, der niedersächsische Ministerpräsident Christian Wulff, bemühte sich gestern <u>die Gemüter zu beruhigen</u>.

   Özkans Vorgesetzter, der niedersächsische Ministerpräsident Christian Wulff, bemühte sich gestern …………………………………………………

5. „Die Ministerin hat nur <u>geäußert, was sie persönlich meint</u>", sagte er.

   „Die Ministerin hat nur …………………………………………………", sagte er.

ÜBUNG 4

Aygul Özkan vereidigt

Wulff stellt sich vor neue Sozialministerin

Özkans Ernennung zur Ministerin sei ein „wichtiges Signal" – nicht der Untergang des Abendlandes, meint Niedersachsens Ministerpräsident Wulff. Auch wenn sie auf dünnem Eis mal ins Rutschen gekommen sei.

[...] Die türkischstämmige CDU-Politikerin Aygül Özkan ist ungeachtet ihrer Äußerungen über ein Kruxifix-Verbot an Schulen zur neuen niedersächsischen Ministerin für Soziales und Integration gewählt worden. Im Landtag von Hannover stimmten die Koalitionsfraktionen von CDU und FDP am Dienstag einmütig für die 38-jährige Juristin. [...]

Kurz vor der geplanten Vereidigung der ersten muslimischen Ministerin Deutschlands hatte sich Niedersachsens Ministerpräsident Wulff vor die kritisierte Özkan gestellt.

Die in Deutschland geborene CDU-Politikerin mit türkischen Eltern hatte sich gegen Kreuze in Schulen ausgesprochen, dies am Montag in der CDU-Landtagsfraktion aber bedauert. [...]

Zugleich bekräftigte Wulff seine Kritik an Özkan, die Debatte sei aber beendet. Sie habe akzeptiert, dass es trotz der Trennung von Staat und Kirche in Niedersachsen ein gutes Miteinander beider Institutionen gebe „und wir deswegen Kreuze in den Schulen begrüßen". Das habe sie aus ihrem Hintergrund „nicht ausreichend berücksichtigt". „Sie hat sich quasi auf dünnes und glattes Eis begeben und da kann man schon ins Rutschen kommen", sagte Wulff.

Wer einen Verzicht auf Özkans Ernennung verlange, brauche offenkundig länger zu begreifen, dass es in 20 Jahren völlig normal sein werde, dass Migranten auch Ministerämter besetzen. „Da brauchen manche länger und fürchten den Untergang des Abendlandes", sagte Wulff. Özkans Ernennung sei „ein wichtiges Signal". [...]

CSU: Wulff muss Özkan „Grundsätze von CDU und CSU beibringen"

Unterdessen hat Bayerns Innenminister Joachim Herrmann (CSU) seine Kritik an Özkan bekräftigt. „Ich erwarte den nötigen Respekt vor unserer Kultur", sagte Herrmann der Passauer Neuen Presse (Dienstag). Von Wulff erwarte er zudem, dass er Özkan „die Grundsätze von CDU und CSU" beibringe. Özkans Vorstoß sei „völlig indiskutabel".

Der Vorsitzende der Türkischen Gemeinde in Deutschland, Kenan Kolat (SPD), sprach von einer unnötigen Diskussion in der CDU. „Sie hat gesagt, was das Bundesverfassungsgericht im Jahre 1995 gesagt hat, dass der Staat in dieser Frage neutral bleiben muss. Wenn sich Politiker in unserem Land gegen das Grundgesetz stellen, ist das merkwürdig." Er teile Özkans Meinung „voll und ganz", dass sowohl Kruzifixe als auch Kopftücher aus den Klassenzimmern verbannt werden sollten.

Zentralrat der Muslime für Kreuze in Schulen

Dagegen hat sich der Zentralrat der Muslime in Deutschland ausdrücklich für Kreuze an Schulen ausgesprochen. „Die Religion soll im öffentlichen Raum sicht-bar sein, das gilt für alle Religionen", sagte der ZMD-Vorsitzende Ayyub Axel Köhler der Nachrichtenagentur dpa am Dienstag in Köln und nannte ausdrücklich auch den Islam. „Wir leben doch in einem zutiefst christlich geprägten Land, in einer zutiefst christlich geprägten Kultur. Da sollte die Religion auch öffentlich sichtbar bleiben", erklärte Köhler. (dpa/afp)

Übersetzen Sie ins Polnische. Beachten Sie, dass es sich um einen zusammenhängenden Text handelt.

1. Aygul Özkan vereidigt

2. Wulff stellt sich vor neue Sozialministerin

3. Özkans Ernennung zur Ministerin sei ein „wichtiges Signal" – nicht der Untergang des Abendlandes, meint Niedersachsens Ministerpräsident Wulff. Auch wenn sie auf dünnem Eis mal ins Rutschen gekommen sei.

4. Berlin/Hannover [...] Die türkischstämmige CDU-Politikerin Aygül Özkan ist ungeachtet ihrer Äußerungen über ein Kruxifix-Verbot an Schulen zur neuen niedersächsischen Ministerin für Soziales und Integration gewählt worden. Im Landtag von Hannover stimmten die Koalitionsfraktionen von CDU und FDP am Dienstag einmütig für die 38-jährige Juristin. [...]

5. Kurz vor der geplanten Vereidigung der ersten muslimischen Ministerin Deutschlands hatte sich Niedersachsens Ministerpräsident Christian Wulff vor die kritisierte Özkan gestellt.

6. Die in Deutschland geborene CDU-Politikerin mit türkischen Eltern hatte sich gegen Kreuze in Schulen ausgesprochen, dies am Montag in der CDU-Landtagsfraktion aber bedauert.

7. Zugleich bekräftigte Wulff seine Kritik an Özkan, die Debatte sei aber beendet. Sie habe akzeptiert, dass es trotz der Trennung von Staat und Kirche in Niedersachsen ein gutes Miteinander beider Institutionen gebe „und wir deswegen Kreuze in den Schulen begrüßen". Das habe sie aus ihrem Hintergrund "nicht ausreichend berücksichtigt". „Sie hat sich quasi auf dünnes und glattes Eis begeben und da kann man schon ins Rutschen kommen", sagte Wulff.

8. Wer einen Verzicht auf Özkans Ernennung verlange, brauche offenkundig länger zu begreifen, dass es in 20 Jahren völlig normal sein werde, dass Migranten auch Ministerämter besetzen. „Da brauchen manche länger und fürchten den Untergang des Abendlandes", sagte Wulff. Özkans Ernennung sei „ein wichtiges Signal".

9. Unterdessen hat Bayerns Innenminister Joachim Herrmann (CSU) seine Kritik an Özkan bekräftigt. „Ich erwarte den nötigen Respekt vor unserer Kultur", sagte Herrmann der *Passauer Neuen Presse* (Dienstag). Von Wulff erwarte er zudem, dass er Özkan „die Grundsätze von CDU und CSU" beibringe. Özkans Vorstoß sei „völlig indiskutabel".

10. Der Vorsitzende der Türkischen Gemeinde in Deutschland, Kenan Kolat (SPD), sprach von einer unnötigen Diskussion in der CDU. „Sie hat gesagt, was das Bundesverfassungsgericht im Jahre 1995 gesagt hat, dass der Staat in dieser Frage neutral bleiben muss. Wenn sich Politiker in unserem Land gegen das Grundgesetz stellen, ist das merkwürdig." Er teile Özkans Meinung „voll und ganz", dass sowohl Kruzifixe als auch Kopftücher aus den Klassenzimmern verbannt werden sollten. [...]

11. Dagegen hat sich der Zentralrat der Muslime in Deutschland ausdrücklich für Kreuze an Schulen ausgesprochen. „Die Religion soll im öffentlichen Raum sichtbar sein, das gilt für alle Religionen", sagte der ZMD-Vorsitzende Ayyub Axel Köhler der Nachrichtenagentur dpa am Dienstag in Köln und nannte ausdrücklich auch den Islam. „Wir leben doch in einem zutiefst christlich geprägten Land, in einer zutiefst christlich geprägten Kultur. Da sollte die Religion auch öffentlich sichtbar bleiben", erklärte Köhler. (dpa/afp)

4 Jeff Bridges – leń nagrodzony Oscarem

4.1 Haupttext

Jeff Bridges – leń nagrodzony Oscarem

Nie zależy mu na splendorach. Zamiast wyścigu za rolami w megaprodukcjach woli z tarasu swego domu spoglądać na Pacyfik i przygrywać żonie na gitarze. Ale gdy już staje na planie, powstaje perełka.

Jeszcze niedawno mówiło się o nim, że jest najbardziej utalentowanym i … najbardziej niedocenianym aktorem w Hollywood. Krytycy rozpływali się w pochwałach na temat jego gry, ale twórcy filmów nie podzielali tego entuzjazmu: namówić go do pracy potrafili tylko najcierpliwsi! Za każdym razem długo kaprysił, dzielił włos na czworo, domagał się zmian w scenariuszu … Takiego oryginała jak Jeff Bridges naprawdę trudno znaleźć w całym Hollywood!

58 lat pracy … na Oscara

Złośliwi mówią, że w swojej karierze więcej propozycji odrzucił niż przyjął. Nie skorzystał m.in. z intratnych ofert zagrania głównej roli w „Love story" czy w serialu „Policjanci z Miami". Ale on niczego nie żałuje i idzie swoją drogą, bez skrótów. Pięć nominacji do Oscara zdobył, grając na swoich warunkach. Ostatnia z nich okazała się wreszcie szczęśliwa. Dwa miesiące temu statuetka trafiła w jego ręce. Kilka tygodni wcześniej odebrał też Złotego Globa. Najbardziej niedoceniany aktor Hollywood stał się w krótkim czasie jednym z najbardziej utytułowanych.

Filmem, które tak zmienił jego status jest „Szalone serce". To opowieść o podstarzałym piosenkarzu country, życiowym rozbitku na własne życzenie. Nie potrafi zapanować nad karierą, utrzymać przy sobie ukochanej kobiety, ani poradzić sobie z alkoholizmem. Ten skomplikowany, słaby człowiek zagrany przez Bridgesa od pierwszej chwili przykuwa nas do ekranu. Niesamowita gra Jeffa sprawia, że film, w którym niby nic się nie dzieje, jest fascynującą podróżą po zakamarkach ludzkiej duszy.

Wydaje się, że w tym właśnie tkwi cały sekret aktorskiego fenomenu Bridgesa. Potrafi wcielać się w postaci z różnych środowisk, o różnych temperamentach i w różnym wieku, i to praktycznie bez szczególnej charakteryzacji.

Debiutował już w wieku … dwóch lat! Wszystko dlatego, że jego rodzicami była aktorska para Dorothy i Lloyd Bridges. Ojciec Jeffa był prawdziwą gwiazdą w latach 50. i 60. poprzedniego wieku. U jego boku chłopak występował w popularnym serialu telewizyjnym „Sea Hunt".

Tuż po 14 urodzinach Jeff usłyszał od ojca propozycję nie do odrzucenia: „Jest rólka do zagrania, dla chłopaka w twoim wieku. Nie pójdziesz do szkoły, zarobisz trochę pieniędzy, kupisz sobie potem jakieś zabawki". Który dzieciak by odmówił? Jeff stanął na planie i w jednej chwili połknął filmowego bakcyla. I tak mu już zostało na całe życie!

[…]

4.2 Lexik

Nie zależy mu na splendorach.

Glanz und Glamour sind ihm nicht wichtig./Ruhm und Glamour bedeuten ihm nichts.

splendor (Glanz, Herrlichkeit; PWN, *Ehre; Glanz, Gloria;* PONS), hier: *Glanz und Glamour; zależy mi na tym – daran liegt mir viel; nie zależy mi na tym – das ist mir nicht so wichtig, daran liegt mir nicht besonders*

Ich bin überzeugt: Es gibt neben dem praktischen Nutzen eine Sehnsucht nach Glamour und nach einer gewissen Emotionalisierung und Inszenierung auch von Gebrauchsprodukten. (Quelle: fr-aktuell.de vom 12.01.2005) Sie habe die „Scheinwelt" aus Ruhm und Glamour „sehr gut überlebt", sagt sie heute. (Quelle: n-tv.de vom 12.01.2005) Das ist kein schönes Wort, es klingt dann doch zu sehr nach dem großen Kompromiss, der nach Erfolg schielt, nach Ruhm, Glamour und euphorischer Clubkultur. (Quelle: fr-aktuell.de vom 14.01.2005) Mit viel Glanz und Glamour haben am Samstagabend Prominente aus Film und Medien beim 32. Deutschen Filmball in München gefeiert. (Quelle: welt.de vom 17.01.2005) „Durch die vielen Veranstaltungen wie Filmpreisverleihungen ist der Glamour in die Stadt eingezogen." (Quelle: berlinonline.de vom 18.01.2005) Das ist Zeugnis für die einstige Fähigkeit Hollywoods, langlebigen Glamour herzustellen. (Quelle: welt.de vom 19.01.2005)

Zamiast wyścigu za rolami w megaprodukcjach woli z tarasu swego domu spoglądać na Pacyfik i przygrywać żonie na gitarze.

Kinder huschen durch die Gänge und jagen nach Autogrammen. (Quelle: ngz-online.de vom 22.05.2006) „Die Landesbanken jagen nach Sparkassen-Kunden, das ist kein Spaß, das ist eine Fehlentwicklung." (Quelle: handelsblatt.com vom 27.07.2005)

Ale gdy już staje na planie, powstaje perełka.

Aber wenn er dann am Set steht, entsteht ein Juwel.

być na planie – am Set sein

In Scorseses Film kommt Hughes eines Tages an den Set, guckt in den strahlend blauen Himmel und sieht das Schild, auf dem „Krieg verschoben – keine Wolken" steht. (Quelle: abendblatt.de vom 19.01.2005) Man kann am Set auch mal Sätze ändern, um sie persönlicher zu machen. (Quelle: svz.de vom 12.02.2005) Der größte Set der Filmgeschichte ging am Ende in Flammen auf. (Quelle: archiv.tagesspiegel.de vom 11.02.2005)

„Überragend", „das ist der neue deutsche Film" und „ein kinematographisches Juwel" war zu vernehmen. (Quelle: abendblatt.de vom 14.01.2005) Unter ihrer Regie entwickelte sich das „Peking Lincolnstraße" zu einem Juwel. (Quelle: abendblatt.de vom 15.01.2005)

Krytycy rozpływali się w pochwałach na temat jego gry, ale twórcy filmów nie podzielali tego entuzjazmu [...]

Kritiker sangen Lobeshymnen auf seine Schauspielkunst, Filmemacher teilten aber diesen Enthusiasmus nicht [...]

Kritiker lobten überschwänglich seine schauspielerische Leistung, Filmemacher stimmten aber in diese Lobeshymnen nicht ein [...]

rozpływać się w pochwałach – Lobeshymnen singen auf/überschwänglich loben/mit Lobeshymnen überschütten

Als Bill Clinton in seiner zweiten Amtszeit Madeleine Albright als Außenministerin vorstellte, wurde die erste weibliche Top-Diplomatin mit Lobeshymnen überschüttet. (Quelle: archiv.tagesspiegel.de vom 14.02.2005) Nur Friedhelm Funkel wollte nicht in die Lobeshymnen einstimmen, vielleicht wollte er ein wenig bremsen. (Quelle: fr-aktuell.de vom 07.03.2005) Die Engländer singen ihm Lobeshymnen. (Quelle: berlinonline.de vom 11.03.2005)

Za każdym razem długo kaprysił, dzielił włos na czworo, domagał się zmian w scenariuszu.

Er habe immer und an allem etwas auszusetzen, betreibe Haarspalterei, verlange Änderungen im Drehbuch.

kaprysić – Launen haben, launisch sein; ~ przy jedzeniu (beim Essen mäkeln) (PWN); *(herum)nörgeln* (PWN) *~ przy jedzeniu – sich beim Essen anstellen* (PONS); *dzielić włos na czworo – Haarspalterei betreiben; zmiany w scenariuszu – Änderungen im Drehbuch* (nicht *Szenario!*)

Takiego oryginała jak Jeff Bridges naprawdę trudno znaleźć w całym Hollywood!

Einen solchen Exzentriker wie Jeff Bridges gebe (indirekte Rede, vgl. Kontext) *es in ganz Hollywood kein zweites Mal!*

Sonderling wäre abwertend und daher falsch, hier muss *Exzentriker* (oryginał to człowiek ekscentryczny) verwendet werden.

Einem Exzentriker, der mit Schimpansen zusammen lebt, sich Leihmütter für seine Kinder sucht und diese über Balkonbrüstungen baumeln lässt, traut man offenbar alles zu. (Quelle: fr-aktuell.de vom 29.01.2005) Am 2. Oktober 1872 setzte der pedantische Exzentriker Phileas Fogg in London 20000 Pfund, dass er die Welt in 80 Tagen umrunden könne. (Quelle: archiv.tagesspiegel.de vom 31.01.2005) Von diesem Prozess gegen Michael Jackson erhoffen sich die Amerikaner endlich Antwort auf die eine Frage zu erhalten: Ist der König des Pop ein Kinderschänder oder lediglich ein Exzentriker, der aus der Welt der Erwachsenen flüchtet? (Quelle: berlinonline.de vom 01.02.2005)

Jego gra przykuwa nas do ekranu.

Sein Spiel fesselt uns/fesselt die Zuschauer.

Denn es gibt keinen deutschen Springer mehr, der die Zuschauer fesseln könnte. (Quelle: berlinonline.de vom 08.01.2005) o interpretiert Peter Mussbach diese vier Akte in 150 Minuten, in denen man kaum Luft holen kann, die psychologisch fesseln. (Quelle: welt.de vom 18.01.2005)

Potrafi wcielać się w postaci z różnych środowisk, o różnych temperamentach i w różnym wieku, i to praktycznie bez szczególnej charakteryzacji.

Er kann in Charaktere aus verschiedenen Milieus hineinschlüpfen, Menschen unterschiedlicher Temperamente und unterschiedlichen Alters spielen und muss dafür nicht großartig in die Maske.

postaci – hier: *Charaktere, Figuren,* auch: *Gestalten, Protagonisten, Personen; wcielać się w postaci – in Figuren/Charaktere hineinschlüpfen, Charaktere/Menschen spielen*

In Figuren hineinschlüpfen: Das klingt so, als würde ich mich mit den Figuren identifizieren und wäre dann zwei, drei Stunden lang ein anderer. (Quelle: welt.de vom 16.06.2006) Es geht mir nicht darum, ein toller Schauspieler zu sein, der in die unterschiedlichsten Charaktere hineinschlüpfen kann, sondern darum, in jeder Figur auch von mir zu erzählen und zu mir hinzufinden. (Quelle: morgenweb.de vom 23.08.2006) Durch diese unelitäre Einstellung kommen an den New-Writing-Häusern Geschichten und Stimmen aus allen Milieus zusammen. (Quelle: spiegel.de vom 04.01.2005) Früher bestand die Gesellschaft aus relativ einheitlichen Großgruppen und Milieus, in die auch Politiker stark eingebunden waren. (Quelle: tagesschau.de vom 07.01.2005) Bei den altsprachlichen Gymnasien, die sich in Berlin zu einer Fluchtburg bildungsorientierter Milieus entwickelt haben, werden die knappen Plätze in diesem Jahr vom Bezirksamt zugeteilt. (Quelle: archiv.tagesspiegel.de vom 08.01.2005)

Charakteryzacja ist im Deutschen *Maske. Make-up* wäre zu wenig.

Der Weg ins Glück ist lang: Ein Flur voll Türen, auf denen „Komparsen" oder „Maske" steht. (Quelle: welt.de vom 28.02.2005) In den Seminaren unterrichten Profis über Schauspiel und Regie oder vermitteln Grundkenntnisse über Bühnenbild, Maske und Kostüme. (Quelle: abendblatt.de vom 04.03.2005)

propozycja nie do odrzucenia

ein nicht auszuschlagendes Angebot (stilistisch u. U. schwerfällig); *ein Angebot, das er nicht ausschlagen konnte* und eleganter, aber inhaltlich weniger genau – *ein verlockendes Angebot*

Die französische Thales-Gruppe hat dem Thyssen-Krupp-Konzern und damit auch der Bundesregierung ein äußerst verlockendes Angebot gemacht. (Quelle: welt.de vom 16.11.2005) Ein verlockendes Angebot hat auch Jay-Jay Okocha angenommen. (Quelle: spiegel.de vom 20.07.2006) Ein, für mich, besonders verlockendes Angebot, lag in einem solchen Korb. (Quelle: ngz-online.de vom 22.07.2006)

połknąć filmowego bakcyla

vom Spiel/vom Film gepackt werden

Pięć nominacji do Oscara zdobył, grając na swoich warunkach. Ostatnia z nich okazała się wreszcie szczęśliwa. Dwa miesiące temu statuetka trafiła w jego ręce. Kilka tygodni wcześniej odebrał też Złotego Globa.

Er wurde fünfmal für den Oscar nominiert, und jedesmal hatte er die Rolle so gespielt, wie er sie spielen wollte. Die letzte Nominierung brachte ihm dann endlich Erfolg: Vor zwei Monaten wurde Bridges mit der begehrten Trophäe ausgezeichnet. Einige Wochen zuvor auch mit einem Golden Globe.

nominacja do Oscara – Oscarnominierung; nominiert werden; statuetka trafiła w jego ręce – er bekam die Trophäe; odebrał Złotego Globa – nahm den Golden Globe entgegen

To opowieść o podstarzałym piosenkarzu country, życiowym rozbitku na własne życzenie.

Es ist die Geschichte eines in die Jahre gekommenen Country-Sängers, der im Leben durch eigenes Verschulden scheitert.

In *Wielki Słownik Języka Polskiego* (Dereń, Polański, Krakowskie Wydawnictwo Naukowe 2008) findet sich zu *na własne życzenie* die Erläuterung *z własnej winy.* Die Bedeutung ist als *scherzhaft* eingestuft, für die Übersetzung ist das aber unerheblich. *Ży-*

ciowy rozbitek na własne życzenie ist also ein Mensch, der sein Scheitern selbst ver-
schuldet hat, für sein Schicksal selbst verantwortlich ist.

PONS übersetzt *rozbitek życiowy* als *Unglücksmensch*, PWN schlägt *gescheiterte
Existenz* vor. In deutschen Filmkritiken finden sich folgende Ausdrücke: *ein ge-
scheiterter, gestrandeter Mensch, ein Mensch auf der Kippe, ein abgehalfterter*
Country-Sänger.

Abgehalftert deckt nicht unbedingt die Bedeutung von *rozbitek życiowy* ab, es sagt nur aus,
dass jemand, der früher erfolgreich oder einflussreich war, das nicht mehr ist. Abgehalftert
sagt auch nichts darüber aus, wie es zum Verlust der früheren Bedeutung kam.

Wenn alles gutgeht – und die Spontaneität, mit der seine Kollegen ihm zum Golden Globe auch noch einen stehen-
den Applaus spendierten, deutet ganz darauf hin –, dann wird Jeff Bridges am Sonntag für diese Rolle endlich auch
einen Oscar gewinnen. Man wird diskutieren können, ob es nun wirklich für diese Rolle als abgehalfterter Country-
Sänger sein muss, aber andererseits lieben ihn die Leute ja auch gerade deswegen, weil er um seine Auftritte nie
auch nur halb so viel Aufhebens machte wie andere Stars und seine Zurückgelehntheit spätestens seit „The Big
Lebowski" geradezu legendär ist. (Quelle: FAZ.NET, 12.1.2010) Die Geschichte von der Läuterung eines abgehalfterten Losers gleitet dank eines wunderbar lakonischen Humors und herausragender Darsteller nicht ins plakativ
Moralische ab, sondern rundet sich zur gelungenen Tragikomödie und zur von mitreißenden Songs getragenen
Hommage auf die Country-Musik. (Quelle: moviepilot vom 4.3.10) Der 58-jährige Actionheld a.D., lange der
erfolgreichste Newcomer im Republikaner-Stall und noch auf dem Wahlparteitag 2004 Bushs bestes Zugpferd, gilt
plötzlich als abgehalftert. (Quelle: spiegel.de vom 11.11.2005) An schlechten Tagen wirkt Lukas Podolski abgehalftert - unglaublich bei einem 21-Jährigen. (Quelle: sueddeutsche.de vom 25.02.2006)

podróż po zakamarkach ludzkiej duszy

Ist fast wörtlich zu übersetzen als *eine Reise durch die tiefsten Winkel der menschlichen Seele. Zakamarki duszy* sind *tiefe/tiefste Winkel der Seele.*

4.3   Geographische Eigennamen, Titel

spoglądać na Pacyfik

Zum Geschlecht geographischer Namen: Die Ozeane sind im Deutschen männlich
und werden stets mit dem Artikel benutzt: *Der Atlantik ist nach dem Pazifik der
zweitgrößte Ozean der Welt.* Eine Ölbohrinsel liegt *im Atlantischen Ozean* oder *im
Atlantik.* (Der Kurzname des Indischen Ozeans *Indik* ist nicht gebräuchlich.)

Warum ist *der Rhein* männlich und *die Elbe* weiblich?

„Das Geschlecht von Flüssen lässt sich leider nicht nach Regeln bestimmen. Jeder
Flussname hat seine eigene Geschichte, und deren Ursprung liegt meistens im Nebel
frühester Zeiten verborgen und ist oft nur mühsam zu rekonstruieren. […] Der Name
geht meistens auf ein altes Wort für Fluss, Sumpf, Bach oder Au zurück." (Quelle:
Sick, *Der Dativ ist dem Genitiv sein Feind*, 2008, S. 728)

Die meisten Länder sind sächlich und werden ohne Artikel benutzt – Frankreich, Deutschland, Polen und Großbritannien. Wird einem Land ein Attribut vorangestellt, braucht es einen Artikel: *das schöne Österreich, das moderne Frankreich, das alte China, das wiedervereinigte Deutschland.*
Weiblich sind: die Dominikanische Republik, die Mongolei, die Schweiz, die Slowakei, die Türkei, die Ukraine, die Zentralafrikanische Republik.
Wenige Länder sind männlich: z. B. der Irak, der Iran, der Jemen, der Kongo, der Libanon. Hier schwankt allerdings der Genusgebrauch zwischen *der* und *das.*
Werden sie männlich gebraucht, so stehen sie mit Artikel: *Der Minister flog in den Iran.* Die Bahamas, die Niederlande, die Philippinen, die Salomonen, die Seychellen, die USA, die Vereinigten Arabischen Emirate werden im Plural gebraucht. (Vgl. Sick, ebda., S. 319 f., 728 f.)

„Sea Hunt", „Policjanci z Miami", „Szalone serce"

Der deutsche Titel von „Sea Hunt" ist „Abenteuer unter Wasser". „Miami Vice" und „Crazy Heart" wurden im Deutschen auf Englisch belassen.

Wie problematisch die Übersetzung eines Titels sein kann, zeigt das Beispiel von Dostojewskis *Schuld und Sühne.* Der russische Originaltitel des Romans, Преступление и наказание (Prestuplenie i nakazanie), lässt sich nicht exakt ins Deutsche übertragen. Der geläufigste Übersetzungstitel *Schuld und Sühne* trifft nicht die russischen Termini, die eher aus dem juristischen Sprachgebrauch stammen: Verbrechen und Strafe. Swetlana Geier verwendet *Verbrechen und Strafe* in ihrer viel beachteten Neuübersetzung von 1994. In anderen Sprachen wie dem Englischen, Französischen und Polnischen wurde dieser Titel schon immer bevorzugt verwendet (*Crime and punishment, Crime et châtiment, Zbrodnia i kara*). Der Roman wurde im Deutschen teilweise auch unter dem Namen seiner Hauptfigur, Rodion Raskolnikow, herausgegeben. (Quelle: Wikipedia, „Schuld und Sühne", gesehen am 03.01.2011)

4.4   Übersetzung einer Übersetzung

Der polnische AT „Jest rólka do zagrania, dla chłopaka w twoim wieku. Nie pójdziesz do szkoły, zarobisz trochę pieniędzy, kupisz sobie potem jakieś zabawki" und das amerikanische Original „Hey there's a little part for a kid in [the TV series] Sea Hunt. Want to do it? You get to get out of school, make some money, buy some toys and stuff" weichen voneinander dadurch ab, dass im polnischen Text der Titel der Fernsehserie nicht genannt ist.

Die Frage, inwieweit bei der Übersetzung vom Polnischen ins Deutsche der Titel hinzugefügt werden kann, ist je nach Art des Übersetzungsauftrags unterschiedlich zu beantworten. Liegt bei der Übersetzung ins Deutsche ausschließlich der polnische Text vor und besteht der Übersetzungsauftrag nur darin, diesen inhaltsgetreu wiederzugeben, wird der Titel nicht ergänzt (selbst dann, wenn der Übersetzer das amerikanische Original bzw. den Titel der Fernsehserie kennt). Sollte es zum Verständnis zwingend erforderlich sein, den Titel (oder eine andere Information) hinzuzufügen, kann dies in einer Fußnote erfolgen, die als Anmerkung des Übersetzers gekennzeichnet ist. (Quelle des englischen Originalzitats: Vanity Fair vom 22.12.2009, Krista Smith: „Jeff Bridges: The Vanity Fair Interview")

4.5   Übungen

ÜBUNG 1

Zwei der deutschen Sätze geben den Inhalt des polnischen Originals nicht richtig bzw. nur ungenau wieder. Welche? Was ist falsch?

A) Jeff Bridges woli z tarasu swego domu spoglądać na Pacyfik i przygrywać żonie na gitarze.

1. Jeff Bridges schaut lieber von der Terrasse seines Hauses auf den Pazifik und spielt seiner Frau auf der Gitarre vor.

2. Jeff Bridges schaut lieber von der Terrasse auf den Pazifik und spielt seiner Frau etwas vor.

3. Jeff Bridges mag es lieber, von der Terrasse seines Hauses auf den Ozean zu schauen und seiner Frau auf der Gitarre vorzuspielen.

B) Krytycy rozpływali się w pochwałach na temat jego gry, ale twórcy filmów nie podzielali tego entuzjazmu: namówić go do pracy potrafili tylko najcierpliwsi!

1. Kritiker sangen Lobeshymnen auf seine Schauspielkunst, doch Filmemacher teilten diesen Enthusiasmus nicht: Nur den Geduldigsten gelänge es, ihn zum Arbeiten zu bewegen.

2. Kritiker überschlugen sich mit Lob über seine Schauspielkunst, Filmemacher argumentierten jedoch, dass es nur den Geduldigsten gelingen würde, mit ihm zu arbeiten.

3. Kritiker überschlugen sich mit Lob über sein Spiel, Filmemacher teilten diesen Enthusiasmus jedoch nicht: Man brauche viel Geduld, um mit ihm arbeiten zu können.

C) Nie skorzystał m.in. z intratnych ofert zagrania głównej roli w „Love story" czy w serialu „Policjanci z Miami".

1. Er lehnte u. a. die lukrativen Angebote ab, in „Love Story" oder in der Serie „Miami Vice" die Hauptrolle zu spielen.

2. Er lehnte zum Beispiel die lukrative Hauptrolle in „Love Story" ab, genauso wie das Angebot, in der Serie „Miami Vice" mitzuspielen.

3. Er nahm zum Beispiel die Hauptrolle in „Love Story" nicht an, genauso wie das verlockende Angebot, in der Serie „Miami Vice" eine Rolle zu spielen.

D) Najbardziej niedoceniany aktor Hollywood stał się w krótkim czasie jednym z najbardziej utytułowanych.

1. Einer der am meisten unterschätzten Schauspieler Hollywoods wurde in kurzer Zeit zu einem der am meisten ausgezeichneten.

2. Der am meisten unterschätzte Schauspieler Hollywoods wurde in kurzer Zeit zu einem, der die meisten Titel besitzt.

3. Der am meisten unterschätzte Schauspieler Hollywoods wurde in kurzer Zeit zu einem der am meisten ausgezeichneten.

E) To opowieść o podstarzałym piosenkarzu country, życiowym rozbitku na własne życzenie.

1. Es ist die Geschichte eines in die Jahre gekommenen Country-Sängers, der im Leben völlig versagt.

2. Es ist die Geschichte eines in die Jahre gekommenen Country-Sängers, der im Leben durch eigenes Verschulden scheitert.

3. „Crazy Heart" ist die Geschichte eines abgehalfterten Country-Sängers.

F) Nie potrafi zapanować nad karierą, utrzymać przy sobie ukochanej kobiety, ani poradzić sobie z alkoholizmem.

1. Er ist nicht in der Lage, seine Karriere zu kontrollieren, seine geliebte Frau zu halten, und genauso wenig sein Alkoholproblem in den Griff zu bekommen.

2. Er hat seine Karriere nicht im Griff, kann die Frau, die er liebt, nicht halten und wird mit seinen Alkoholproblemen nicht fertig.

3. Er ist nicht in der Lage, seine Karriere zu meistern, seine Frau, die ihn liebt, zu halten, und genauso wenig sein Alkoholproblem in den Griff zu bekommen.

G) Niesamowita gra Jeffa sprawia, że film, w którym niby nic się nie dzieje, jest fascynującą podróżą po zakamarkach ludzkiej duszy.

1. Bridges überwältigendes Spiel verwandelt diesen scheinbar ereignisarmen Film in eine faszinierende Reise durch die tiefsten Winkel der menschlichen Seele.

2. Der Film, in dem eigentlich kaum etwas geschieht, wird dank Jeffs unglaubwürdigem Spiel zu einer faszinierenden Reise durch die entferntesten Winkel der menschlichen Seele.

3. Der Film, in dem auf den ersten Blick kaum etwas geschieht, ist eine faszinierende Reise durch die dunklen Geheimnisse der menschlichen Seele.

ÜBUNG 2

Mit oder ohne Artikel? Der bestimmte oder der unbestimmte Artikel? Wählen Sie die richtige Variante. Beachten Sie, dass die Sätze einen zusammenhängenden Text bilden.

1. Der/Ein/– Glamour bedeutet ihm nichts.

2. Statt nach den/– Rollen in den/– Megaproduktionen zu jagen, sitzt er lieber auf der/einer/– Terrasse seines Hauses, schaut auf den/– Pazifik und spielt seiner Frau etwas auf der/einer/– Gitarre vor.

3. Aber wenn er dann dreht, entsteht das/ein/– Juwel.

4. Kritiker überschlugen sich mit dem/einem/– Lob über sein Spiel, Filmemacher teilten diesen Enthusiasmus jedoch nicht:

5. Nur den Geduldigsten/Geduldigsten würde es gelingen, ihn zum Arbeiten zu bewegen.

6. Er habe immer und an allem etwas auszusetzen, betreibe die/eine/– Haarspalterei, verlange die/– Änderungen im/in einem Drehbuch.

7. In ganz Hollywood/In dem ganzen Hollywood gebe es keinen solchen Exzentriker wie Jeff Bridges.

ÜBUNG 3

Mit oder ohne Artikel? Der bestimmte oder der unbestimmte Artikel? Wählen Sie die richtige Variante. Beachten Sie, dass die Sätze einen zusammenhängenden Text bilden.

1. Ursprünglich wollte _der/ein/_ Regisseur Scott Cooper _die/eine/_ bewegte Lebensgeschichte _des/eines_ Countryveteranen Merle Haggard verfilmen, doch als ihm Thomas Cobbs Roman „Crazy Heart" _in die/_ Hände fiel, entschied er sich, _die/eine/_ fiktive Geschichte zu erzählen, die dennoch viel mit _den/_ realen Schicksalen _der vielen/vieler_ Countrymusiker zu tun hat.

2. Es geht um _die einsamen/einsame_ Helden, Cowboys mit _den/_ Gitarren.

3. Und es geht darum, _die/eine/_ Würde, _den/einen/_ Stolz und _den/einen/_ Anstand zu bewahren, auch wenn _der/ein/_ Glanz und _der/ein /_ Ruhm vergangener Tage verschwunden sind – und das Leben nur noch aus _den/_ kleinen und großen Demütigungen besteht.

4. Rip Torn spielte so einen strauchelnden Star 1973 in „Payday", weitaus weniger zynisch porträtierte Robert Duvall 1983 in _der/einer/_ Bruce Beresfords Barden–Ballade „Tender Mercies" _den/einen/_ alternden Countryhelden, der versucht, sein verpfuschtes Leben wieder in _den/einen/_ Griff zu bekommen.

ÜBUNG 4

Ergänzen Sie die Endungen der Adjektive und Adverbien sowie die Präpositionen und Artikel. Beachten Sie, dass die Sätze einen zusammenhängenden Text bilden.

1. Bad Blake war mal einer der best_____ Songschreiber der Countryszene, doch sein Strom genial_____ Tunes ist schon länger versiegt.

2. Jünger_____ besser_____ aussehend_____ Stars wie sein einstiger_____ Ziehsohn Tommy Sweet haben das Countrygenre auf Boygroup–Glamour getrimmt.

3. Bärtig_____, bierbäuchig_____ Typen mit fettig_____ Haar wie Blake haben in den Arenen voller kreischend_____ Teenies nichts mehr zu suchen.

4. Sie müssen mit _____ „Spare Room" auf _____ Bowlingbahn vorlieb nehmen.

5. Natürlich säuft sich Blake bis _____ Auftritt _____ Hucke voll. Natürlich tritt er trotzdem _____ Mikro wie ein brav_____ Countrysoldat.

6. Natürlich ist er so routiniert_____ dass er auch _____ Halbkoma noch seine alt_____ Hits raushaut.

ÜBUNG 5

Übersetzen Sie. Wann wird die indirekte und wann die direkte Rede gebraucht?

1. Złośliwi mówią, że w swojej karierze więcej propozycji odrzucił niż przyjął.

2. Jeszcze niedawno mówiło się o nim, że jest najbardziej utalentowanym i najbardziej niedocenianym aktorem w Hollywood.

3. Tuż po 14. urodzinach Jeff usłyszał od ojca propozycję nie do odrzucenia: „Jest rólka do zagrania, dla chłopaka w twoim wieku. Nie pójdziesz do szkoły, zarobisz trochę pieniędzy, kupisz sobie potem jakieś zabawki".

ÜBUNG 6

Jeff Bridges, oprócz tego, że długo zastanawia się, nim przyjmie rolę, jest po prostu czarującym leniem i smakoszem życia. Nawet nie próbuje ukrywać, że najbardziej ceni przyjemności: „Większość życia poświęcam na unikanie jakiejkolwiek pracy. Z lenistwa. Jest mi zdecydowanie łatwiej odrzucić jakąś rolę, niż ją przyjąć. Wiem, jaki wysiłek łączy się z pracą na planie. Poza tym kręcenie filmów odrywa mnie na długo od mojej żony, mojej miłości i przewodniczki, a nic nie jest w stanie powetować mi tej straty". Aktor znany z poczucia humoru tu rzeczywiście mówi poważnie. Żona zawsze była dla niego najważniejsza. […]

Swoją żonę Susan (tą samą od 32 lat!) Jeff poznał podczas kręcenia zdjęć do filmu „Rancho Deluxe". Nie była jednak aktorką tylko pokojówką, zatrudnioną na farmie, na której powstawał film. O szczegółach tamtego spotkania sprzed lat wiadomo bardzo niewiele, jedno jednak jest pewne: uczucie spadło na nich niczym grom z jasnego nieba! Państwo Bridges pobrali się już rok później. W 1981 roku na świat przyszła ich pierwsza córka, a później (co dwa lata) dwie kolejne śliczne dziewczynki.

Związek ten wielu traktowało jako mezalians i nie wróżyło mu wielkiej przyszłości. Stało się jednak inaczej. Susan i Jeff są wyjątkowo dobranym małżeństwem i nawet teraz, po ponad trzech dekadach wspólnego życia, widać między nimi zarówno przyjaźń, jak i iskrzącą damsko–męską chemię.

Übersetzen Sie ins Deutsche. Beachten Sie, dass die Sätze einen zusammenhängenden Text bilden.

1. Bo Jeff Bridges, oprócz tego, że długo zastanawia się, nim przyjmie rolę, jest po prostu czarującym leniem i smakoszem życia.

2. Nawet nie próbuje ukrywać, że najbardziej ceni przyjemności: „Większość życia poświęcam na unikanie jakiejkolwiek pracy. Z lenistwa. Jest mi zdecydowanie łatwiej odrzucić jakąś rolę, niż ją przyjąć. Wiem, jaki wysiłek łączy się z pracą na planie. Poza tym kręcenie filmów odrywa mnie na długo od mojej żony, mojej miłości i przewodniczki, a nic nie jest w stanie powetować mi tej straty".

3. Aktor znany z poczucia humoru tu rzeczywiście mówi poważnie. Żona zawsze była dla niego najważniejsza.

4. Swoją żonę Susan (tą samą od 32 lat!) Jeff poznał podczas kręcenia zdjęć do filmu „Rancho Deluxe". Nie była jednak aktorką tylko pokojówką, zatrudnioną na farmie, na której powstawał film.

5. O szczegółach tamtego spotkania sprzed lat wiadomo bardzo niewiele, jedno jednak jest pewne: uczucie spadło na nich niczym grom z jasnego nieba!

6. Państwo Bridges pobrali się już rok później. W 1981 roku na świat przyszła ich pierwsza córka, a później (co dwa lata) dwie kolejne śliczne dziewczynki.

7. Związek ten wielu traktowało jako mezalians i nie wróżyło mu wielkiej przyszłości. Stało się jednak inaczej.

8. Susan i Jeff są wyjątkowo dobranym małżeństwem i nawet teraz, po ponad trzech dekadach wspólnego życia, widać między nimi zarówno przyjaźń, jak i iskrzącą damsko–męską chemię.

5 Domosławski: Kapuściński nadal jest moim mistrzem

5.1 Haupttext

Domosławski: Kapuściński nadal jest moim mistrzem

– Pisałem książkę z empatią i sympatią dla jej bohatera. Nadal uważam Kapuścińskiego za swojego mistrza – powiedział Artur Domosławski, autor książki „Kapuściński non-fiction".

Książka właśnie trafia do księgarń. Najnowsza biografia Kapuścińskiego wywołała kontrowersje na długo przed ukazaniem się książki. Alicja Kapuścińska skierowała do sądu sprawę o zablokowanie jej dystrybucji, ponieważ, jej zdaniem, książka obraża dobrą pamięć o jej mężu.

– Uważam, że nie naruszyłem dobrej pamięci o Kapuścińskim. Po prostu prawda okazała się bardziej skomplikowana niż mit, jaki sobie stworzyliśmy – i, co widać w temperaturze komentarzy – do którego bardzo się przywiązaliśmy. Polubiliśmy ikonę reportera, a nie pełnokrwistego, żywego faceta, który miał w swoim życiu rozmaite zakręty, polityczne, osobiste, ideowe. Po napisaniu tej biografii nadal uważam Kapuścińskiego za swojego mistrza. Był mistrzem myślenia o świecie i o pisaniu – powiedział Domosławski. *)

*) Artur Domosławski war in den letzten zehn Jahren des Lebens von Ryszard Kapuściński (1932–2007) mit dem Reporter befreundet. Alicja Kapuścińska gewährte Domosławski später Zugang zum Archiv ihres verstorbenen Mannes. Domosławskis Buch *Kapuściński Non Fiction* (erschienen 2010) löste in Polen einen heftigen Streit aus. Der Krakauer Verlag Znak, in dem das Buch ursprünglich hatte erscheinen sollen, lehnte die Veröffentlichung ab.

Detektywi losów

Spierając się o książkę Artura Domosławskiego, warto przyjrzeć się podobnego rodzaju dziełom wydawanym za granicą. W Polsce nawet nie wyobrażamy sobie, jak zjadliwe i oscarżycielskie potrafią być biografie.

W najnowszym filmie Romana Polańskiego tytułowy autor widmo za 250 tys. dol. zamienia nudną autobiografię brytyjskiego premiera w pasjonującą opowieść. Biografie są modne nie tylko w filmie – wystarczy zajrzeć do księgarń w Berlinie, Londynie czy Nowym Jorku. W Niemczech wydarzeniem jest nowa biografia Evy Braun (jednak kochała się z Hitlerem), w Wielkiej Brytanii ukazała się właśnie książka o Arthurze Koestlerze (był wybitnym umysłem, ale i maniakiem seksualnym), Stany czekają na pierwszą biografię prezydencką Baracka Obamy (będzie zawierała niepublikowane listy od matki). Na tym tle „Kapuściński non-fiction" nie jest niczym wyjątkowym – osobliwe są raczej emocje, jakie wzbudziła ta książka, i fakt, że to pierwsza krytyczna biografia jednego z wielkich Polaków XX w.

Non-fiction to nie tylko fragment tytułu książki Artura Domosławskiego, ale także angielskie określenie na wszystko, co nie jest literaturą piękną. Nie chodzi do końca o naszą literaturę faktu, bo prym wśród niefikcji wiedzie dziś literatura życia – life writing, jak mówią Anglosasi, a więc wspomnienia, dzienniki, korespondencje i najważniejsze: biografie. Gatunek niby doskonale znany, ale za granicą uprawiany o wiele swobodniej, na wyższym poziomie literackim, a przede wszystkim na znacznie większą skalę niż w Polsce. Tylko w Wielkiej Brytanii, ojczyźnie biografii, w sprzedaży było w ubiegłym roku 49 tys. książek tego gatunku, w tym 4403 tytuły wydane w 2009 r. W ciągu roku sprzedano 13 mln egzemplarzy biografii i autobiografii. Dla porównania – sprzedaż literatury pięknej wyniosła w tym samym czasie 77 mln egzemplarzy (dane za Nielsen BookScan).

A w Polsce? – Jesteśmy krajem paradoksalnym: nasze najciekawsze życiorysy pozostają nieopisane – mówi Beata Stasińska, szefowa wydawnictwa W.A.B. Krytycznych biografii nie doczekali się dla przykładu Czesław Miłosz czy Tadeusz Mazowiecki. – To dlatego, że nie potrafimy spojrzeć na naszą historię bez upiększeń i mitologii. W takim tonie opisuje się u nas przeszłość, nie tylko postaci, ale i całe okresy historyczne. To nie przypadek, że w Polsce nie powstaje też dobra literatura realistyczna – jesteśmy za to specjalistami od mitotwórstwa i rozbudowanej sfery symbolicznej. – Kiedy proponowałam różnym osobom napisanie biografii, zazwyczaj odmawiały, mówiąc, że się wstydzą, że ważna jest twórczość, a nie życiorys, i że nie mogą tego łączyć. Nie chcą pokazywać, że postać nie składała się z samych cnót – mówi Stasińska. – Nasi bohaterowie nie mają pryszczy i wad. Musimy się dopiero nauczyć, jak o nich pisać bez ustawiania na pomniku.

5.2   Lexik

najnowsza biografia Kapuścińskiego

die jüngste/die neueste Biographie über Ryszard Kapuściński, auch mit dem Genitiv *die Biographie Ryszard Kapuścińskis*

In diesen Tagen erscheint in polnischer Sprache eine Biographie über Ryszard Kapuściński, die das von vielen errichtete Denkmal des vor drei Jahren gestorbenen Weltreporters aus Warschau erheblich ankratzt. (Quelle: Carl Wilhelm Macke, Culturmag, 1. März 2010)

Erst an diesem Montag kommt die Biographie Ryszard Kapuścińskis, des berühmten Reporters und in viele Sprachen übersetzten Buchautors, in die polnischen Buchläden. (Quelle: Thomas Urban, süddeutsche.de, 01.03.2010)

Dieses Frühjahr ist das umfangreiche Buch „Kapuściński non-fiction" von Artur Domoslawski auf dem polnischen Markt erschienen.[...] Es wird bereits schon wieder über diese Debatte diskutiert, die die Biografie über den Autor und Journalisten Kapuściński ausgelöst hat und obwohl bis dato keine Übersetzungen vorliegen, wurde auch im Ausland über „Kapuściński non-fiction" berichtet. (Quelle: Kornelia Konczal, literaturkritik.de, Nr. 7, Juli 2010)

Książka właśnie trafia do księgarń.

Das Buch kommt gerade/jetzt in die Buchhandlungen/in die Buchläden/in den Buchhandel.

towar trafił na rynek – die Ware wurde auf den Markt gebracht (PWN)*;* hier *das Buch kommt in den Buchhandel/in die Buchhandlungen*

Alicja Kapuścińska skierowała do sądu sprawę o zablokowanie jej dystrybucji, ponieważ, jej zdaniem, książka obraża dobrą pamięć o jej mężu.

Alicja Kapuścińska ging gerichtlich gegen die Auslieferung des Buches vor, da es ihrer Ansicht nach den Ruf ihres Mannes verletze/dem Ruf ihres Mannes schade.

Bei der Übersetzung darf man sich nicht von einschlägigen Pressekommentaren beeinflussen lassen. In dem Satz wird lediglich ausgesagt, dass Alicja Kapuścińska die Auslieferung des Buches gerichtlich verhindern wollte, nicht, ob sie erfolgreich war oder wie das Gericht die Auslieferung verhindern sollte. Aus diesem Grund wäre der folgende Satz keine inhaltlich korrekte Übersetzung: *Alicja Kapuścińska versuchte per Gerichtsbeschluss die Auslieferung des Buches zu verhindern [...].*

Der Verlag Znak aus Krakau zog sich zurück und lehnte es ab, „Kapuściński Non Fiction" zu veröffentlichen, nachdem Lektoren das Manuskript studiert hatten. Kapuścińskis Witwe Alicja, die Domosławski jahrelang kennt und ihm auch Zutritt zum Archiv des Meisters gewährte, versuchte gar per Beschluss, das Buch zu verhindern. (Jan Puhl, Kapuściński-Biografie, SPIEGEL ONLINE KULTUR vom 28.02.2010)

Die Witwe des vor drei Jahren gestorbenen Reporters hat versucht, das Erscheinen des Buches mit dem mehrdeuti-
gen Titel „Kapuściński – non-fiction" zu verhindern. Das Gericht hat ihren Eilantrag, die Auslieferung zu untersa-
gen, abschlägig beschieden. In der Tat hat sie bislang keine konkreten Angaben dazu gemacht, was denn an dem
560 Seiten dicken Band falsch sein solle. Es ist die fünfte Biographie, die ersten vier trugen eher hagiographi-
sche Züge. (Thomas Urban, süddeutsche.de vom 01.03.2010)

Frau Kapuścińska ging gerichtlich gegen das Erscheinen des Bandes vor, da es dem Ruf ihres verstorben Mannes
schaden könne. (Kornelia Konczal, literaturkritik.de, Nr. 7, Juli 2010)

> – Uważam, że nie naruszyłem dobrej pamięci o Kapuścińskim. Po prostu prawda
> okazała się bardziej skomplikowana niż mit, jaki sobie stworzyliśmy [...]

*„Ich glaube nicht, dass ich Kapuścińskis Ruf beschmutzt habe. Es ist nur so, dass
sich die Wahrheit als komplizierter erwies als der Mythos, den wir uns geschaffen
haben [...]"*

naruszyć pamięć – dem Andenken schaden, den Ruf beschmutzen

> Polubiliśmy ikonę reportera, a nie pełnokrwistego, żywego faceta, który miał w swoim
> życiu rozmaite zakręty, polityczne, osobiste, ideowe.

*Uns ist die Ikone des Reporters liebgeworden, nicht der Kerl aus Fleisch und Blut,
in dessen Leben es verschiedene politische, persönliche und ideologische Wendepunkte gab.*

Wir haben die Ikone des Reporters liebgewonnen, nicht den Kerl [...].

Wir lieben die Ikone des Reporters, nicht den Kerl [...].

Ikona reportera – die Ikone des Reporters/des Journalismus

Polubić – PONS verweist auf das imperfekte Verb *lubić*, PWN übersetzt *polubić* als *lieb
gewinnen* und bringt als Beispiel: *polubił dalekie spacery – die langen Spaziergänge
sind ihm lieb geworden.*

Bei *lieb gewinnen* und *lieben* ist das Ergebnis schließlich dasselbe. Dennoch sind
lieb gewinnen/lieb geworden näher an der Intention des Originals. *Wir lieben* ist
kürzer, stilistisch eleganter, aber um eine Bedeutungsnuance ärmer.

Eine Figur aus Fleisch und Blut ist der Stiller schon im Roman nicht, doch Kosminskis Interpretation [...] macht aus
ihm ein geschwätziges Konversationsstück. (Quelle: fr-aktuell.de vom 24.01.2005) Und da wir ihm das erst jetzt
glauben können, wird auch der große Otto, der König, Kaiser und Kirchengründer, zu einem Menschen aus Fleisch
und Blut. (Quelle: welt.de vom 14.0 .2005) Andrea Köhler schreibt den Nachruf auf die Autorin Susan Sontag, die
Ikone des intellektuellen Amerika. (Quelle: spiegel.de vom 01.01.2005) Kurz vor dem Eintritt der USA in den
Zweiten Weltkrieg galt Shaw als Ikone des Swing. (Quelle: sueddeutsche.de vom 01.01.2005)

Był mistrzem myślenia o świecie i o pisaniu.

Darin, wie er über die Welt und das Schreiben dachte, war er ein Meister.

Es gibt in diesem Satz keinen Hinweis darauf, dass *myślenie o pisaniu* etwas anderes ausdrücken soll als die Art und Weise, wie Kapuściński über das Schreiben dachte. Es geht hier nicht um seine schriftstellerischen Fähigkeiten. Falsch wäre daher (Inhalt verändert): *In seiner Fähigkeit, die Welt gedanklich zu erfassen und über sie zu schreiben, war er ein Meister.* Unverständlich: *Er war ein Meister im Denken/des Denkens an die Welt und das Schreiben.* Obwohl *Er war ein Meister des Fragens* (vgl. Zitat) möglich ist.

Er war ein Meister des Fragens. (Quelle: archiv.tagesspiegel.de vom 03.01.2005) Nietzsche [...] als der „Meister des Doppelblicks". (Quelle: fr-aktuell.de vom 04.01.2005) Die acht Mönche, Meister der Meditation, gehören zum engsten Kreis des Dalai Lama. (Quelle: archiv.tagesspiegel.de vom 06.01.2005) Lamorski ist ein Meister der Improvisation und variiert und verjazzt auch Schlager und Volkslieder in hervorragender Weise. (Quelle: abendblatt.de vom 07.01.2005) Bei der ersten WM der „Meister des ruhenden Balls" im südspanischen Marbella kam der Profi vom niederländischen Verein SC Heerenveen am Donnerstagabend auf 25 Punkte und stach damit den großen Favoriten Zinedine Zidane aus. (Quelle: n-tv.de vom 01.01.2005)

Biografie są modne nie tylko w filmie.

Biographien sind nicht nur im Film/als Filmvorlage beliebt./Nicht nur im Film greift man gerne zu Biographien.

modne – hier *beliebt;* nicht *modisch* oder *modern*

Wystarczy zajrzeć do księgarń w Berlinie, Londynie.

Es genügt in Berlin oder London in einer Buchhandlung vorbeizuschauen/in eine Buchhandlung einen Abstecher zu machen.

zajrzeć do – hier *in einer Buchhandlung vorbeischauen,* auch *einen Abstecher in eine Buchhandlung machen*

Na tym tle „Kapuściński non-fiction" nie jest niczym wyjątkowym.

Vor diesem Hintergrund ist Kapuściński non-fiction *nichts Außergewöhnliches/fällt nicht sonderlich auf.*

na tle – *im Hintergrund; na tle kogoś (w porównaniu)* – *im Vergleich zu/mit jdm/etw.*

Nie potrafimy spojrzeć na naszą historię bez upiększeń i mitologii.

Wir sind nicht in der Lage unsere Geschichte zu betrachten, ohne sie zu verschönern und zu mythologisieren. (auch: ohne sie auszuschmücken)

Jesteśmy za to specjalistami od mitotwórstwa i rozbudowanej sfery symbolicznej.

Dafür sind wir spezialisiert in Mythenbildung und umfangreicher Symbolik.

Dafür sind wir Spezialisten in Mythenbildung und großer Symbolik.

Dafür erschaffen wir Mythen und große Symbole – darin sind wir Spezialisten.

spezialista od – Fachmann, Spezialist für etw., in etw; specjalista od reklamy – Werbefachmann; specjalista pediatra – Kinderarzt (vgl. PWN)

Krytycznych biografii nie doczekali się dla przykładu Czesław Miłosz czy Tadeusz Mazowiecki.

Bis heute sind beispielsweise keine kritischen Biographien von Czesław Miłosz oder Tadeusz Mazowiecki erschienen.

Bis heute warten beispielsweise Czesław Miłosz oder Tadeusz Mazowiecki vergeblich auf kritische Biographien.

Nie doczekać się – nicht erleben wäre zwar lexikalisch richtig, aber im vorliegenden Fall unbrauchbar.

Domosławski twierdzi, że cesarz nie był wcale, jak sugeruje Kapuściński, półanalfabetą, lecz człowiekiem dobrze wykształconym, potrafiącym czytać w kilku językach. (vgl. Ü. 3)

Domosławski behauptet, der Kaiser sei keineswegs ungebildet gewesen, wie das Kapuściński andeutet, sondern ein gebildeter Mensch, der in mehreren Sprachen lesen konnte.

Welche Bedeutung hat hier *półanalfabeta*? Geht es um einen Schreib- oder Leseunkundigen oder nur um eine abschätzige Feststellung, dass jemand insgesamt ungebildet ist – also um einen Ungebildeten, Ignoranten? Die Information im Nebensatz verweist auf Letzteres.

Nawet jeśli znaczącą część materiału zebrano reporterskimi metodami. (vgl. Ü. 3)

Es geht hier um *Recherche*. Interessanterweise belassen die polnischen Übersetzerinnnen der *Millennium-Trilogie* von Stieg Larsson die Recherche als *research*.

odbrązowić

sprowadzić z piedestału – vom Denkmal stürzen, entmythologisieren

Zdaniem Pani Kapuścińskiej, nie poinformował jej on, że pisze biografię Kapuścińskiego, ale książkę na temat odbioru jego dzieł na świecie.

Frau Kapuścińska ist der Auffassung, Domosławski habe sie nicht darüber infor-miert, dass er eine Biographie ihres Mannes schreiben wolle, er habe ihr gesagt, es handle sich um ein Buch über die weltweite Rezeption seiner Werke.

Frau Kapuścińska behauptet, Domosławski habe sie nicht darüber informiert, dass er eine Biographie ihres Mannes schreiben wolle, sondern ein Buch über die welt-weite Rezeption seiner Werke.

literatura piękna

Belletristik, die schöngeistige Literatur, die schöne Literatur

literatura faktu

Sachliteratur (Gegenteil: *Belletristik*)

Zur Sachliteratur zählen Sachbücher, Tagebücher, Memoiren, historische und bio-grafische Literatur, Reiseliteratur, die Fachliteratur im eigentlichen Sinne: Nachschlagewerke, Zeitschriften, Journale etc. Die Abgrenzung zwischen der Fach- und der Sachliteratur ist fließend. Die Sachliteratur ist insgesamt ein weiter gefasster Begriff. Sie umfasst auch populärwissenschaftliche Texte.

literatura życia

Life Writing

komunistyczne służby PRL

Wird gelegentlich als Stasi wiedergegeben, was für den deutschen Leser leicht nachvollziehbar aber sachlich nicht korrekt ist: Die Stasi bedeutet den Staatssicher-heitsdienst in der DDR. In Bezug auf Polen muss man übersetzen *Staatssicherheits-dienste im kommunistischen Polen.*

5.3   Rückübersetzung einer Quasi-Übersetzung

Sowohl der Artikel von Marcin Purpur „Kapuściński, fiction czy non-fiction" (vgl. Übung 2) wie auch die deutsche Übersetzung „Der seltsame Fall des Ryszard Kapuściński" von Sophie Beese (vgl. Übung 3) stammen aus *Cafebabel.com*. *Cafebabel* ist ein Web-Magazin, das Artikel professioneller Journalisten in mehreren Sprachen publiziert. Die Übersetzungen werden von ehrenamtlichen Übersetzern angefertigt. Das Magazin hat sich nach eigenen Angaben zum Ziel gemacht, Informationsangebote in verschiedenen Sprachen zu verbreiten und dazu beizutragen, eine europäische Meinung herauszubilden.

Wenn hier der polnische Text von Marcin Purpur und die deutsche Übersetzung verglichen werden, dann nicht, um diese zu bewerten. Berücksichtigt man die auffallenden Abweichungen vom Original ist ohnehin davon auszugehen, dass bei der Übersetzung ins Deutsche nicht der polnische Text sondern eine andere Übersetzung als Vorlage diente. Das Ziel der Übung 3 ist ein Versuch, durch eine Rückübersetzung zum Original zurück zu gelangen. Wie das folgende Beispiel zeigt, muss das nicht unbedingt gelingen.

Im polnischen Originaltext heißt es: *Kapuściński większość swojego życia przepracował jako reporter PRL-u, dziennikarz bloku socjalistycznego, a jego sympatie, czego nie ukrywał, miały wyraźnie lewicowy charakter. Nie można jednak na tej podstawie kwestionować wartości poznawczej jego książek. To samo bowiem musielibyśmy uczynić z książkami amerykańskich korespondentów, którzy w okresie zimnej wojny, będąc po drugiej stronie ideologicznego frontu, tworzyli analizy o sytuacji w krajach Trzeciego Świata.*

Der entsprechende Ausschnitt der deutschen Übersetzung lautet: ***Als Journalist in der sozialistischen Epoche versteckte Kapuściński seine linksgerichtete politische Orientierung nicht. Diese Tatsachen würden jedoch niemandem das Recht geben, den Wert von Kapuścińskis Arbeiten in Frage zu stellen, sagen nun die Kritiker. Ansonsten müsste mit den Artikeln amerikanischer Korrespondenten, die, ähnlich wie Kapuściński, während des Kalten Krieges von der anderen Seite des Eisernen Vorhangs über Ereignisse in Entwicklungsländern berichteten, genauso verfahren werden.***

Der deutsche Text liest sich gut, der Stil ist flüssig, und wer auf inhaltliche Genauigkeit achtet, dem fallen natürlich auch die beiden Abweichungen – Auslassung *reporter PRL-u* und Hinzufügung *sagen nun die Kritiker* – auf. Um die geht es hier aber wenig er. Es gibt nämlich eine dritte Abweichung, die schwererwiegend ist. Die in „Kapuściński, fiction czy non-fiction" verwendete Formulierung *będąc po drugiej stronie ideologicznego frontu* heißt in der deutschen Übersetzung *von der*

anderen Seite des Eisernen Vorhangs, was bei der Rückübersetzung *będąc po drugiej stronie/zza drugiej strony Żelaznej Kurtyny* heißen muss.

Der Eiserne Vorhang ist ein politischer Begriff u. a. aus der Zeit des Kalten Krieges, der im Original nicht erscheint. Der Autor des polnischen Textes schreibt *po drugiej stronie ideologicznego frontu – auf der anderen Seite der ideologischen Front.* Wenn in der Übersetzung ins Deutsche der *Eiserne Vorhang* verwendet wird, muss die Rückübersetzung *Żelazna Kurtyna* heißen. Und damit legt man dem Autor etwas in den Mund, was er mit oder ohne Absicht, auf jeden Fall so nicht gesagt hat. Bei der Rückübersetzung kann man aber nicht anders verfahren. Jetzt ist der deutsche Text die zu übersetzende Vorlage.

Es hängt immer von der Art des Auftrags und vom Auftraggeber ab, wie man als Übersetzer in Situationen verfährt, in denen man Fehler oder inhaltliche Unstimmigkeiten entdeckt. Das ist von Fall zu Fall zu klären.

5.4 Übungen

ÜBUNG 1

Zwei der deutschen Sätze sind als Übersetzung inhaltlich eindeutig falsch oder zumindest ungenau. Welche und warum?

A) „Nadal uważam Kapuścińskiego za swojego mistrza" – powiedział Artur Domosławski, autor książki *Kapuściński non-fiction.*

1. „Kapuściński ist wieder mein Mentor", sagt Artur Domosławski, der Autor von *Kapuściński non-fiction.*

2. „Nach wie vor sehe ich in Kapuściński meinen Meister", sagt Artur Domosławski, der Autor einer Kapuściński-Biographie.

3. „Nach wie vor sehe ich in Kapuściński meinen Mentor", sagt Artur Domosławski, der Autor von *Kapuściński non-fiction.*

B) Książka właśnie trafia do księgarń.

1. Das Buch kommt gerade in die Buchhandlungen.

2. Das Buch kommt ausgerechnet diese Tage in die Buchhandlungen.

3. Das Buch findet seinen Weg in die Buchhandlungen.

C) Spierając się o książkę Artura Domosławskiego, warto przyjrzeć się podobnego rodzaju dziełom wydawanym za granicą. W Polsce nawet nie wyobrażamy sobie, jak zjadliwe i Oscarżycielskie potrafią być biografie.

1. Streitet man über Artur Domosławskis Buch, lohnt es sich auf vergleichbare, im Ausland erscheinende Werke einen Blick zu werfen. Wir in Polen ahnen nicht einmal, wie gemein und anklagend Biographien sein können.

2. Streitet man über Artur Domosławskis Buch, muss man auf vergleichbare, im Ausland erscheinende Werke einen Blick werfen. Wir in Polen haben nicht die geringste Ahnung, wie gemein und anklagend Biographien sein können.

3. Streitet man über Artur Domosławskis Buch, ist es vielleicht nicht verkehrt, auf vergleichbare ausländische Biographien einen Blick zu werfen. Wir in Polen haben nicht die geringste Ahnung, wie abscheulich und anklagend Biographien sein können.

D) W najnowszym filmie Romana Polańskiego tytułowy autor widmo za 250 tys. dol. zamienia nudną autobiografię brytyjskiego premiera w pasjonującą opowieść.

1. Roman Polański verwandelt in seinem neuesten Film *Der Ghost Writer* für 250.000 Dollar die langweilige Autobiographie eines britischen Premierministers in eine faszinierende Story.

2. In Roman Polańskis neuestem Film verwandelt der Ghost Writer für 250.000 Dollar die langweilige Autobiographie eines britischen Premierministers in eine faszinierende Story.

3. In Roman Polańskis neuestem Film *Der Ghost Writer* wird die langweilige Autobiographie eines britischen Premierministers für 250.000 Dollar in eine faszinierende Story verwandelt.

E) Biografie są modne nie tylko w filmie – wystarczy zajrzeć do księgarń w Berlinie, Londynie czy Nowym Jorku.

1. Biographien sind nicht nur im Kino beliebt – es genügt, in Berlin, London oder New York einen Abstecher in eine Buchhandlung zu machen, um sich davon zu überzeugen.

2. Biographien sind nicht nur als Filme beliebt – es genügt, in Berlin oder New York einen Abstecher in eine Buchhandlung zu machen, um sich davon zu überzeugen.

3. Biographien sind nicht nur als Filmvorlage beliebt – um sich davon zu überzeugen, genügt es, in Berlin, London oder New York in einer Buchhandlung vorbeizuschauen.

F) Non-fiction to nie tylko fragment tytułu książki Artura Domosławskiego, ale także angielskie określenie na wszystko, co nie jest literaturą piękną.

1. *Non fiction* findet sich nicht nur im Titel des Buches von Artur Domosławski; diese englische Bezeichnung umfasst alles, was keine Belletristik ist.

2. *Non fiction* findet sich nicht nur im Titel des Buches von Artur Domosławski; *non fiction* bezeichnet alles, was keine schöngeistige Literatur ist.

3. *Non fiction* ist nicht nur ein Zitat aus dem Buch von Artur Domosławski; *non fiction* bezeichnet im Englischen alles, was keine Belletristik ist.

G) Nie chodzi do końca o naszą literaturę faktu, bo prym wśród niefikcji wiedzie dziś literatura życia – life writing, jak mówią Anglosasi, a więc wspomnienia, dzienniki, korespondencje i najważniejsze: biografie.

1. Es geht dabei nicht ganz um Sachliteratur in unserem Sinne, denn bei Non Fiction liegt heute *Life Writing,* wie die Angelsachsen sagen, ganz vorne: Erinnerungen, Tagebücher, Briefwechsel und vor allem Biographien.

2. Gemeint ist damit nicht unbedingt Sachliteratur in unserem Verständnis, denn unter nichtfiktionalen Werken führen Bücher über das Leben – die Engländer sagen dazu *Life Writing* – also Erinnerungen, Tagebücher, Briefwechsel und vor allem Biographien.

3. Es geht nicht ganz um Sachbücher, die in Polen erscheinen, denn unter fiktionalen Werken führen Bücher über das Leben – die Angelsachsen sagen dazu *Life Writing* – also Erinnerungen, Briefwechsel und vor allem Biographien.

H) A w Polsce? – Jesteśmy krajem paradoksalnym: nasze najciekawsze życiorysy pozostają nieopisane – mówi Beata Stasińska, szefowa wydawnictwa W.A.B.

1. Und wie ist es in Polen? „Wir sind ein paradoxes Volk: Über das Leben der interessantesten Menschen werden keine Bücher geschrieben", sagt Beata Stasińska, Chefin des W.A.B.-Verlags.

2. Und in Polen? „Wir sind ein paradoxes Land: Die interessantesten polnischen Biographien bleiben ungeschrieben", sagt Beata Stasińska, Chefin des W.A.B.-Verlags.

3. Und wie ist es in Polen? „Wir sind ein paradoxes Land: Über das Leben der interessantesten Polen werden keine Beiträge geschrieben", sagt Beata Stasińska, Chefin des B.A.W.-Verlags.

I) Krytycznych biografii nie doczekali się dla przykładu Czesław Miłosz czy Tadeusz Mazowiecki.

1. Es gibt zum Beispiel keine kritischen Bücher von Czesław Miłosz oder Tadeusz Mazowiecki.

2. Es gibt keine vernichtenden Biographien z. B. von Czesław Miłosz oder Tadeusz Mazowiecki.

3. Auf eine kritische Biographie warten vergeblich beispielsweise Czesław Miłosz oder Tadeusz Mazowiecki.

J) To nie przypadek, że w Polsce nie powstaje też dobra literatura realistyczna – jesteśmy za to specjalistami od mitotwórstwa i rozbudowanej sfery symbolicznej.

1. Es ist kein Zufall, dass in Polen auch gute realistische Literatur erscheint, und dass wir dafür Spezialisten in Mythen und großzügiger Symbolik sind.

2. Nur zufällig erscheint in Polen keine gute realistische Literatur, dafür sind wir Spezialisten in Mythenbildung und großzügiger Symbolik.

3. Nicht zufällig erscheint in Polen keine gute realistische Literatur, dafür sind wir Spezialisten in Mythenbildung und großzügiger Symbolik.

K) Nasi bohaterowie nie mają pryszczy i wad. Musimy się dopiero nauczyć, jak o nich pisać bez ustawiania na pomniku.

1. Unsere Helden haben keine Pickel. Wir müssen erst lernen, über sie zu schreiben, ohne sie auf ein Podest zu stellen.

2. Unsere Helden haben keine Pickel und keine Makel. Wir müssen erst lernen, über sie zu schreiben, ohne sie auf ein Podest zu stellen.

3. Unsere Helden haben keine Pickel und keine Schönheitsfehler. Wir müssen erst lernen, über sie zu schreiben, ohne uns vor ihnen zu verbeugen.

ÜBUNG 2

Kapuściński, fiction czy non-fiction

Kiedy usłyszałem po raz pierwszy, że powstaje biografia Ryszarda Kapuścińskiego z misją „odbrązowienia" wielkiego reportera, pomyślałem: będzie awantura. I rzeczywiście. Bo w Polsce jeśli ktoś jest „wielki", to jest jednocześnie święty.

Najpierw wdowa po reporterze, która autorowi książki Kapuściński Non-fiction udostępniła całe archiwum męża, próbowała ostatecznie nie dopuścić publikacji, podając Artura Domosławskiego do sądu. Zdaniem Pani Kapuścińskiej, nie poinformował jej on, że pisze biografię Kapuścińskiego, ale książkę na temat odbioru jego dzieł na świecie.

Następnie człowiek wielce szanowany w Polsce i za granicą, Władysław Bartoszewski (polityk, publicysta, historyk; więzień Auschwitz; dwukrotny minister spraw zagranicznych, obecnie doradca premiera ds. stosunków zagranicznych), nie czytając biografii, porównał ją do „przewodnika po burdelach". Koledzy po fachu Oscarżali natomiast Domosławskiego o „poszukiwanie sensacji" i „stronniczość" na niekorzyść „Mistrza".

Burza rozpętała się wokół dwóch poruszonych w Kapuściński Non-fiction kwestii – elementów fikcyjnych w reportażach polskiego dziennikarza oraz jego współpracy z komunistycznymi służbami PRL. [...]

Kapuściński większość swojego życia przepracował jako reporter PRL-u, dziennikarz bloku socjalistycznego, a jego sympatie, czego nie ukrywał, miały wyraźnie lewicowy charakter. Nie można jednak na tej podstawie kwestionować wartości poznawczej jego książek. To samo bowiem musielibyśmy uczynić z książkami amerykańskich korespondentów, którzy w okresie zimnej wojny, będąc po drugiej stronie ideologicznego frontu, tworzyli analizy o sytuacji w krajach Trzeciego Świata.

W cieniu „Mistrza"

Dużo trudniejsze jest jednak rozstrzygnięcie kwestii: ile może być fikcji w reportażu? Domosławski pisze: „Kłopot z Kapuścińskim polega na tym, że niektóre z jego dzieł mogą stanowić niepodważalny wzór dla dziennikarzy, a niektóre – niekiedy pod względem literackim wybitniejsze – niekoniecznie. Te ostanie są raczej książkami z półki z literaturą piękną – i to tej najwyższej; lepiej chyba, by nie sprzedawano ich jako dzieł reporterskich, nawet jeśli znaczącą część materiału zebrano reporterskimi metodami. [...]"

Debata nad granicami literackiej fikcji w reportażu trwa zresztą nie od dziś. Od ponad pół wieku istnieje specjalna kategoria literatury zwana z angielskiego faction, która łączy faktografię i beletrystykę. Kapuściński miał na temat obiektywności oryginalny pogląd. W jednym z wywiadów, jakie przytacza Domosławski, mówi: „Nie wierzę w

bezstronne dziennikarstwo, nie wierzę w formalny obiektywizm. Dziennikarz nie może być obojętnym świadkiem, powinien posiadać zdolność, którą w psychologii nazywa się empatią... Tak zwane dziennikarstwo obiektywne jest niemożliwe w sytuacjach konfliktów. Próby obiektywizmu w takich sytuacjach prowadzą do dezinformacji".

By zrozumieć priorytety twórczości Kapuścińskiego, wystarczy sięgnąć chociażby do Cesarza. Domosławski, opierając się na wiedzy biografa Hajle Sellasje, twierdzi, że cesarz nie był wcale, jak sugeruje Kapuściński, półanalfabetą, lecz człowiekiem dobrze wykształconym, potrafiącym czytać w kilku językach. Władca oświecony, o umiarkowanie reformatorskich zapędach nie pasował jednak do koncepcji despoty rujnującego swój kraj. Kapuściński traktuje opisywane przez siebie wydarzenia dość nonszalancko, koncentrując się bardziej, jak sam pisał, na „intensyfikowaniu rzeczywistości", nawet kosztem szczegółów historycznych. W wypadku Cesarza będą to wynaturzenia władzy autorytarnej, w Szachinszachu mechanizmy rewolucji. Domosławski twierdzi wręcz, że gdyby Kapuściński nie balansował na granicy faktu i fikcji, jego reportaże nie byłyby dziś tak sławne.

Polemika w Polsce odbiła się głośnym echem w zagranicznych mediach. Bilans jest w większości przypadków pozytywny zarówno dla autora, jak i pisarza, bo jedno nie musi wykluczać drugiego. Pewnym jest, że Kapuściński będzie nadal czytany. Pytanie tylko: Jak?

Übersetzen Sie ins Deutsche. Beachten Sie, dass es sich um einen zusammenhängenden Text handelt.

1. Kapuściński, fiction czy non-fiction

   Kiedy usłyszałem po raz pierwszy, że powstaje biografia Ryszarda Kapuścińskiego z misją „odbrązowienia" wielkiego reportera, pomyślałem: będzie awantura. I rzeczywiście. Bo w Polsce jeśli ktoś jest „wielki", to jest jednocześnie święty.

2. Najpierw wdowa po reporterze, która autorowi książki *Kapuściński Non-fiction* udostępniła całe archiwum męża, próbowała ostatecznie nie dopuścić publikacji, podając Artura Domosławskiego do sądu. Zdaniem Pani Kapuścińskiej, nie poinformował jej on, że pisze biografię Kapuścińskiego, ale książkę na temat odbioru jego dzieł na świecie.

3. Następnie człowiek wielce szanowany w Polsce i za granicą, Władysław Bartoszewski (polityk, publicysta, historyk; więzień Auschwitz; dwukrotny minister spraw zagranicznych, obecnie doradca premiera ds. stosunków zagranicznych), nie czytając biografii, porównał ją do „przewodnika po burdelach". Koledzy po fachu Oscarżali natomiast Domosławskiego o „poszukiwanie sensacji" i „stronniczość" na niekorzyść „Mistrza".

4. Burza rozpętała się wokół dwóch poruszonych w Kapuściński Non-fiction kwestii – elementów fikcyjnych w reportażach polskiego dziennikarza oraz jego współpracy z komunistycznymi służbami PRL.

5. Kapuściński większość swojego życia przepracował jako reporter PRL-u, dziennikarz bloku socjalistycznego, a jego sympatie, czego nie ukrywał, miały wyraźnie lewicowy charakter. Nie można jednak na tej podstawie kwestionować wartości poznawczej jego książek. To samo bowiem musielibyśmy uczynić z książkami amerykańskich korespondentów, którzy w okresie zimnej wojny, będąc po drugiej stronie ideologicznego frontu, tworzyli analizy o sytuacji w krajach Trzeciego Świata.

6. W cieniu „Mistrza"

   Dużo trudniejsze jest jednak rozstrzygnięcie kwestii: ile może być fikcji w reportażu? Domosławski pisze: „Kłopot z Kapuścińskim polega na tym, że niektóre z jego dzieł mogą stanowić niepodważalny wzór dla dziennikarzy, a niektóre – niekiedy pod względem literackim wybitniejsze – niekoniecznie. Te ostanie są raczej książkami z półki z literaturą piękną – i to tej najwyższej; lepiej chyba, by nie sprzedawano ich jako dzieł reporterskich, nawet jeśli znaczącą część materiału zebrano reporterskimi metodami. […]"

7. Debata nad granicami literackiej fikcji w reportażu trwa zresztą nie od dziś. Od ponad pół wieku istnieje specjalna kategoria literatury zwana z angielskiego faction, która łączy faktografię i beletrystykę.

8. Kapuściński miał na temat obiektywności oryginalny pogląd. W jednym z wywiadów, jakie przytacza Domosławski, mówi: „Nie wierzę w bezstronne dziennikarstwo, nie wierzę w formalny obiektywizm. Dziennikarz nie może być obojętnym świadkiem, powinien posiadać zdolność, którą w psychologii nazywa się empatią… Tak zwane dziennikarstwo obiektywne jest niemożliwe w sytuacjach konfliktów. Próby obiektywizmu w takich sytuacjach prowadzą do dezinformacji."

9. By zrozumieć priorytety twórczości Kapuścińskiego, wystarczy sięgnąć chociażby do Cesarza. Domosławski, opierając się na wiedzy biografa Hajle Sellasje, twierdzi, że cesarz nie był wcale, jak sugeruje Kapuściński, półanalfabetą, lecz człowiekiem dobrze wykształconym, potrafiącym czytać w kilku językach. Władca oświecony, o umiarkowanie reformatorskich zapędach nie pasował jednak do koncepcji despoty rujnującego swój kraj.

10. Kapuściński traktuje opisywane przez siebie wydarzenia dość nonszalancko, koncentrując się bardziej, jak sam pisał, na „intensyfikowaniu rzeczywistości", nawet kosztem szczegółów historycznych. W wypadku Cesarza będą to wynaturzenia władzy autorytarnej, w Szachinszachu mechanizmy rewolucji. Domosławski twierdzi wręcz, że gdyby Kapuściński nie balansował na granicy faktu i fikcji, jego reportaże nie byłyby dziś tak sławne.

11. Polemika w Polsce odbiła się głośnym echem w zagranicznych mediach. Bilans jest w większości przypadków pozytywny zarówno dla autora, jak i pisarza, bo jedno nie musi wykluczać drugiego. Pewnym jest, że Kapuściński będzie nadal czytany. Pytanie tylko: Jak?

ÜBUNG 3

Der seltsame Fall des Ryszard Kapuściński

Es war Alicja Kapuścińska, die Witwe des 2007 verstorbenen Kapuściński, selbst, die Artur Domasławski den Zutritt zum Archiv ihres Mannes gewährte. Am 24. Februar jedoch verlor die Mutter eines Kindes den Prozess gegen den Autor des Buches Kapuściński Non Fiction (2010). Die Witwe behauptet, sie sei nicht darüber informiert gewesen, dass Domasławski, der Journalist bei der Warschauer Tageszeitung *Gazeta Wyborcza* ist, eine Biographie über ihren Mann schreiben wolle. Ihr sei gesagt worden, es handle sich um ein Buch über sein Werk.

Und die Wogen schlugen noch höher: Der frühere polnische Außenminister Władysław Bartoszewski verglich das Buch in einem Radiointerview wenige Wochen später mit einem „weltweiten Bordell-Reiseführer". Der sowohl in Polen als auch im Ausland hochgeschätzte Beauftragte des polnischen Premierministers für internationale Fragen und Ausschwitz-Überlebende betonte, er habe das Buch nicht gelesen und werde es auch nicht tun. In Zukunft werde er auch nicht mehr mit dem Verleger Świat Książki zusammenarbeiten. Artur Domasławskis Kollegen wiederum beschuldigen ihn der Sensationslust und Parteilichkeit zum Schaden des Rufes des „Meisters".

In 30 Sprachen übersetzt: Reportage oder Fiktion?

Zwei Diskussionspunkte hatten die öffentliche Debatte kurz nach Erscheinen des Kassenschlagers Kapuściński Non Fiction am 3. März entfacht. Erstens wird Kapuściński, der als Korrespondent der polnischen Nachrichtenagentur (PAP) aus Afrika, Nahost und Lateinamerika Bericht erstattete, in Domasławskis Buch beschuldigt, reelle Ereignisse literarisch eingefärbt zu haben. Zweitens soll er mit den kommunistischen Behörden der Volksrepublik Polen (zwischen 1952 und 1989 – A.d.R.) zusammengearbeitet haben. Als Journalist in der sozialistischen Epoche versteckte Kapuściński seine linksgerichtete politische Orientierung nicht.

Diese Tatsachen würden jedoch niemandem das Recht geben, den Wert von Kapuścińskis Arbeiten in Frage zu stellen, sagen nun die Kritiker. Ansonsten müsste mit den Artikeln amerikanischer Korrespondenten, die, ähnlich wie Kapuściński, während des Kalten Krieges von der anderen Seite des Eisernen Vorhangs über Ereignisse in Entwicklungsländern berichteten, genauso verfahren werden.

Übersetzen Sie ins Polnische. Beachten Sie, dass es sich um einen zusammenhängenden Text handelt.

1. Der seltsame Fall des Ryszard Kapuściński

2. Es war Alicja Kapuścińska, die Witwe des 2007 verstorbenen Kapuściński, selbst, die Artur Domosławski den Zutritt zum Archiv ihres Mannes gewährte.

3. Am 24. Februar jedoch verlor die Mutter eines Kindes den Prozess gegen den Autor des Buches Kapuściński Non Fiction (2010).

4. Die Witwe behauptet, sie sei nicht darüber informiert gewesen, dass Domosławski, der Journalist bei der Warschauer Tageszeitung *Gazeta Wyborcza* ist, eine Biographie über ihren Mann schreiben wolle. Ihr sei gesagt worden, es handle sich um ein Buch über sein Werk.

5. Und die Wogen schlugen noch höher: Der frühere polnische Außenminister Władysław Bartoszewski verglich das Buch in einem Radiointerview wenige Wochen später mit einem „weltweiten Bordell-Reiseführer".

6. Der sowohl in Polen als auch im Ausland hochgeschätzte Beauftragte des polnischen Premierministers für internationale Fragen und Ausschwitz-Überlebende betonte, er habe das Buch nicht gelesen und werde es auch nicht tun. In Zukunft werde er auch nicht mehr mit dem Verleger Świat Książki zusammenarbeiten.

7. Artur Domosławskis Kollegen wiederum beschuldigen ihn der Sensationslust und Parteilichkeit zum Schaden des Rufes des „Meisters".

8. Zwei Diskussionspunkte hatten die öffentliche Debatte kurz nach Erscheinen des Kassenschlagers *Kapuściński Non Fiction* am 3. März entfacht.

9. Erstens wird Kapuściński, der als Korrespondent der polnischen Nachrichtenagentur (PAP) aus Afrika, Nahost und Lateinamerika Bericht erstattete, in Domosławskis Buch beschuldigt, reelle Ereignisse literarisch eingefärbt zu haben.

10. Zweitens soll er mit den kommunistischen Behörden der Volksrepublik Polen (zwischen 1952 und 1989 – A.d.R.) zusammengearbeitet haben. Als Journalist in der sozialistischen Epoche versteckte Kapuściński seine linksgerichtete politische Orientierung nicht.

11. Diese Tatsachen würden jedoch niemandem das Recht geben, den Wert von Kapuścińskis Arbeiten in Frage zu stellen, sagen nun die Kritiker. Ansonsten müsste mit den Artikeln amerikanischer Korrespondenten, die, ähnlich wie Kapuściński, während des Kalten Krieges von der anderen Seite des Eisernen Vorhangs über Ereignisse in Entwicklungsländern berichteten, genauso verfahren werden. […]

6 Streit um Thierse

6.1 Haupttext

Streit um Thierse

Engagierter Kämpfer gegen rechts: Wolfgang Thierses Sitzblockade ist keine Straftat – und auch keine Verletzung der Würde seines Amtes als Bundestagsvizepräsident.

Dem Bundestagsvizepräsidenten Wolfgang Thierse wird vorgeworfen, er habe die Würde seines Amtes verletzt, weil er sich an einer Sitzblockade gegen Neonazis beteiligt hat. Die Meinungen darüber, was die „Würde des Amtes" ausmacht, gehen auseinander. So manche denken an saubere Fingernägel, einen gepflegten Gesamteindruck und eine gewisse Etikette. Es passt in der Tat nicht zur Würde des Amtes, wenn ein unrasierter Minister beim Staatsbesuch mit kurzer Hose und Baseballkappe herumrennt. Es passt nicht, dass ein Parlamentspräsident Kaugummi kaut, wenn er die Sitzung leitet.

Wenn sich die Würde aber in diesen Äußerlichkeiten erschöpfte, wäre es egal, was für ein Mensch der Amtsträger ist: Dem äußeren Habitus kann jeder Strolch genügen, so er nur Manieren hat.

Es liegt also nahe, unter der „Würde des Amtes" auch eine innere Haltung zu verstehen. Die kann man Thierse nicht absprechen. Er gehört zu den Politikern, die seit vielen Jahren den Rechtsextremismus engagiert bekämpfen. Er hat das schon zu einer Zeit getan, als die braune Gefahr noch abgetan wurde und der Staat noch keine Bündnisse gegen Neonazis initiiert hatte.

Wenn er sich also auf die Straße setzt, um gegen einen Neonazi-Aufmarsch zu protestieren, ist das erstens Ausdruck einer inneren Haltung und zweitens ein wirksamer Hinweis darauf, wie virulent der Rechtsextremismus ist. Thierses Gegner war ja nicht die Polizei, wie seine Kritiker glauben machen wollen, sein Gegner waren die Rechtsextremisten – und die sind Gegner des gesamten Parlaments, dessen Vizepräsident der widerborstige Thierse ist.

Sicherlich: Der Neonazi-Aufmarsch (eine Demokratie muss so etwas bisweilen ertragen) war von den Behörden genehmigt und musste daher von der Polizei geschützt

werden. Das heißt aber nicht, dass man dagegen nicht gewaltlos protestieren dürfte. Es
steht seit den Beschlüssen des Verfassungsgerichts vom 10. Januar 1995 fest, dass
Sitzblockaden keine Gewalt darstellen und daher nicht mehr als Nötigung bestraft
werden dürfen. […]

Natürlich ist eine Aktion nicht schon deswegen besonders wertvoll, weil sie nicht
strafbar ist. Man darf auch heute noch darüber streiten, ob es richtig ist, wenn ein
Ministerpräsident (wie einst Franz Josef Strauß) blockierenden Lastwagen-Fahrern
Wurstsemmeln bringt. Man darf auch über Thierses Sitzblockade streiten. Aber man
muss ihm zubilligen, dass er sich selbst an das hält, was er predigt: Dass man den
öffentlichen Raum nicht den Extremisten überlassen darf.

Wer Zivilcourage zeigt, muss mit Unbill rechnen. Thierse teilt eine Erfahrung, die viele
couragierte Bürger machen.

6.2   Lexik

Streit um Thierse

Spór o Thiersego, o Wolfganga Thiersego, umgangsprachlich auch *o Wolfganga Thierse*

Thierse ist ein nichtfranzösischer Nachnahme, der auf –e endet. Nachnamen dieses
Typs werden grundsätzlich wie Adjektive und im Plural wie Substantive dekliniert,
die männliche Personen bedeuten. *Spór o Wolfganga Thierse* oder *spór o wiceprzewodniczącego Bundestagu Thierse* ist umgangsprachlich möglich. Voraussetzung
hierfür ist die Beugung des Vornamens oder der Funktion bzw. des Titels (vgl.
MARKOWSKI, PORADNIK, S. 125).

Verletzung der Würde seines Amtes

uwłaczenie (nicht *uwłaszczenie*) *godności urzędu* , (aber *pogwałcenie praw*), vgl.
auch *powaga urzędu*

Chadecy zarzucają mu narażenie na szwank urzędu, który reprezentuje. (Quelle: Adam Krzemiński, Polityka vom
05.05.2010) Według prokuratury mężczyźni mieli grozić artystce rozpowszechnieniem materiałów mogących
„uwłaczać jej czci" i chcieli zmusić ją i jej męża. (Quelle: Wprost 24 vom 20.05.2009) Jak więc można mówić o
równym traktowaniu obywateli, gdy jednych można bezkarnie poniżać, uwłaczać ich godności, okradać i używać
gróźb. (Quelle: www.gover.pl vom 25.01.2010)

die Etikette (aber: *das Etikett* an einem Produkt)

maniery, obycie, odpowiednie zachowanie, etykieta, odpowiedni sposób bycia, ogłada towarzyska (vgl. Markowski/Pawelec);

Wiocha na Wiejskiej. Tym samym Hanna Gronkiewicz-Waltz pobiła wśród posłanek rekord w ignorancji etykiety. Nakazuje ona wszak zasłanianie stóp, noszenie marynarki lub żakietu. (Quelle: Wprost 24, Nr. 30/2006) Polscy ministrowie nie potrafią się ubierać? Etykieta polityczna jest taka, żeby nie przychodzić do Sejmu w krótkich spodniach. Co do krawata, to rzeczywiście jest taki zwyczaj. ... (Quelle: www.pitbul.pl vom 13.10.2009)

Die Meinungen darüber, was die „Würde des Amtes" ausmacht, gehen auseinander. So manche denken an saubere Fingernägel, einen gepflegten Gesamteindruck und eine gewisse Etikette. Es passt in der Tat nicht zur Würde des Amtes, wenn ein unrasierter Minister beim Staatsbesuch mit kurzer Hose und Baseballkappe herumrennt.

Opinie na temat tego, co stanowi o „godności urzędu", są podzielone. Dla niektórych są to czyste paznokcie, przyjemny wygląd zewnętrzny i obycie. I faktycznie nie wypada, by minister w czasie oficjalnej wizyty państwowej pojawił się nieogolony, w szortach i czapeczce bejsbolowej.

Das polnische Verb *pasować* heißt zwar im Deutschen *passen*, aber was im Deutschen passt, muss nicht unbedingt im Polnischen *pasować*. Wenn im Polnischen *biała bluzka pasuje do czarnych spodni,* dann *sieht* diese Kombination im Deutschen *gut aus, schwarz sieht gut zu weiß aus – pasuje.* Die Übersetzung von *es passt nicht zur Würde des Amtes* ist *nie wypada, by/żeby*, eventuell auch *nie sprawia dobrego wrażenia, jeśli.*

was die „Würde des Amtes" ausmacht – co stanowi o godności urzędu, co stanowi o powadze urzędu (PWN), *co składa się na powagę urzędu, na czym polega powaga urzędu* (vgl. Krzemiński)

Tymczasem na „powagę urzędu" składa się również postawa polityka. A tej Thiersemu odmówić nie można. (Quelle: Adam Krzemiński, Polityka vom 05.05.2010)

Dem äußeren Habitus kann jeder Strolch genügen, so er nur Manieren hat.

Zewnętrzne wymogi może spełniać pierwszy lepszy nicpoń, wystarczy by miał maniery.

der Habitus – wygląd zewnętrzny (PWN); *dem Habitus genügen – spełniać zewnętrzne wymogi*

Gdyby jednak na tym polegała powaga urzędu, to rzeczywiście byłoby kompletnie obojętne, kto ten urząd sprawuje – wystarczyłby byłe łajdak z manierami. (Quelle: Adam Krzemiński, Polityka vom 05.05.2010)

Es liegt also nahe, unter der „Würde des Amtes" auch eine innere Haltung zu verstehen. Die kann man Thierse nicht absprechen.

Oznacza to, że pod pojęciem „godność urzędu" rozumieć należy również postawę wewnętrzną. Tej zaś Thiersemu odmówić nie można.

jdm etw. absprechen – *odmówić komu czego, talentu, umiejętności* (vgl. INNY SŁOWNIK)

Er gehört zu den Politikern, die seit vielen Jahren den Rechtsextremismus engagiert bekämpfen. Er hat das schon zu einer Zeit getan, als die braune Gefahr noch abgetan wurde.

Należy on do polityków, którzy od wielu lat z zaangażowaniem zwalczają prawicowy ekstremizm. Czynił to już wówczas, gdy brunatne niebezpieczeństwo lekceważono i kiedy państwo nie inicjowało jeszcze sojuszów przeciw neonazistom.

die braune Gefahr – *brunatne niebezpieczeństwo;* etwas abtun (beiseite schieben) – hier: *lekceważyć*

Należy do tych polityków, którzy od wielu lat z zaangażowaniem zwalczają prawicowy ekstremizm. Robił to już wtedy, gdy brunatne niebezpieczeństwo jeszcze było lekceważone, a państwo nie inicjowało sojuszów przeciwko neonazistom. (Quelle: Adam Krzemiński, Polityka vom 05.05.2010)

der Rechtsextremismus ist virulent

virulent – *1. in schädlicher Weise aktiv, ansteckend; 2. sich gefahrvoll auswirkend* (DUDEN); virulent (ansteckend, giftig) – *wirulentny, zjadliwy* (PWN, PONS); bei PWN auch *poważny;* hier: *poważny problem*

Aber man muss ihm zubilligen, dass er sich selbst an das hält, was er predigt: Dass man den öffentlichen Raum nicht den Extremisten überlassen darf.

Ale trzeba mu przyznać, że trzyma się on tego, co sam głosi – że życia publicznego nie wolno pozostawić ekstremistom.

der öffentliche Raum – *życie publiczne,* eventuell auch *sfera życia publicznego*

In der Presse auch *przestrzeń publiczna: Ale nie można Thiersemu odmówić tego, że on sam trzyma się tego, co publicznie głosi, a mianowicie: że nie należy przestrzeni publicznej pozostawić ekstremistom.* (Quelle: Adam Krzemiński, Polityka vom 05.05.2010)

Wer Zivilcourage zeigt, muss mit Unbill rechnen.

Kto wykazuje się odwagą cywilną, musi się liczyć z krzywdzącymi go skutkami/niesprawiedliwymi konsekwencjami.

Die Unbill gehört zu einem gehobenen Sprachstil. *Was recht und billig – co słuszne i sprawiedliwe* enthält die positive Variante von *(Un)bill*. Die Übersetzung von Unbill ist *krzywda, niesprawiedliwość* (PWN).

Kto przejawia odwagę cywilną, musi się liczyć z nieprzyjemnymi skutkami ist u. U. zu schwach; Unbill bedeutet mehr als Unannehmlichkeiten, unangenehme Folgen.

Die Demo der Rechtsextremen war ein Provokationsritual. Die Blockade war das ritualhafte Gegenstück.

ritualhaftes Gegenstück – ritualhaft ist nicht *rituell*; *ritualhaft* ist nach der Art eines Rituals, wie ein Ritual – *coś w rodzaju rytuału*

Ich glaube, dass unüberhörbares Beschweigen von Neonazi-Aktivitäten als klammheimliche Zustimmung missverstanden werden könnte. Das dürfen wir nicht zulassen.

Jestem zdania, że tak dobitne milczenie wobec aktywności neonazistów mogłoby zostać odebrane jako skryte poparcie. Nie wolno nam na to pozwolić.

unüberhörbares Beschweigen – *dobitne milczenie*; klammheimliche Zustimmung – *skryte/ciche poparcie*

1 maja ten znany polityk SPD, były enerdowski opozycjonista ubrany w sportową kurtkę blokował marsz 700 członków NPD, którzy planowali przejście przez berlińską dzielnicę Prenzlauer Berg, notabene okręg wyborczy Thiersego.

Am 1. Mai verhinderte dieser bekannte SPD-Politiker und ehemalige DDR-Bürgerrechtler, bekleidet mit einem Sportblouson, den Aufmarsch von 700 NPD-Mitgliedern, die einen Umzug durch den Berliner Bezirk Prenzlauer Berg planten. Es ist im Übrigen Thierses Wahlbezirk.

enerdowski opozycjonista – DDR-Bürgerrechtler

ubrany w sportową kurtkę – bekleidet mit einem Sportblouson, sonst auch: *w sportowej kurtce – in einem Sportblouson, aber mit einer Sonnenbrille*

notabene – im Übrigen, übrigens

Jednak na Thiersego spadają teraz gromy, [...] prokuratura sprawdza, czy politykowi można postawić zarzut łamania ustawy o zgromadzeniach publicznych. Jeśli prokuratorzy uznają, że polityk faktycznie popełnił przestępstwo, będą wnioskować, by Bundestag pozbawił go immunitetu.

Und doch wird Thierse heftig angegriffen, [...] die Staatsanwaltschaft prüft, ob man dem Politiker vorwerfen kann, er habe gegen das Versammlungsgesetz verstoßen. Sollten die Staatsanwälte tatsächlich zu dem Schluss kommen, Thierse habe eine Straftat begangen, werden sie beim Bundestag beantragen, seine Immunität aufzuheben.

Die deutsche Presse verwendete in dem Zusammenhang den juristischen Begriff *Anfangsverdacht* („Staatsanwaltschaft prüft Anfangsverdacht gegen Thierse"; vgl. z. B. *Der Tagesspiegel* und *Berliner Morgenpost* vom 03.05.2010), der aber hier keine geeigente Übersetzung wäre.

Bundestagsvizepräsident

Wiceprzewodniczący Bundestagu (nicht: wiceprezydent)

Bundesverfassungsgericht

Federalny Trybunał Konstytucyjny

sich in die Büsche schlagen

Hier stellt sich nicht einmal so sehr die Frage einer korrekten Übersetzung, die Wendung lässt sich ohne weiteres als *uciekać w krzaki* wiedergeben. Die wirklich interessante Frage lautet: Wie viel Gebüsch ist in *sich in die Büsche schlagen* oder *uciekać w krzaki* enthalten. Der Bundestagsvizepräsident meint in seinem Interview mit dem *Tagesspiegel* (vgl. Ü. 8), ein couragierter Politiker solle nicht Bürger zur Zivilcourage aufrufen und sich selbst zurückziehen oder vom Ort des Geschehens verschwinden – auf jeden Fall *ulotnić się* (PWN), *dać drapaka* (PONS). Das ist auf Anhieb verständlich für jeden, der die Geschichte der Sitzblockade vom 1. Mai 2010 in Berlin und die Debatte danach kennt.

Die Übersetzung des Satzes: *Würdelos wäre gewesen, andere zu Courage aufzufordern und sich selbst bei Gelegenheit in die Büsche zu schlagen* könnte lauten: *Pozbawione godności byłoby, gdybym wezwał innych do wykazania się odwagą, a sam przy pierwszej lepszej okazji się ulotnił.*

Die Übersetzung aus dem Polnischen ins Deutsche heißt in dem hier vorliegenden Kontext: *uciekać w krzaki – sich in die Büsche schlagen* (und nicht *ins Gebüsch flüchten*).

Laut KÜPPER hat sich seit 1920 die Redewendung *sich in die Büsche zurückziehen* etabliert, deren Bedeutung – *im Freien die Notdurft verrichten* – mit der ersten nichts gemein hat. Auch hier muss – wohlbemerkt – *im Freien* nicht unbedingt im Gebüsch bedeuten.

Ich habe gegen Antidemokraten demonstriert, weil ich mich verpflichtet fühlte, ein Zeichen zu setzen. (vgl. Ü. 2)

Elegant und inhaltlich zutreffend ist folgende Lösung: *Thierse [...] uważa, że [...] wolno mu było dać świadectwo, że jest przeciwko przeciwnikom demokracji.* (*Quelle: Adam Krzemiński, Polityka vom 05.05.2010*)

Protestowałem, bo czułem się zobowiązany dać wyraźne świadectwo, że jestem przeciwnikiem antydemokratów./Protestowałem, bo czułem się zobowiązany wyraźne zasygnalizować, że nie wolno nam tolerować antydemokratów.

Die Übersetzung muss zum Ausdruck bringen, dass es darum geht, ein deutliches Signal an die Öffentlichkeit zu senden. *Dać przykład* oder *zareagować* wäre inhaltlich zu schwach, *wyznaczyć kierunek* (*ein Zeichen setzen – wyznaczyć kierunek*; PWN) eventuell nicht verständlich genug.

6.3 Sitzblockade – Übersetzung von Komposita

Die Bedeutung eines Kompositums aus dem Deutschen muss bei der Übersetzung oft genauer erläutert werden: *Sitzfleisch* als *wytrzymałość przy pracy siedzącej*, *Sitzgelegenheit – miejsce siedzące*, *Sitzgruppe – zestaw mebli do siedzenia*, *Sitzkissen – poduszka do siedzenia* (vgl. PWN). Und wie lässt sich *Sitzblockade* übersetzen?

In SŁOWNIK WYRAZÓW OBCYCH I TRUDNYCH (Markowski/Pawelec) findet sich unter dem Stichwort „sit-in" folgender Eintrag: „forma protestu polegająca na tym, że demonstranci siadają gdzieś ze swymi żądaniami na plakatach, np. przed jakimś budynkiem publicznym, i odmawiają opuszczenia tego miejsca do czasu spełnienia ich postulatów" Die Beispiele lauten: *Protestujący przeciw przewozowi materiałów radioaktywnych urządzili sit-in na torach kolejowych. Sit-in przed budynkiem ministerstwa.*
Diese Beschreibung enthält alle Elemente der Sitzblockade, an der sich der Bundestagsvizepräsident am 1. Mai 2010 in Berlin beteiligt hat: 1. die Demonstranten haben sich hingesetzt; 2. an einem öffentlichen Ort; 3. sie hatten Transparente dabei; 4. sie weigerten sich, die Straße zu räumen.
Jacek Żakowski schlägt *siting* vor (vgl. „Czas reformacji" in: *Polityka* 21.8.2010), Michał Sutowski *siedząca blokada* (vgl. „Nie przeszli. I co dalej?" in: *Krytyka polityczna*, vom 3.5.2010). Im Folgenden wird *sit-in* benutzt.

6.4   Übungen

ÜBUNG 1

Zwei Sätze geben den Inhalt des Originals nicht richtig wieder. Welche und warum?

A) Dem Bundestagsvizepräsidenten wird vorgeworfen, er habe die Würde seines Amtes verletzt, weil er sich an einer Sitzblockade gegen Neonazis beteiligt hat.

1. Wiceprzewodniczącemu Bundestagu zarzuca się, że biorąc udział w sit-inie przeciw neonazistom uwłaczył godności pełnionego przez siebie urzędu.

2. Przewodniczącemu Bundestagu zarzuca się, że zakpił on sobie ze swojego stanowiska, bo wziął udział na siedząco w demonstracji przeciwko neonazistom.

3. Wiceprzewodniczącemu Bundesratu zarzuca się, że udział w sit-inie przeciw neonazistom oznacza pogwałcenie honoru prezydenta.

B) Die Meinungen darüber, was die „Würde des Amtes" ausmacht, gehen auseinander.

1. Panują najróżniejsze opinie na temat „godności urzędowej" wiceprzewod-niczącego Bundestagu.

2. Zdania na temat tego, czym jest „godność urzędu", są nieco różne.

3. Opinie na temat tego, co stanowi o „godności urzędu", są podzielone.

C) So manche denken an saubere Fingernägel, einen gepflegten Gesamteindruck und eine gewisse Etikette.

1. Dla niektórych są to czyste paznokcie, przyjemne ogólne wrażenie i pewne normy zachowania.

2. Dla niektórych są to wypielęgnowane paznokcie, zadbane ubranie i doskonałe maniery.

3. Dla niektórych są to czyste paznokcie, przyjemne maniery, eleganckie ubranie i etykieta.

D) Wenn sich die Würde aber in diesen Äußerlichkeiten erschöpfte, wäre es egal, was für ein Mensch der Amtsträger ist: Dem äußeren Habitus kann jeder Strolch genügen, so er nur Manieren hat.

1. Gdyby jednak godność miała się sprowadzać do takich powierzchowności, nie odgrywałoby większej roli, kto ten urząd piastuje; odpowiednie wymogi może spełniać pierwszy lepszy nicpoń, wystarczy by się umiał zachować.

2. Gdyby jednak godność miała sprowadzać się do takich powierzchowności, nie odgrywałoby większej roli, kto ten urząd piastuje; zewnętrzne wymogi może spełniać pierwszy lepszy nicpoń, wystarczy by posiadał maniery.

3. Gdyby jednak godność miała się sprowadzać do takich powierzchowności, nie odgrywałoby większej roli, kto na ten urząd zostanie wybrany; zewnętrzne wymogi może spełniać pierwszy lepszy nicpoń, wystarczy, że będzie posiadał odpowiednie maniery.

E) Es liegt also nahe, unter der „Würde des Amtes" auch eine innere Haltung zu verstehen. Die kann man Thierse nicht absprechen.

1. A zatem pod pojęciem „godność urzędu" należy rozumieć również postawę wewnętrzną. A tej u Thiersego nie można wykluczyć.

2. Oznacza to, że pod pojęciem „godność urzędu" rozumieć należy również postawę wewnętrzną. A tej Thiersemu odmówić nie można.

3. A zatem pod pojęciem „godność urzędu" należy rozumieć również wewnętrzne wartości. A tych Thiersemu odmówić nie można.

F) Thierses Gegner war ja nicht die Polizei, wie seine Kritiker glauben machen wollen, sein Gegner waren die Rechtsextremisten.

1. Przeciwnikiem Thiersego nie była przecież policja, jak utrzymują jego krytycy, jego przeciwnikiem byli prawicowi ekstremiści.

2. Przeciwnikiem Thiersego nie była przecież policja, w co wierzą jego krytycy, jego przeciwnikiem byli prawicowi ekstremiści.

3. Wrogiem Thiersego nie była policja, jak uważają krytykujący go politycy, jego przeciwnikiem byli prawicowi ekstremiści.

G) Man darf auch über Thierses Sitzblockade streiten. Aber man muss ihm zubilligen, dass er sich selbst an das hält, was er predigt: Dass man den öffentlichen Raum nicht den Extremisten überlassen darf.

1. Można się też z Thiersem spierać o sit-in. Ale trzeba przyznać, że trzyma się on tego, co sam głosi – że życia publicznego nie wolno pozostawiać ekstremistom.

2. Można dyskutować na temat sit-inu Thiersego. Ale trzeba przyznać, że trzyma się on tego, czego sam się domaga – życia publicznego nie wolno pozostawiać ekstremistom.

3. Można spierać się również o sit-in Thiersego. Ale trzeba mu przyznać, że trzyma się tego, co sam głosi – nie wolno dopuścić, by wpływ na życie publiczne przejęli ekstremiści.

H) Wer Zivilcourage zeigt, muss mit Unbill rechnen. Thierse teilt eine Erfahrung, die viele couragierte Bürger machen.

1. Kto wykazuje się odwagą cywilną, musi się liczyć z krzywdzącymi go skutkami. Thierse doświadcza obecnie tego samego, czego doświadcza wielu odważnych obywateli.

2. Kto pokazuje, jak być odważnym, musi się liczyć z krzywdzącymi go skutkami. Thierse doświadcza obecnie tego samego, czego doświadcza wielu dzielnych obywateli.

3. Odważni ludzie muszą się liczyć z nieprzyjemnościami z policją. Thierse doświadcza tego samego, czego doświadcza wielu odważnych obywateli.

ÜBUNG 2

Herr Thierse, haben Sie als Teilnehmer an einer Blockade gegen rechtsextreme Demonstranten Ihr Amt beschädigt?

Ich hoffe nicht, denn ich habe gegen Antidemokraten demonstriert, weil ich mich verpflichtet fühlte, ein Zeichen zu setzen.

Was darf der Staatsbürger Wolfgang Thierse, das der Bundestagvizepräsident nicht darf?

Ich habe als Bundestagsvizepräsident die gleichen staatsbürgerlichen Rechte und Pflichten wie alle anderen Bürger auch. Ich bin in staatsbürgerlicher Hinsicht weder überprivilegiert noch unterprivilegiert.

Wie erklären Sie sich, dass die Kritik an Ihrer Aktion nicht entlang der Parteigrenzen verläuft? Auch Parteifreunde fanden Ihr Verhalten falsch.

Ich kritisiere nicht, dass ich kritisiert werde. Aber ich bin betroffen darüber, dass mir schäbige Motive unterstellt werden, wie es Anja Hertel und Tom Schreiber getan haben – ein Beispiel der berühmt-berüchtigten sozialdemokratischen Solidarität.

Welche Motive?

Öffentlichkeitssucht und würdeloses Verhalten. Aber würdelos wäre gewesen, andere zu Courage aufzufordern und sich selbst bei Gelegenheit in die Büsche zu schlagen.

Man könnte auch sagen: Die Demo der Rechtsextremen war ein Provokationsritual. Die Blockade war das ritualhafte Gegenstück. Nun gibt es Streit über Ihre Teilnahme daran. Streiten wir zu viel über Rituale?

Ich wundere mich darüber, dass die öffentliche Betroffenheit sich nicht darauf richtet, dass tausend Neonazis durch den Prenzlauer Berg und über den Ku'damm marschiert sind, sondern dass sie sich auf eine kleine, absolut gewaltfreie Aktion in freundlicher Atmosphäre richtet. Da scheinen mir die Gewichte verschoben.

Wäre es manchmal nicht sinnvoller, die Rechtsextremen einfach der Polizei zu überlassen?

Ich glaube, dass unüberhörbares Beschweigen von Neonazi-Aktivitäten als klammheimliche Zustimmung missverstanden werden könnte. Das dürfen wir nicht zulassen.

Das Interview führte Werner van Bebber. *)

*) Am 4. Mai 2010 gab Bundestagsvizepräsident Wolfgang Thierse dem *Tagesspiegel* ein Interview, in dem er sich zu seiner Teilnahme an der Sitzblockade gegen die Neonazi-Demonstration am 1. Mai äußerte. Er ging mit seinen parteiinternen Kritikern scharf ins Gericht.

Übersetzen Sie ins Polnische. Achten Sie darauf, dass die Sätze einen zusammenhängenden Text bilden und stilistisch aufeinander abgestimmt sein müssen.

1. Herr Thierse, haben Sie als Teilnehmer an einer Blockade gegen rechtsextreme Demonstranten Ihr Amt beschädigt?

2. Ich hoffe nicht, denn ich habe gegen Antidemokraten demonstriert, weil ich mich verpflichtet fühlte, ein Zeichen zu setzen.

3. Was darf der Staatsbürger Wolfgang Thierse, das der Bundestagvizepräsident nicht darf?

4. Ich habe als Bundestagsvizepräsident die gleichen staatsbürgerlichen Rechte und Pflichten wie alle anderen Bürger auch. Ich bin in staatsbürgerlicher Hinsicht weder überprivilegiert noch unterprivilegiert.

5. Wie erklären Sie sich, dass die Kritik an Ihrer Aktion nicht entlang der Parteigrenzen verläuft? Auch Parteifreunde fanden Ihr Verhalten falsch.

6. Ich kritisiere nicht, dass ich kritisiert werde. Aber ich bin betroffen darüber, dass mir schäbige Motive unterstellt werden, wie es Anja Hertel und Tom Schreiber getan haben – ein Beispiel der berühmt-berüchtigten sozialdemokratischen Solidarität.

7. Welche Motive?

8. Öffentlichkeitssucht und würdeloses Verhalten. Aber würdelos wäre gewesen, andere zu Courage aufzufordern und sich selbst bei Gelegenheit in die Büsche zu schlagen.

9. Man könnte auch sagen: Die Demo der Rechtsextremen war ein Provokationsritual. Die Blockade war das ritualhafte Gegenstück. Nun gibt es Streit über Ihre Teilnahme daran. Streiten wir zu viel über Rituale?

10. Ich wundere mich darüber, dass die öffentliche Betroffenheit sich nicht darauf richtet, dass tausend Neonazis durch den Prenzlauer Berg und über den Ku'damm marschiert sind, sondern dass sie sich auf eine kleine, absolut gewaltfreie Aktion in freundlicher Atmosphäre richtet. Da scheinen mir die Gewichte verschoben.

11. Wäre es manchmal nicht sinnvoller, die Rechtsextremen einfach der Polizei zu überlassen?

12. Ich glaube, dass unüberhörbares Beschweigen von Neonazi-Aktivitäten als klammheimliche Zustimmung missverstanden werden könnte. Das dürfen wir nicht zulassen.

13. Das Interview führte Werner van Bebber.

ÜBUNG 3

Polityk, który w weekend łamie prawo

Wiceprzewodniczący Bundestagu Wolfgang Thierse złamał prawo, blokując demonstrację neonazistowskiej NPD. Najprawdopodobniej czeka go za to sąd, a może i dymisja.

Zdjęcie siedzącego na środku ulicy Thiersego w otoczeniu kilkuset innych demonstrantów trzymających tablice z napisem „Berlin przeciwko nazistom" obiegło całą niemiecką prasę.

1 maja ten znany polityk SPD, były enerdowski opozycjonista ubrany w sportową kurtkę blokował marsz 700 członków NPD, którzy planowali przejście przez berlińską dzielnicę Prenzlauer Berg, notabene okręg wyborczy Thiersego. Akcja przyniosła efekty. Tysiące siedzących na ulicy działaczy antyfaszystowskich organizacji, a także mieszkańców Prenzlauer Bergu zatrzymało brunatnych już po kilkuset metrach. Policja, która konwojowała enpedowców, nie była w stanie utorować im drogi. Ludzie nie reagowali na polecenia funkcjonariuszy, a gdy mundurowi próbowali ściągać ich z jezdni, na ich miejsce wskakiwali kolejni. Thierse niewzruszony siedział w samym środku. [...]

Jednak na Thiersego spadają teraz gromy, [...] prokuratura sprawdza, czy politykowi można postawić zarzut łamania ustawy o zgromadzeniach publicznych. Jeśli prokuratorzy uznają, że polityk faktycznie popełnił przestępstwo, będą wnioskować, by Bundestag pozbawił go immunitetu. – Thierse powinien też zrezygnować ze stanowiska wiceprzewodniczącego parlamentu. Nie można w tygodniu być mężem stanu, a w weekendy zamieniać się w rewolucjonistę. To szkodzi wizerunkowi parlamentu – uważają policyjni związkowcy i berlińscy politycy FDP. [...]

Übersetzen Sie ins Deutsche. Achten Sie darauf, dass die Sätze einen zusammenhängenden Text bilden und stilistisch aufeinander abgestimmt sein müssen.

1. Polityk, który w weekend łamie prawo

2. Wiceprzewodniczący Bundestagu Wolfgang Thierse złamał prawo, blokując demonstrację neonazistowskiej NPD. Najprawdopodobniej czeka go za to sąd, a może i dymisja.

3. Zdjęcie siedzącego na środku ulicy Thiersego w otoczeniu kilkuset innych demonstrantów trzymających tablice z napisem „Berlin przeciwko nazistom" obiegło całą niemiecką prasę.

4. 1 maja ten znany polityk SPD, były enerdowski opozycjonista ubrany w sportową kurtkę blokował marsz 700 członków NPD, którzy planowali przejście przez berlińską dzielnicę Prenzlauer Berg, notabene okręg wyborczy Thiersego.

5. Akcja przyniosła efekty. Tysiące siedzących na ulicy działaczy antyfaszystowskich organizacji, a także mieszkańców Prenzlauer Bergu zatrzymało brunatnych już po kilkuset metrach.

6. Policja, która konwojowała enpedowców, nie była w stanie utorować im drogi.

7. Ludzie nie reagowali na polecenia funkcjonariuszy, a gdy mundurowi próbowali ściągać ich z jezdni, na ich miejsce wskakiwali kolejni. Thierse niewzruszony siedział w samym środku. [...]

8. Jednak na Thiersego spadają teraz gromy, [...] prokuratura sprawdza, czy politykowi można postawić zarzut łamania ustawy o zgromadzeniach publicznych. Jeśli prokuratorzy uznają, że polityk faktycznie popełnił przestępstwo, będą wnioskować, by Bundestag pozbawił go immunitetu.

9. Thierse powinien też zrezygnować ze stanowiska wiceprzewodniczącego parlamentu. Nie można w tygodniu być mężem stanu, a w weekendy zamieniać się w rewolucjonistę. To szkodzi wizerunkowi parlamentu – uważają policyjni związkowcy i berlińscy politycy FDP. [...]

7 Bundespräsident Köhler erklärt Rücktritt

7.1 Haupttext

Bundespräsident Köhler erklärt Rücktritt

Bundespräsident Horst Köhler ist mit sofortiger Wirkung zurückgetreten. Als Grund nannte er seine umstrittenen Aussagen zum Bundeswehreinsatz in Afghanistan. [...]

Köhler teilte seinen historisch einmaligen Entschluss auch Bundeskanzlerin Angela Merkel (CDU), dem Vizekanzler Guido Westerwelle (FDP) und dem Präsidenten des Bundesverfassungsgerichts, Andreas Voßkuhle, mit. Bundesratspräsident Jens Böhrnsen (SPD) übernimmt vorübergehend die Amtsgeschäfte.

„Ich habe ihm meinen Respekt für seine Entscheidung ausgedrückt", sagte Bremens Bürgermeister Böhrnsen. Als Bürger sei er „traurig" über Köhlers Schritt.

Die Unterstellung, er habe einen grundgesetzwidrigen Einsatz der Bundeswehr zur Sicherung von Wirtschaftsinteressen befürwortet, entbehre jeder Rechtfertigung, sagte Köhler in seiner Rücktrittserklärung. Das lasse den notwendigen Respekt vor dem höchsten Staatsamt vermissen. Er bedauerte in seiner Erklärung, dass es in seinen Äußerungen zur Rolle der Bundeswehr „in wichtigen und schwierigen Fragen zu Missverständnissen kommen konnte".

Köhler sprach seine etwa dreiminütige Erklärung in seinem Amtssitz Schloss Bellevue. An seiner Seite stand Ehefrau Eva Luise. Er bedankte sich bei jenen, die ihm Vertrauen entgegengebracht hätten. Streckenweise versagte ihm die Stimme, er hatte Tränen in den Augen. „Es war mir eine Ehre, Deutschland als Bundespräsident zu dienen", sagte Köhler zum Abschluss sichtlich berührt. Nach Berichten von Augenzeugen verließ er sofort nach seiner Stellungnahme Schloss Bellevue in einem Wagen.

Mit dem Interview hatte Köhler eine heftige Debatte ausgelöst. Später ließ er seine Äußerungen präzisieren. Ein Sprecher sagte in der vergangenen Woche, die Afghanistan-Mission sei nicht gemeint gewesen. Bundeskanzlerin Merkel hatte am

Freitag über eine Sprecherin deutlich gemacht, dass sie zu den Äußerungen Köhlers keine Stellung nehmen will. Im Übrigen habe Köhler seine Äußerungen präzisieren lassen. „Und dem ist nichts hinzuzufügen."

7.2   Lexik

Bundespräsident Horst Köhler ist mit sofortiger Wirkung zurückgetreten. Als Grund nannte er seine umstrittenen Aussagen zum Bundeswehreinsatz in Afghanistan.

In der polnischen Presse liest man in dem Zusammenhang *misja Bundeswehry, misja wojskowa*, auch *zaangażowanie militarne Bundeswehry*.

Köhler tłumaczył, że powodem dymisji była krytyka, jaka spadła na niego w związku z kontrowersyjną wypowiedzią o wojnie w Afganistanie. Niemieccy politycy przekonywali do tej pory, że udział Bundeswehry w misji afgańskiej to wojna z terroryzmem i walka o niemieckie bezpieczeństwo. Köhler złamał tabu i zasugerował, że wojsko broni w Afganistanie przede wszystkim interesów gospodarczych. (Quelle: Filip Gańczak, Newsweek Polska, 31 maja 2010)

Die Unterstellung, er habe einen grundgesetzwidrigen Einsatz der Bundeswehr zur Sicherung von Wirtschaftsinteressen befürwortet, entbehre jeder Rechtfertigung, sagte Köhler in seiner Rücktrittserklärung.

W swoim oświadczeniu o ustąpieniu Köhler powiedział, iż insynuacje, jakoby popierał on sprzeczne z konstytucją misje Bundeswehry mając na uwadze obronę gospodarczych interesów Niemiec, pozbawione są jakichkolwiek podstaw.

W swoim oświadczeniu o ustąpieniu Köhler powiedział, iż insynuacje, jakoby jego poparcie sprzecznych z konstytucją misji Bundeswehry podyktowane było obroną gospodarczych interesów Niemiec, pozbawione są jakichkolwiek podstaw.

grundgesetzwidrig – sprzeczny z konstytucją/sprzeczny z ustawą zasadniczą

Vgl. die Rücktrittserklärung von Horst Köhler im Wortlaut:

"Meine Äußerungen zu Auslandseinsätzen der Bundeswehr am 22. Mai dieses Jahres sind auf heftige Kritik gestoßen. Ich bedauere, dass meine Äußerungen in einer für unsere Nation wichtigen und schwierigen Frage zu Missverständnissen führen konnten. Die Kritik geht aber so weit, mir zu unterstellen, ich befürwortete Einsätze der Bundeswehr, die vom Grundgesetz nicht gedeckt wären. Diese Kritik entbehrt jeder Rechtfertigung. Sie lässt den notwendigen Respekt für mein Amt vermissen.

Ich erkläre hiermit meinen Rücktritt vom Amt des Bundespräsidenten - mit sofortiger Wirkung. Ich danke den vielen Menschen in Deutschland, die mir Vertrauen entgegengebracht und meine Arbeit unterstützt haben. Ich bitte sie um Verständnis für meine Entscheidung.

Verfassungsgemäß werden nun die Befugnisse des Bundespräsidenten durch den Präsidenten des Bundesrates wahrgenommen. Ich habe Herrn Bürgermeister Böhrnsen über meine Entscheidung telefonisch unterrichtet, desgleichen den Herrn Präsidenten des Deutschen Bundestages, die Frau Bundeskanzlerin, den Herrn Präsidenten des

Bundesverfassungsgerichts und den Herrn Vizekanzler. Es war mir eine Ehre, Deutschland als Bundespräsident zu dienen." (Quelle: SPIEGEL ONLINE vom 31.05.2010)

Nagła rezygnacja Horsta Köhlera to kolejny dowód, że Niemców opadły wątpliwości co do ich roli w świecie i w Europie. Pretekstem była brutalna krytyka niezręcznej wypowiedzi prezydenta dla radia, że państwo tak zależne od eksportu jak Niemcy musi dbać – również poprzez użycie wojska – o bezpieczeństwo traktów handlowych i prze ciwdziałać destabilizacji całych regionów. Media zarzuciły mu imperialny ton i powrót do wilhelmińskiej „polityki kanonierek". A gdy ani Angela Merkel, ani partie koalicyjne go nie wsparły, Köhler (ur. w 1943 r. w Skierbieszowie koło Zamościa) demonstracyjnie ustąpił na znak protestu przeciwko lekceważeniu głowy państwa. (Quelle: Adam Krzemiński, Polityka, 12.06.2010)

Decyzja ta zaskoczyła wszystkich. Oficjalnie podanym powodem była piątkowa krytyka ze strony partii Zielonych i lewicy. Zarzucały one prezydentowi, że popierał łamanie konstytucji Niemiec, twierdząc, iż państwo tej wielkości powinno się liczyć z użyciem siły militarnej dla ochrony swoich interesów handlowych. (Quelle: „Zagadkowa dymisja prezydenta Niemiec", Salon 24, niezależne forum publicystów, 1.06.2010)

Das lasse den notwendigen Respekt vor dem höchsten Staatsamt vermissen.

Dodał, że wyraża się w nich brak respektu wobec najwyższego urzędu w państwie.

Lasse – die indirekte Rede muss im Polnischen durch *powiedział że, dodał, że* usw. eingeleitet werden.

An seiner Seite stand Ehefrau Eva Luise.

U boku prezydenta stała jego małżonka Eva Luise.

Towarzyszyć wäre falsch, *towarzyszyć* heißt nicht, dass man neben jemandem steht.

Składam rezygnację z urzędu prezydenta – oświadczył dziś zdumionym dziennikarzom Horst Köhler. Jego krótkie wystąpienie na zamku Bellevue było pełne emocji. Köhler miał łzy w oczach. Momentami głos odmawiał mu posłuszeństwa. U boku prezydenta stała jego małżonka Eva Luise. (Quelle: Filip Gańczak, Newsweek Polska, 31 maja 2010)

Ein Sprecher sagte in der vergangenen Woche, die Afghanistan-Mission sei nicht gemeint gewesen.

Rzecznik prezydenta powiedział w ubiegłym tygodniu, że prezydent nie miał na myśli misji w Afganistanie.

„Kraj naszej wielkości (...), tak uzależniony od handlu zagranicznego, musi wiedzieć, że w razie pilnej potrzeby niezbędna jest również misja wojskowa, żeby bronić naszych interesów, na przykład wolnych dróg handlowych" – mówił 22 maja wywiadzie dla Deutschlandradio. Prezydent przekonywał, że niestabilność w regionach takich jak Afganistan odbija się negatywnie na niemieckim handlu, miejscach pracy i zarobkach. (Quelle: Filip Gańczak, Newsweek Polska, 31 maja 2010)

Amtssitz Schloss Bellevue

Zamek Bellevue, oficjalna rezydencja głowy państwa, (selten auch *Pałac Bellevue*)

– Składam rezygnację z urzędu prezydenta – oświadczył dziś zdumionym dziennikarzom Horst Köhler. Jego krótkie wystąpienie na zamku Bellevue było pełne emocji. Köhler miał łzy w oczach. Momentami głos odmawiał mu posłuszeństwa. U boku prezydenta stała jego małżonka Eva Luise. (Quelle: Filip Gańczak, Newsweek Polska, 31 maja 2010)

Köhler oświadczył, że jego decyzja jest konsekwencją braku respektu dla pełnionego przez niego urzędu. (vgl. Übung 2)

Köhler erklärte, seine Entscheidung sei die Folge des mangelnden Respekts gegenüber seinem Amt.

Stilistisch umständlicher: *Köhler erklärte, seine Entscheidung sei die Folge des mangelnden Respekts gegenüber dem von ihm ausgeübten Amt./Köhler erklärte, dass seine Entscheidung die Folge des mangelnden Respekts gegenüber dem von ihm ausgeübten Amt sei.*

Die Übersetzung bleibt möglichst nah am Original, auch wenn die deutsche Presse den Präsidenten stets mit den Worten zitierte, *die Reaktionen auf seine Äußerungen ließen den notwendigen Respekt vor dem höchsten Staatsamt vermissen.*

Bundespräsident

Prezydent Republiki Federalnej Niemiec, Prezydent Niemiec, prezydent federalny

Bundesratspräsident Jens Böhrnsen (SPD)

przewodniczący Bundesratu Jens Böhrnsen (SPD)

Obowiązki Köhlera przejmie tymczasowo socjaldemokrata Jens Böhrnsen, przewodniczący Bundesratu – izby wyższej niemieckiego parlamentu. (Quelle: Filip Gańczak, Newsweek Polska, 31 maja 2010)

Bundestag

Deutscher Bundestag – Niemiecki Bundestag, Bundestag, parlament Niemiec, parlament federalny

7.3 Fehler im Original

Horst Köhler jest pierwszym prezydentem RFN, który ustąpił ze stanowiska w trakcie kadencji. (vgl. Text Übung 2)

Der Satz enthält einen inhaltlichen Fehler: Horst Köhler ist nicht der erste Präsident, der während seiner Amtszeit zurücktrat. Bundespräsident Heinrich Lübke trat 1969 während seiner Amtszeit zurück.
Korrigiert der Übersetzer den Originaltext, muss er ausdrücklich darauf hinweisen, sonst wäre die Korrektur ein unberechtigter Eingriff in das Original. Es hängt grundsätzlich vom Übersetzungs- und Dolmetschauftrag ab, inwieweit eine Korrektur erwünscht oder notwendig ist.

7.4 Übungen

ÜBUNG 1

Welcher der angegebenen Sätze gibt den Inhalt des Originalsatzes inhaltlich nicht richtig wieder und warum?

A) Bundespräsident Horst Köhler ist mit sofortiger Wirkung zurückgetreten.

1. Prezydent Niemiec Horst Köhler podał się w trybie natychmiastowym do dymisji.

2. Prezydent Niemiec Horst Köhler podał się natychmiast do dymisji.

B) Als Grund nannte er seine umstrittenen Aussagen zum Bundeswehreinsatz in Afghanistan.

1. Oświadczył, że powodem decyzji są kontrowersje spowodowane jego wypowiedziami na temat misji Bundeswehry w Afganistanie.

2. Oświadczył, że powodem decyzji były jego kontrowersyjne wypowiedzi na temat misji Bundeswehry w Afganistanie.

C) Bundesratspräsident Jens Böhrnsen (SPD) übernimmt vorübergehend die Amtsgeschäfte.

1. Przewodniczący Bundesratu socjaldemokrata Jens Böhrnsen przejął tymczasowo obowiązki głowy państwa.

2. Przewodniczący Bundesratu socjaldemokrata Jens Böhrnsen został tymczasowo głową państwa.

D) „Ich habe ihm meinen Respekt für seine Entscheidung ausgedrückt", sagte Bremens Bürgermeister Böhrnsen.

1. „Powiedziałem prezydentowi, że mam respekt dla jego decyzji", oświadczył burmistrz Bremy Böhrnsen.

2. „Respektowałem jego decyzję", oświadczył burmistrz Bremy Böhrnsen.

E) Die Unterstellung, er habe einen grundgesetzwidrigen Einsatz der Bundeswehr zur Sicherung von Wirtschaftsinteressen befürwortet, entbehre jeder Rechtfertigung, sagte Köhler in seiner Rücktrittserklärung.

1. W swoim oświadczeniu o ustąpieniu Köhler powiedział, iż insynuacje, jakoby popierał on sprzeczne z konstytucją misje Bundeswehry dla zabezpieczenia gospodarczych interesów Niemiec, pozbawione są jakichkolwiek podstaw.

2. W swoim wystąpieniu Köhler powiedział, iż insynuajce, jakoby sprzeczne z konstytucją misje Bundeswehry były uzasadnione obroną gospodarczych interesów Niemiec pozbawione są jakichkolwiek podstaw.

F) Er bedauerte in seiner Erklärung, dass es in seinen Äußerungen zur Rolle der Bundeswehr „in wichtigen und schwierigen Fragen zu Missverständnissen kommen konnte".

1. W swoim oświadczeniu wyraził on ubolewanie, że w jego wypowiedziach na temat roli Bundeswehry „zawarte były trudne pytania i nieporozumienia".

2. W swoim oświadczeniu wyraził on również ubolewanie, że jego wypowiedzi na temat roli Bundeswehry „dotyczące tak ważnych i trudnych kwestii zostały źle zrozumiane".

G) Köhler sprach seine etwa dreiminütige Erklärung in seinem Amtssitz Schloss Bellevue. An seiner Seite stand Ehefrau Eva Luise.

1. Swoje około trzyminutowe oświadczenie Köhler złożył na Zamku Bellevue – oficjalnej rezydencji głowy państwa. U boku Köhlera stała jego małżonka Eva Luise.

2. Wystąpienie Köhlera trwające około trzech minut odbyło się na Zamku Bellevue – oficjalnej siedzibie rządowej. Köhler był w towarzystwie żony.

H) „Es war mir eine Ehre, Deutschland als Bundespräsident zu dienen", sagte Köhler zum Abschluss sichtlich berührt.

1. „Zaszczytem było dla mnie, iż mogłem służyć państwu niemieckiemu jako prezydent", powiedział na zakończenie wyraźnie wzruszony.

2. „Było dla mnie ogromnym wyróżnieniem, że mogłem służyć państwu niemieckiemu jako prezydent", powiedział na zakończenie wyraźnie wzruszony.

I) Mit dem Interview hatte Köhler eine heftige Debatte ausgelöst.

1. Wywiad udzielony przez Köhlera był początkiem długiej polemiki.

2. Swoim wywiadem Köhler wywołał ostrą polemikę.

J) Später ließ er seine Äußerungen präzisieren. Ein Sprecher sagte in der vergangenen Woche, die Afghanistan-Mission sei nicht gemeint gewesen.

1. Potem sprecyzował swoje wypowiedzi. Rzecznik Köhlera oświadczył w ubiegłym tygodniu, że prezydentowi nie chodziło o walki w Afganistanie.

2. Potem sprecyzował on swoje wypowiedzi. Rzecznik Köhlera oświadczył w ubiegłym tygodniu, że prezydent nie miał na myśli misji w Afganistanie.

ÜBUNG 2

Prezydent Köhler ustąpił ze stanowiska

Prezydent Republiki Federalnej Niemiec Horst Köhler oświadczył, że ustępuje w trybie natychmiastowym ze stanowiska

Jako powód rezygnacji podał kontrowersje wokół swej niedawnej wypowiedzi na temat interwencji wojskowej w Afganistanie.

Prezydent wygłosił w Berlinie krótkie oświadczenie, w którym zapowiedział natychmiastowe ustąpienie ze stanowiska. Köhler oświadczył, że jego decyzja jest konsekwencją braku respektu dla pełnionego przez niego urzędu.

Prezydent podkreślił, że przypisywanie mu doszukiwania się celu zagranicznych misji Bundeswehry w zabezpieczeniu gospodarczych interesów Niemiec, pozbawione jest jakiegokolwiek uzasadnienia.

Pod koniec ubiegłego tygodnia Köhler został ostro skrytykowany za swoją wypowiedź, w której powiązał misję armii z ochroną niemieckich interesów. Po wizycie w bazie niemieckich sił w Afganistanie prezydent powiedział w wywiadzie radiowym, że w ostateczności zaangażowanie militarne może być konieczne, aby chronić niemieckie interesy, na przykład wolne drogi handlowe.

Później biuro prezydenta dementowało, że nie miał on na myśli sytuacji w Afganistanie, a inne misje, w tym operację u wybrzeży Somalii zapewniającej ochronę dróg handlowych przed piratami.

Horst Köhler jest pierwszym prezydentem RFN, który ustąpił ze stanowiska w trakcie kadencji. *)

*) Der Text enthält einen Sachfehler, siehe dazu 7.3.

Übersetzen Sie ins Deutsche. Beachten Sie, dass es sich um einen zusammenhängenden Text handelt.

1. Prezydent Republiki Federalnej Niemiec Horst Köhler ustąpił w trybie natychmiastowym ze stanowiska.

2. Prezydent Republiki Federalnej Niemiec Horst Köhler oświadczył, że ustępuje w trybie natychmiastowym ze stanowiska.

3. Jako powód rezygnacji podał kontrowersje wokół swej niedawnej wypowiedzi na temat interwencji wojskowej w Afganistanie.

4. Prezydent wygłosił krótkie oświadczenie, w którym zapowiedział natychmiastowe ustąpienie ze stanowiska.

5. Köhler oświadczył, że jego decyzja jest konsekwencją braku respektu dla pełnionego przez niego urzędu.

6. Prezydent podkreślił, że przypisywanie mu doszukiwania się celu zagranicznych misji Bundeswehry w zabezpieczeniu gospodarczych interesów Niemiec, pozbawione jest jakiegokolwiek uzasadnienia.

7. Pod koniec ubiegłego tygodnia Köhler został ostro skrytykowany za swoją wypowiedź, w której powiązał misję armii z ochroną niemieckich interesów.

8. Po wizycie w bazie niemieckich sił w Afganistanie prezydent powiedział w wywiadzie radiowym, że w ostateczności zaangażowanie militarne może być konieczne, aby chronić niemieckie interesy, na przykład wolne drogi handlowe.

9. Biuro prezydenta dementowało, że nie miał on na myśli sytuacji w Afganistanie, a inne misje, w tym operację u wybrzeży Somalii zapewniającej ochronę dróg handlowych przed piratami.

10. Horst Köhler jest pierwszym prezydentem RFN, który ustąpił ze stanowiska w trakcie kadencji.

ÜBUNG 3

Er wollte keine neue Militärdoktrin für Deutschland verkünden

CDU-Politiker Polenz zu Äußerungen von Bundespräsident Köhler zum Afghanistan-Einsatz

Ruprecht Polenz im Gespräch mit Tobias Armbrüster

Nach den Äußerungen von Bundespräsident Horst Köhler zum Afghanistan-Einsatz hat der CDU-Politiker Ruprecht Polenz klargestellt, dass das Mandat keinen wirtschaftlichen Hintergrund habe.

In Afghanistan gehe es um die regionale und internationale Sicherheit, sagte der Vorsitzende des Auswärtigen Ausschusses des Bundestages im Deutschlandfunk.

Armbrüster: Wenn Horst Köhler von Arbeitsplätzen und Handelsrouten spricht, die in Afghanistan verteidigt werden, ist das dann die offizielle Linie der deutschen Außenpolitik?

Polenz: Ich glaube, der Bundespräsident hat sich hier etwas missverständlich ausgedrückt. Er wollte keine neue Militärdoktrin für Deutschland verkünden, sondern nur deutlich machen, dass Deutschland mit seinem Einsatz in Afghanistan einen Beitrag zur internationalen Sicherheit und Stabilität leiste. [...]

Armbrüster: [...] Was meint er denn zum Beispiel, wenn er im Zusammenhang mit Afghanistan davon spricht, dass wir freie Handelswege wahren müssen?

Polenz: Nein! Ich würde den Zusammenhang mit Afghanistan hier nicht herstellen. [...]

Armbrüster: Aber Horst Köhler hat das Ganze ja im Zusammenhang mit dem Bundeswehreinsatz in Afghanistan gesagt!

Polenz: [...] Ich möchte hier noch mal die Position deutlich machen, die der Deutsche Bundestag in dieser Frage einnimmt. Das Mandat, das wir auf Antrag der Bundesregierung beschlossen haben, ist ein Mandat zur Stabilisierung Afghanistans, und der Hauptgrund dafür ist regionale und internationale Sicherheit, auch deutsche Sicherheitsinteressen, aber nicht deutsche Handels- und Rohstoffinteressen. [...]

Armbrüster: Das heißt, wir können hier festhalten: Da gibt es eine deutliche Differenz zwischen Ihnen, Herr Polenz, dem Vorsitzenden des Auswärtigen Ausschusses, und dem Bundespräsidenten?

Polenz: Sie wissen, dass man den Bundespräsidenten in seiner Amtsführung möglichst nicht kritisiert, aber in der Klarstellung, denke ich, müssen wir hier schon festhalten: Der Bundeswehreinsatz dient der Sicherheit. Das ist der Grund, weshalb wir in Afghanistan sind. […]

Armbrüster: Ruprecht Polenz (CDU), der Vorsitzende des Auswärtigen Ausschusses im Deutschen Bundestag, live hier bei uns im Deutschlandfunk. Vielen Dank für das Gespräch, Herr Polenz.

Übersetzen Sie ins Polnische. Beachten Sie, dass die Sätze einen zusammenhängenden Text bilden.

1. „Er wollte keine neue Militärdoktrin für Deutschland verkünden"

2. CDU-Politiker Polenz zu Äußerungen von Bundespräsident Köhler zum Afghanistan-Einsatz

3. Ruprecht Polenz im Gespräch mit Tobias Armbrüster

4. Nach den Äußerungen von Bundespräsident Horst Köhler zum Afghanistan-Einsatz hat der CDU-Politiker Ruprecht Polenz klargestellt, dass das Mandat keinen wirtschaftlichen Hintergrund habe.

5. In Afghanistan gehe es um die regionale und internationale Sicherheit, sagte der Vorsitzende des Auswärtigen Ausschusses des Bundestages im Deutschlandfunk.

6. Armbrüster: Wenn Horst Köhler von Arbeitsplätzen und Handelsrouten spricht, die in Afghanistan verteidigt werden, ist das dann die offizielle Linie der deutschen Außenpolitik?

7. Polenz: Ich glaube, der Bundespräsident hat sich hier etwas missverständlich ausgedrückt. Er wollte keine neue Militärdoktrin für Deutschland verkünden, sondern nur deutlich machen, dass Deutschland mit seinem Einsatz in Afghanistan einen Beitrag zur internationalen Sicherheit und Stabilität leiste. […]

8. Armbrüster: […] Was meint er denn zum Beispiel, wenn er im Zusammenhang mit Afghanistan davon spricht, dass wir freie Handelswege wahren müssen?

9. Polenz: Nein! Ich würde den Zusammenhang mit Afghanistan hier nicht herstellen. […]

10. Armbrüster: Aber Horst Köhler hat das Ganze ja im Zusammenhang mit dem Bundeswehreinsatz in Afghanistan gesagt!

11. Polenz: [...] Ich möchte hier noch mal die Position deutlich machen, die der Deutsche Bundestag in dieser Frage einnimmt. Das Mandat, das wir auf Antrag der Bundesregierung beschlossen haben, ist ein Mandat zur Stabilisierung Afghanistans, und der Hauptgrund dafür ist regionale und internationale Sicherheit, auch deutsche Sicherheitsinteressen, aber nicht deutsche Handels- und Rohstoffinteressen. [...]

12. Armbrüster: Das heißt, wir können hier festhalten: Da gibt es eine deutliche Differenz zwischen Ihnen, Herr Polenz, dem Vorsitzenden des Auswärtigen Ausschusses, und dem Bundespräsidenten?

13. Polenz: Sie wissen, dass man den Bundespräsidenten in seiner Amtsführung möglichst nicht kritisiert, aber in der Klarstellung, denke ich, müssen wir hier schon festhalten: Der Bundeswehreinsatz dient der Sicherheit. Das ist der Grund, weshalb wir in Afghanistan sind. [...]

14. Armbrüster: Ruprecht Polenz (CDU), der Vorsitzende des Auswärtigen Ausschusses im Deutschen Bundestag, live hier bei uns im Deutschlandfunk. Vielen Dank für das Gespräch, Herr Polenz.

8 Tödlicher Drogencocktail

8.1 Haupttext

Tödlicher Drogencocktail

Mehrjährige Haft und Berufsverbot für Arzt

Ein 51-jähriger Mediziner, der in einer Therapiesitzung Patienten einen tödlichen Drogencocktail verabreicht hatte, ist zu vier Jahren und neun Monaten Haft verurteilt worden. Zwei Männer waren an den Folgen einer Überdosis Ecstasy gestorben.

Das Landgericht verurteilte den 51-Jährigen am Montag wegen Körperverletzung mit Todesfolge, sowie gefährlicher Körperverletzung. Der Vorwurf des versuchten Mordes wurde in dem Prozess fallengelassen.

Der Allgemeinmediziner und Facharzt für Psychotherapie hat den Drogencocktail sieben Patienten während einer sogenannten psycholytischen Intensivsitzung im September vergangenen Jahres in seiner Praxis verabreicht. Zwei Patienten sind an den Folgen einer Überdosis Ecstasy gestorben. Fünf weitere Sitzungsteilnehmer mussten mit zum Teil schweren Vergiftungserscheinungen im Krankenhaus behandelt werden.

Mit dem Urteil blieb das Gericht deutlich unter der Forderung der Staatsanwaltschaft, die eine Haftstrafe von acht Jahren beantragt hatte. Die Verteidigung ging von einem „tragischen Unglücksfall" aus und beantragte eine Haftstrafe von nicht mehr als drei Jahren wegen fahrlässiger Tötung sowie fahrlässiger Körperverletzung. Zu Prozessbeginn im März hatte der Therapeut die Verantwortung für den Tod der Patienten übernommen und eingeräumt, den Umgang mit den illegalen Substanzen „völlig falsch eingeschätzt" zu haben.

Der wohl einmalige Fall hatte bundesweit schockiert. Das 59 Jahre alte Todesopfer war trockener Alkoholiker, bei dem es laut einem Gutachten schon bei einer früheren Sitzung Komplikationen gab. Versuche, das zweite Opfer, einen 26-jährigen Studenten noch zu retten, schlugen fehl. Er starb dann im Krankenhaus.

8.2 Lexik

Drogencocktail

koktajl z narkotyków, koktajl narkotykowy, analog zu *koktajl z truskawek, koktajl truskawkowy*

Therapiesitzung

seans terapeutyczny, na seansie terapeutycznym, podczas seansu terapeutycznego; sonst *Sitzung – posiedzenie*

Allgemeinmediziner, Allgemeinarzt

Allgemeinmediziner – lekarz ogólny (PWN); *Allgemeinarzt – lekarz pierwszego kontaktu* (PONS), *lekarz pierwszego kontaktu, lekarz rodzinny* (KORPUS JĘZYKA POLSKIEGO PWN), *lekarz ogólny* (KORPUS.PL)

psycholytischen Intensivsitzung

Die Übersetzung von *psycholytisch* ist *psycholityczny;* nicht zu verwechseln mit *psychedelisch – psychedeliczny* (nicht *psychodelisch* bzw. *psychodeliczny*).

Bei der psycholytischen Therapie (ein umstrittenes, vom wissenschaftlichen Mainstream abgelehntes Behandlungs-verfahren) handelt sich um eine substanzunterstützte Therapie, die bewusstseinsverändernde Eigenschaften be-stimmter psychotroper Substanzen zur Unterstützung psychotherapeutischer Behandlungen nutzt. Diese Substanzen besitzen die Eigenschaften, psychisches Erleben zu intensivieren und umzustrukturieren. Sie werden als „psycholy-tische" (seelenlösende) oder „psychedelische" (den Geist offenbarende) Stoffe bezeichnet. (anhand von Wikipedia: „Psycholytische Psychotherapie", gesehen am 01.02.2011)

bundesweit

Kann als *w całym kraju* (PWN) übersetzt werden, hier auch, da der geographische Kontext bekannt ist, auch *w całych Niemczech.*

8.3 Fachsprachliche Begriffe

Körperverletzung mit Todesfolge

uszkodzenie ciała ze skutkiem śmiertelnym (KILIAN, SKIBICKI)

gefährliche Körperverletzung

niebezpieczne uszkodzenie ciała (KILIAN, SKIBICKI)

fahrlässige Körperverletzung

nieumyślne uszkodzenie ciała; vgl. *Fahrlässigkeit – niedbalstwo* w prawie cywilnym; *nieumyślność* w prawie karnym (vgl. KILIAN, SKIBICKI)

vorsätzliche Körperverletzung

umyślne uszkodzenie ciała (KILIAN, SKIBICKI); *eine vorsätzliche Tat – czyn umyślny*

fahrlässige Tötung

nieumyślne zabójstwo (KILIAN)

den Vorwurf fallenlassen

oddalić zarzut

Sąd oddalił zarzuty wobec szefa koncernu OMV: Nie ma dowodów, by szef OMV wykorzystał dla prywatnych celów informację o planowanej przez koncern transakcji z Rosjanami - uznała w czwartek sąd w Wiedniu. (Quelle: Wyborcza biz 27.01.2011)

der Vorwurf des versuchten Mordes wurde fallengelassen

oddalono zarzut usiłowania zabójstwa umyślnego (vgl. SKIBICKI), *kwalifikowanego zabójstwa umyślnego* (vgl. KILIAN), w prawie niemieckim auch – *morderstwo* (SKIBICKI)

Mord

zabójstwo (morderstwo) vs. nieumyślnie powodowanie śmierci człowieka

vgl. dazu:
Kodeks karny
Przestępstwa przeciwko życiu i zdrowiu (Rozdział XIX)
Art. 148. § 1. Kto zabija człowieka, podlega karze pozbawienia wolności na czas nie krótszy od lat 8, karze 25 lat pozbawienia wolności albo karze dożywotniego pozbawienia wolności.

§ 2. Kto zabija człowieka:
1) ze szczególnym okrucieństwem,
2) w związku z wzięciem zakładnika, zgwałceniem albo rozbojem,
3) w wyniku motywacji zasługującej na szczególne potępienie,
4) z użyciem broni palnej lub materiałów wybuchowych, podlega karze pozbawienia wolności na czas nie krótszy od lat 12, karze 25 lat pozbawienia wolności albo karze dożywotniego pozbawienia wolności. […]
und:
Art. 155. Kto nieumyślnie powoduje śmierć człowieka, podlega karze pozbawienia wolności od 3 miesięcy do lat 5.

KILIAN übersetzt *Mord* als *morderstwo, mord (einen Mord begehen – popełnić morderstwo)* und erläutert, dass es sich um *kwalifikowana forma zabójstwa umyślnego* handelt. SKIBICKI übersetzt *Mord* als *morderstwo* (Niemcy), *zabójstwo umyślne* (w polskim prawie karnym)

Zum Gebrauch von *morderstwo* vgl. *Dziennik Gazeta Prawna* vom 05.03.2010, Artikel: „Do kodeksu karnego powróci kwalifikowane zabójstwo"

Za zabójstwo ze szczególnym okrucieństwem będzie znów groziła kara pozbawienia wolności od lat 12, kara 25 lat pozbawienia wolności albo dożywocie.

Do kodeksu karnego powróci przepis wprowadzający surowsze kary za zabójstwo ze szczególnym okrucieństwem. Ten typ zbrodni będzie obejmował zabójstwa popełnione w związku z wzięciem zakładnika, zgwałceniem albo rozbojem, w wyniku motywacji, z użyciem broni palnej lub materiałów wybuchowych.

Czyny tego rodzaju będą zagrożone karą pozbawienia wolności na czas nie krótszy niż 12 lat lub karą 25 lat pozbawienia wolności albo dożywocie. Takie zmiany przewiduje senacki projekt ustawy o zmianie ustawy – Kodeks karny, którego pierwsze czytanie ma się odbyć dziś w Sejmie.

Obecnie, po wyroku Trybunału Konstytucyjnego, za zabójstwo popełnione ze szczególnym okrucieństwem groziła kara tak jak za zwykłe morderstwo, czyli od 8 lat pozbawienia wolności. Trybunał Konstytucyjny w zeszłym roku uchylił art. 148 par. 2 k.k. przepis nowelizujący kodeks karny. Okazało się, że Sejm przy uchwalaniu ustawy naruszył procedurę. W rezultacie z naszego porządku prawnego zniknął typ kwalifikowany zabójstwa.

Za czyny popełnione ze szczególnym okrucieństwem sądy mogły wymierzać obecnie zarówno karę 25 lat lub dożywotniego pozbawienia wolności, jak i karę od 8 do 15 lat więzienia. Sędziom pozostawiona została jednocześnie możliwość miarkowania kary, w tym jej nadzwyczajnego łagodzenia.

Mit dem Urteil blieb das Gericht deutlich unter der Forderung der Staatsanwaltschaft.

Im Polnischen *sąd przychyla się/nie przychyla się do wniosku prokuratury*. Die Übersetzung von *blieb deutlich unter der Forderung der Staatsanwaltschaft* ist *sąd orzekł karę niższą od kary, której zażądała prokuratura*; auch *sąd nie przychylił się do wniosku prokuratury i orzekł karę znacznie niższą*.

Dlaczego Karnowski jeszcze nie siedzi? Bo zdaje się, że nawet aktu oskarżenia jeszcze nie ma. Podobno cienko z dowodami (...). Poza tym sąd nie przychylił się do wniosku prokuratury o areszt. (Quelle: tvn 24 28.07.2009; ~marekp)

8.4   Übungen

ÜBUNG 1

Zwei der angegebenen Sätze geben den Inhalt des deutschen Satzes falsch bzw. ungenau wieder. Welche und warum?

A) Ein 51-jähriger Mediziner, der in einer Therapiesitzung Patienten einen tödlichen Drogencocktail verabreicht hatte, ist zu vier Jahren und neun Monaten Haft verurteilt worden.

1. 51-letni lekarz, który w czasie seansu terapeutycznego zaaplikował pacjentom śmiertelne narkotyki, skazany został na cztery lata i dziewięć miesięcy pozbawienia wolności.

2. 51-letni lekarz, który w czasie seansu terapeutycznego zaaplikował pacjentom śmiertelny koktajl narkotykowy, skazany został na cztery lata i dziewięć miesięcy pozbawienia wolności.

3. 51-letni lekarz, który w czasie seansu terapeutycznego podał pacjentom śmiertelny koktajl narkotykowy, skazany został na cztery lata i dziesięć miesięcy pozbawienia wolności.

B) Zwei Männer waren an den Folgen einer Überdosis Ecstasy gestorben.

1. Dwie osoby zmarły wskutek przedawkowania ecstasy.

2. Dwóch mężczyzn zmarło wskutek przedawkowania ecstasy.

3. Dwóch mężczyzn zmarło wskutek przedawkowania narkotyków.

C) Das Landgericht verurteilte den 51-jährigen am Montag wegen Körperverletzung mit Todesfolge, sowie gefährlicher Körperverletzung. Der Vorwurf des versuchten Mordes wurde in dem Prozess fallengelassen.

1. Sąd Krajowy skazał w poniedziałek 51-letniego mężczyznę za spowodowanie uszkodzenia ciała ze skutkiem śmiertelnym oraz uszkodzenie ciała. Zarzut usiłowania zabójstwa umyślnego został oddalony w czasie procesu.

2. Sąd Krajowy skazał w poniedziałek 51-letniego mężczyznę za spowodowanie uszkodzenia ciała ze skutkiem śmiertelnym, jak również ciężkie uszkodzenie ciała. Zarzut usiłowania zabójstwa umyślnego został oddalony w czasie procesu.

3. Sąd Krajowy skazał w poniedziałek 51-letniego mężczyznę za usiłowanie uszkodzenia ciała ze skutkiem śmiertelnym, jak również ciężkie uszkodzenie ciała. Zarzut usiłowania zabójstwa umyślnego został oddalony w czasie procesu.

D) Der Allgemeinmediziner und Facharzt für Psychotherapie hat den Drogencocktail sieben Patienten während einer sogenannten psycholytischen Intensivsitzung im September vergangenen Jahres in seiner Praxis verabreicht.

1. Mężczyzna będący lekarzem ogólnym i lekarzem specjalistą psychoterapeutą zaaplikował siedmiu pacjentom koktajl z narkotyków w trakcie tak zwanego intensywnego seansu psycholitycznego, który odbył się we wrześniu ubiegłego roku w jego gabinecie lekarskim.

2. Mężczyzna będący lekarzem rodzinnym i lekarzem specjalistą psychoterapeutą podał siedmiu pacjentom koktajl narkotykowy podczas tak zwanego intensywnego seansu psychedelicznego, który odbył się we wrześniu w jego prywatnym gabinecie lekarskim.

3. Mężczyzna będący lekarzem pierwszego kontaktu i specjalistą psychologiem podał pacjentom koktajl z narkotyków we wrześniu ubiegłego roku w swoim gabinecie.

E) Zwei Patienten sind an den Folgen einer Überdosis Ecstasy gestorben. Fünf weitere Sitzungsteilnehmer mussten mit zum Teil schweren Vergiftungserscheinungen im Krankenhaus behandelt werden.

1. Dwie osoby zmarły wskutek przedawkowania ecstasy. Pięć innych osób trafiło z objawami częściowo ciężkiego zatrucia do szpitala.

2. Dwóch pacjentów zmarło wskutek przedawkowania ecstasy. Pięciu pozostałych uczestników seansu trafiło z częściowo ciężkimi objawami zatrucia do szpitala.

3. Dwóch pacjentów zmarło wskutek przedawkowania lekarstw. Pięciu innych uczestników seansu trafiło z objawami ciężkiego zatrucia do szpitala.

F) Mit dem Urteil blieb das Gericht deutlich unter der Forderung der Staatsanwaltschaft, die eine Haftstrafe von acht Jahren beantragt hatte.

1. Sąd orzekł karę znacznie niższą od siedmiu lat pozbawienia wolności, których żądała prokuratura.

2. Wyrok jest znacznie wyższy od ośmiu lat pozbawienia wolności, których żądali obrońcy.

3. Sąd orzekł karę znacznie niższą od ośmiu lat pozbawienia wolności, których żądała prokuratura.

G) Die Verteidigung ging von einem „tragischen Unglücksfall" aus und beantragte eine Haftstrafe von nicht mehr als drei Jahren wegen fahrlässiger Tötung sowie fahrlässiger Körperverletzung.

1. Obrona wyszła z założenia, że zdarzenie było jedynie „tragicznym nieszczęśliwym wypadkiem" i złożyła wniosek o maksymalnie trzyletnią karę pozbawienia wolności za nieumyślne spowodowanie śmierci oraz nieumyślne uszkodzenie ciała.

2. Obrona wyszła z założenia, że to „tragiczne zdarzenie" było jedynie „nieszczęśliwym wypadkiem" i wnioskowała o maksymalnie trzyletnią karę wolności za nieumyślne spowodowanie śmierci oraz nieumyślne uszkodzenie ciała.

3. Obrona była zdania, że zdarzenie było jedynie „tragicznym nieszczęśliwym wypadkiem" i wnioskowała o maksymalnie trzyletnią karę pozbawienia wolności za nieumyślne spowodowanie śmierci oraz umyślne uszkodzenie ciała.

H) Zu Prozessbeginn im März hatte der Therapeut die Verantwortung für den Tod der Patienten übernommen und eingeräumt, den Umgang mit den illegalen Substanzen „völlig falsch eingeschätzt" zu haben.

1. Na początku procesu terapeuta oświadczył, że ponosi odpowiedzialność za spowodowanie śmierci pacjentów i za to, że „całkowicie błędnie ocenił" własne umiejętności w użyciu narkotyków.

2. W marcu, na początku procesu, lekarz przejął na siebie odpowiedzialność za spowodowanie śmierci pacjentów i za to, że „niezbyt dobrze" zastosował koktajl z nielegalnych substancji.

3. W marcu, na początku procesu, terapeuta oświadczył, że przejmuje odpowiedzialność za spowodowanie śmierci pacjentów i przyznał, że „całkowicie błędnie ocenił" swoje umiejętności w stosowaniu nielegalnych substancji.

ÜBUNG 2

Die Übersetzung ins Polnische ist nicht korrekt. Was ist falsch?

1. Mehrjährige Haft und Berufsverbot für Arzt

    Lekarza skazano na więzienie i zakaz wykonywania zawodu

2. Ein 51-jähriger Mediziner, der in einer Therapiesitzung Patienten einen tödlichen Drogencocktail verabreicht hatte, ist zu vier Jahren und neun Monaten Haft verurteilt worden.

    51-letni lekarz, który w czasie seansu terapeutycznego wstrzykiwał pacjentom śmiertelny koktajl narkotykowy, skazany został na cztery lata i dziewięć miesięcy pozbawienia wolności.

3. Zwei Männer waren an den Folgen einer Überdosis Ecstasy gestorben.

    Dwóch mężczyzn zmarło wskutek przedawkowania narkotyków.

4. Das Landgericht verurteilte den 51-Jährigen am Montag wegen Körperverletzung mit Todesfolge.

    Sąd Krajowy skazał w poniedziałek 51-letniego mężczyznę za nieumyślne spowodowanie uszkodzenia ciała ze skutkiem śmiertelnym.

5. Der Allgemeinmediziner und Facharzt für Psychotherapie hat den Drogencocktail sieben Patienten während einer sogenannten psycholytischen Intensivsitzung […] verabreicht.

    Lekarz medycyny ogólnej i lekarz specjalista psychoterapeuta podał siedmiu pacjentom koktail narkotykowy w czasie tak zwanego intensywnego seansu psychedelicznego […].

6. Die Verteidigung ging von einem „tragischen Unglücksfall" aus.

    Obrona wyszła z założenia, że zdarzenie było jedynie „nieszczęśliwym zbiegiem okoliczności" .

7. Zu Prozessbeginn im März hatte der Therapeut die Verantwortung für den Tod der Patienten übernommen und eingeräumt, den Umgang mit den illegalen Substanzen „völlig falsch eingeschätzt" zu haben.

    W marcu, na początku procesu, lekarz oświadczył, że przejmuje na siebie odpowiedzialność za spowodowanie śmierci pacjentów, i przyznał, że „całkowicie zawiodły" go umiejętności w stosowaniu nielegalnych substancji.

8. Der wohl einmalige Fall hatte bundesweit schockiert.

    Ten bezprecedensowy przypadek oburzył całe Niemcy.

ÜBUNG 3

Bei der folgenden Übersetzungsübung ist darauf zu achten, dass die Sätze einen zusammenhängenden Text bilden und stilistisch aufeinander abgestimmt sein müssen.

1. Dwie osoby zmarły, a dziesięć innych zatruło się podczas seansu terapii grupowej prowadzonej przez psychologa w Berlinie.

2. Prawdopodobnie do tragedii doszło po tym, jak lekarz podał pacjentom niezidentyfikowaną do tej pory substancję.

3. Jeden z pacjentów, którzy wzięli udział w grupowym spotkaniu, zmarł wczoraj wieczorem.

4. Dziś rano zmarł drugi mężczyzna, który od wczoraj przebywał w stanie śmierci klinicznej.

5. Pozostali pacjenci opuścili już szpital.

6. Jednak ich stan również był poważny.

7. W wyniku zatrucia przeżyli chwilowe zatrzymanie akcji serca.

8. Według informacji policji, prowadzący zajęcia psycholog podał pacjentom nieznaną substancję.

9. Mogły być to narkotyki lub mieszanka silnych leków.

10. Zdaniem niektórych mediów, uczestnicy spotkania przyjęli je dożylnie za pomocą zastrzyków.

11. Lekarz został zatrzymany przez policję, która wyklucza jednak jego celowe działanie.

12. 50-letni lekarz specjalizuje się w organizowaniu indywidualnych i grupowych seansów psychoterapeutycznych i pomocy w kryzysach psychicznych.

9 Hosenverbot für Frauen

9.1 Haupttext

Hosenverbot für Frauen

In Frankreich ist ein altes Gesetz aufgetaucht, das den Frauen das Tragen von Hosen verbietet. Das Hosenverbot ist nicht nur verfassungswidrig – sondern auch immer noch gültig.

Zugegeben, das Gesetz ist alt. In der Amtssprache der Französischen Revolution ausgedrückt, datiert es vom „26. Brumaire an IX", wobei mit dem Nebelmonat der November gemeint ist und das neunte Jahr des neuen Kalenders der 1. Republik 1801 meint. So antiquiert wie das Datum ist auch der Inhalt: „Jedwede Frau, die sich wie ein Mann zu kleiden wünscht, ist gehalten, sich bei der Polizeipräfektur zu melden und eine Bewilligung zu beantragen, die nur aufgrund eines Zertifikats eines Beamten der Gesundheitsdienste ausgestellt werden kann."

Damals sollte verhindert werden, dass revolutionäre Amazonen als Männer verkleidet mit in den Krieg zogen. Nach Napoleons Schlachten und dem Untergang seines Kaiserreichs blieb das frauenfeindliche Hosen-Gesetz in Kraft. Im Archiv der Hauptstadt fand sich ein Dokument, mit dem der Präfekt von Paris der bekannten Malerin und Nonkonformistin Rosa Bonheur die alle sechs Monate zu erneuernde Erlaubnis erteilte, „sich als Mann zu verkleiden, um dergestalt bei Schauspielen, Bällen und in anderen öffentlichen Örtlichkeiten mit Publikum aufzutreten". Auch die Schriftstellerin George Sand musste einen solchen Antrag stellen, damit sie Hosen tragen durfte.

Das Gesetz blieb in Kraft und wurde sogar zwei Mal leicht revidiert, da 1892 und 1909 die Hosen ausnahmsweise für tolerierbar erklärt wurden, wenn die Frau mit einem „Bicyclette" fahren oder ein Pferd am Zügel führen musste… Wer darüber lächelt, dass der Gesetzgeber derartige Kleidervorschriften macht, sollte vielleicht überlegen, was man wohl in ein paar Dutzend Jahren vom Burka-Verbot denken wird, das in Frankreich in Planung und im Nachbarland Belgien bald Gesetz ist.

Und da nie jemand daran gedacht hatte, dieses „nebulöse" Gesetz des Jahres 9 endgültig außer Kraft zu setzen und zu streichen, ist es im Prinzip immer noch gültig! […] Als

ausgerechnet am 1. April 2010 eine Gruppe von Abgeordneten einen Antrag einreichte, um diesen alten Zopf zu kappen, der es eigentlich auch heute noch den französischen Frauen bei Strafe verbieten würde, Hosen zu tragen, glaubte einige in der Nationalversammlung an einen schlechten Aprilscherz.

Dabei ist es den Antragstellern sehr ernst. Das Hosenverbot ist nicht nur verfassungswidrig, da die Gleichberechtigung im Grundgesetz garantiert wird, sondern auch ein Paradebeispiel für die von der Geschichte überholten und überladenen Gesetzbücher.

Die Inflation an Gesetzen ist ein typisch französisches Phänomen, das schon der Renaissance-Philosoph Montaigne in seinen Essays kritisierte. Nach seiner Wahl versprach 2007 Präsident Nicolas Sarkozy, dem mit einem großen Frühlingsputz in den Gesetzessammlungen abzuhelfen. Dazu ließ er als Erstes ein Gesetz verabschieden. Und damit hat sichs.

9.2   Lexik

Zugegeben, das Gesetz ist alt. In der Amtssprache der Französischen Revolution ausgedrückt datiert es vom „26. Brumaire an IX", wobei mit dem Nebelmonat der November gemeint ist und das neunte Jahr des neuen Kalenders der 1. Republik 1801 meint.

Przyznać trzeba, że ustawa jest stara. Mówiąc językiem urzędowym Rewolucji Francuskiej, pochodzi ona z „26. Brumaire'a an IX", przy czym miesiąc mgły oznacza listopad, zaś dziewiąty rok nowego kalendarza Pierwszej Republiki to rok 1801.

Man kann in der Übersetzung die Angabe des Datums auf Französisch belassen, damit bleibt der Text auch näher am Original, man kann den französischen Einschub aber auch übersetzen. Die weitere Erläuterung wird dadurch nicht überflüssig.

Przyznać trzeba, że ustawa jest stara. Mówiąc językiem urzędowym Rewolucji Francuskiej, pochodzi ona z „26 dnia miesiąca mgły 9. roku", przy czym miesiąc mgły to listopad, zaś dziewiąty rok nowego kalendarza Pierwszej Republiki to rok 1801.

„Jedwede Frau, die sich wie ein Mann zu kleiden wünscht, ist gehalten, sich bei der Polizeipräfektur zu melden und eine Bewilligung zu beantragen, die nur aufgrund eines Zertifikats eines Beamten der Gesundheitsdienste ausgestellt werden kann."

„Każda kobieta, której życzeniem jest ubierać się jak mężczyzna, jest zobligowana zgłosić się do prefektury policji celem złożenia wniosku o zezwolenie, które może zostać udzielone jedynie na podstawie certyfikatu wystawionego przez urzędnika służby zdrowia."

Stil und Lexik muten etwas altertümlich an. *Ist gehalten* kann als *jest zobligowana* übersetzt werden.

W zakazie wprowadzonym ponad dwieście lat temu mowa jest o tym, że każda pani, która zamierza nosić spodnie musi zwrócić się w tej sprawie z prośbą o specjalne zezwolenie. Na przełomie XIX i XX wieku wprowadzono tylko dwie poprawki: zwolniono z tego obowiązku kobiety jeżdżące na koniach lub rowerach. (Quelle: Marek Gładysz, RMF FM vom 30.09.2010) Zgodnie z osiemnastowiecznym rozporządzeniem, każda ubierająca się po męsku mieszkanka stolicy Francji musi mieć na to specjalne pozwolenie władz miejskich, donosi brytyjski dziennik Telegraph. (Quelle: Anna Anagnostopolu, www.iwoman.pl vom 19.05.2010)

Im Archiv der Hauptstadt fand sich ein Dokument, mit dem der Präfekt von Paris der bekannten Malerin und Nonkonformistin Rosa Bonheur die alle sechs Monate zu erneuernde Erlaubnis erteilte, „sich als Mann zu verkleiden, um dergestalt bei Schauspielen, Bällen und in anderen öffentlichen Örtlichkeiten mit Publikum aufzutreten".

W archiwum stolicy znaleziono dokument, w którym prefekt Paryża znanej malarce i nonkonformistce Róży Bonheur udzielił zezwolenia „na przebieranie się za mężczyznę w celu występów na przedstawieniach, balach i w różnych publicznych miejscach przed widownią." Po upływie sześciu miesięcy pozwolenie to traciło ważność i musiało zostać wystawione ponownie.

alle sechs Monate zu erneuernde Erlaubnis – zezwolenie, które musiało być wznawiane/wystawiane ponownie co sześć miesięcy

Das Gerundivum – (*zu erneuernde*) weist auf etwas hin, das gemacht werden muss.

Wer darüber lächelt, dass der Gesetzgeber derartige Kleidervorschriften macht, sollte vielleicht überlegen, [...]

Jeśli komuś wydaje się zabawne, że ustawodawca wydaje takiego rodzaju przepisy dotyczące stroju, niech się może zastanowi, [...]

Im Polnischen muss bei der Auflösung von Komposita oft erläutert werden, in welchem Verhältnis die Teile des zusammengesetzten Substantivs zueinender stehen. So ist die Schreibmaschine *maszyna do pisania*, die Blumenvase – *wazon na kwiaty*, Verkehrsvorschriften – *przepisy drogowe/ruchu drogowego*. Kleidervorschriften kann man übersetzen als *przepisy dotyczące ubierania się/ubrania/stroju*.

das frauenfeindliche Hosen-Gesetz ...

wroga kobietom ustawa zakazująca/zabraniająca noszenia spodni

Choć trudno w to uwierzyć, w Paryżu nadal obowiązuje prawo z 1799 roku, zabraniające kobietom noszenia spodni. (Quelle: Anna Anagnostopolu, www.iwoman.pl vom 19.05.2010) Jak informuje RMF FM, w Paryżu ciągle obowiązuje zakaz noszenia spodni przez kobiety, który został wprowadzony pod koniec XVIII w. Radni domagają się jego zniesienia, ale prefekt miasta twierdzi, że ma na głowie ważniejsze sprawy niż unieważanianie starych praw. (Quelle: Jarosław Wójtowicz, www.rmf24.pl vom 1.10.2010) Przerażeni radni miejscy dopiero teraz odkryli, że zakaz, wprowadzony w czasie Wielkiej Rewolucji Francuskiej, teoretycznie nigdy nie został odwołany. Według obowiązującego prawa paryżanki noszące np. jeansy popełniają przestępstwo. (Quelle: RMF FM, Marek Gladysz, 30 września 2010)

Das Gesetz blieb in Kraft und wurde sogar zwei Mal leicht revidiert.

Ustawa utrzymała moc prawną a nawet była dwukrotnie poddawana niewielkiej/nieznacznej rewizji.

in Kraft treten – wejść w życie; in Kraft sein – obowiązywać (KILIAN, SKIBICKI); *ustawa pozostała w mocy/utrzymała moc prawną/nadal obowiązuje*

revidieren – (hier) *poddawać rewizji; rewizja – zmiana obowiązujących praw, ustaw, omów, traktatów międzynarodowych* (vgl. SŁOWNIK WYRAZÓW OBCYCH PWN, 2002)

1892 und 1909 (wurden) die Hosen ausnahmsweise für tolerierbar erklärt, wenn die Frau mit einem „Bicyclette" fahren oder ein Pferd am Zügel führen musste.

W roku 1892 i 1909 spodnie wyjątkowo uznano za dopuszczalne, kiedy kobieta musiała jechać „bicykletem" albo prowadzić konia za lejce ...

Bicyclette kann man als *bicyklet* übersetzen (vgl. Doroszewski, 1958).

Pierwsza próba reform została podjęta w 1892 roku, kiedy zezwolono na noszenie spodni wszystkim jeżdżącym konno paniom, tak długo, jak długo będą trzymały w dłoniach lejce. W 1909 roku rozszerzono ten przywilej na cyklistki jadące, lub prowadzące rower. (Quelle: Anna Anagnostopolu, www.iwoman.pl vom 19.05.2010) Zgodnie z zakazem każda kobieta, która chce nosić spodnie, musi zwrócić się do władz o specjalne zezwolenie. Zwolnione z tego obowiązku są tylko panie jeżdżące na rowerach lub konno. Teoretycznie więc policja może aresztować każdą kobietę, która nosi spodnie, a nie ma takiego zezwolenia. (Quelle: Jarosław Wójtowicz, www.rmf24.pl v. 1.10.2010)

Gesetz außer Kraft setzen

unieważnić ustawę (SKIBICKI); (Vorschrift) *pozbawić przepis mocy obowiązującej* (KILIAN)

vgl. Pressezitate: *anulować zakaz/ustawę, znieść zakaz/ustawę, likwidacja przepisów*

Rada Miejska Paryża zwróciła się do stołecznej prefektury z wnioskiem o oficjalne zniesienie zakazu, który został wprowadzony w czasie Wielkiej Rewolucji Francuskiej po to, by arystokratki nie mogły ukrywać się w męskim przebraniu. Radni obawiają się, że Francja może zostać skazana przez Europejski Trybunał Praw Człowieka lub Europejski Trybunał Sprawiedliwości za dyskryminację kobiet. (Quelle: Marek Gladysz, RMF FM, 30.09.2010) Ostatnią próbę likwidacji przestarzałych przepisów podjęto w 2003 roku. Jeden z członków prawicowej partii Nicolasa Sarkozy'ego wystosował

pismo do ówczesnego ministra ds. równości, ten jednak nie podjął żadnych działań. (Anna Anagnostopolu, www.iwoman.pl vom 19.05.2010) Władze Paryża żądają zniesienia we francuskiej stolicy zakazu noszenia spodni przez kobiety. Przerażeni radni miejscy dopiero teraz odkryli, że zakaz, wprowadzony w czasie Wielkiej Rewolucji Francuskiej, teoretycznie nigdy nie został odwołany. Według obowiązującego prawa paryżanki noszące np. jeansy popełniają przestępstwo. (Quelle: Marek Gladysz, RMF FM, 30.09.2010)

einen Antrag einreichen

zgłosić, postawić, wysunąć wniosek o coś, wystąpić z wnioskiem o coś; nicht *przedłożyć wniosek, wnioskować,* nicht *wniosek na coś* (WIELKI SŁOWNIK POPRAWNEJ POLSZCZYZNY)

um diesen alten Zopf zu kappen

alter Zopf – staroświecka ustawa/ustawa stara jak świat, kappen – znieść ustawę starą jak świat, staroświecki przepis

I chociaż staroświeckie przepisy już dawno się zdezaktualizowały, dopiero teraz postanowiono zrobić z nimi porządek.W 1969 roku zniesienia zakazu noszenia spodni domagały się nie tylko francuskie, ale także światowe organizacje feministyczne. Szef paryskiej policji uznał jednak, że wprowadzanie zmian w prawie pod wpływem aktualnie obowiązującej mody jest nierozsądne, pisze gazeta. (Quelle: Anna Anagnostopolu, www.iwoman.pl vom 19.05.2010)

bei Strafe verbieten

zabraniać komuś coś, czegoś (kąpieli, jedzenia lodów) pod groźbą kary

Dabei ist es den Antragstellern sehr ernst.

Tymczasem/Jednak wnioskodawcy mają jak najbardziej poważne zamiary.
Dabei hat hier die Bedeutung *doch – tymczasem (natomiast, jednak;* vgl. MARKOWSKI).

Überholte Gesetzbücher

przestarzałe/nieaktualne/zdeaktualizowane kodeksy; (im Zitat: nieprzystające do realiów XXI wieku)

Problem jednak w tym, że paryski prefekt odmówił zajęcia się sprawą. Twierdzi, że ma ma ważniejsze problemy niż unieważnianie dawnych zakazów. Francuskie media alarmują jednak, że w światowej stolicy mody, teoretycznie, policja ciągle ma prawo aresztować każda kobietę, która nosi spodnie. (Quelle: Marek Gladysz, RMF FM 30.09.2010) Obowiązujące nadal, staroświeckie przepisy czynią stolicę Francji bardziej konserwatywną od krajów arabskich, w których obowiązuje prawo koraniczne, zauważa gazeta. Ma to się jednak wkrótce zmienić, bo francuski parlament planuje przejrzeć i uchylić wszystkie absurdalne i nieprzystające do realiów XXI wieku ustawy. (Quelle: Anna Anagnostopolu, www.iwoman.pl vom 19.05.2009)

9.3 Übungen

ÜBUNG 1

In welchem Satz wurde der Inhalt richtig wiedergegeben?

A) Das Hosenverbot ist nicht nur verfassungswidrig – sondern auch immer noch gültig.

1. Zakaz noszenia spodni jest nie tylko sprzeczny z konstytucją – ale też nadal obowiązuje.

2. Zakaz noszenia spodni jest nie tylko sprzeczny z konstytucją – ale też nadal uważany za obowiązujący.

3. Zakaz pokazywania się na ulicy w spodniach jest nie tylko sprzeczny z konstytucją – ale też nadal obowiązuje.

B) In der Amtssprache der Französischen Revolution ausgedrückt, datiert das Gesetz vom „26. Brumaire an IX", wobei mit dem Nebelmonat der November gemeint ist und das neunte Jahr des neuen Kalenders der 1. Republik 1801 meint.

1. Mówiąc językiem urzędowym Rewolucji Francuskiej, ustawa pochodzi z „26 Brumaire'a roku IX", co oznacza mglisty listopad dziewiątego roku nowego kalendarza Pierwszej Republiki czyli roku 1801.

2. Mówiąc językiem urzędowym Rewolucji Francuskiej, ustawa datowana jest na „26 Brumaire'a roku IX", przy czym miesiąc mgły to listopad, zaś dziewiąty rok nowego kalendarza Pierwszej Republiki to rok 1801.

3. Mówiąc językiem urzędowym Rewolucji Francuskiej, ustawa pochodzi z „26 Brumaire'a an IX", przy czym miesiąc mgły to listopad, zaś dziewiąty rok to rok 1801 nowego kalendarza Pierwszej Republiki.

C) „Jedwede Frau, die sich wie ein Mann zu kleiden wünscht, ist gehalten, sich bei der Polizeipräfektur zu melden und eine Bewilligung zu beantragen, die nur aufgrund eines Zertifikats eines Beamten der Gesundheitsdienste ausgestellt werden kann."

1. „Każda kobieta, której życzeniem jest ubierać się jak mężczyzna, jest zobligowana zgłosić się do prefektury policji celem złożenia wniosku o pozwolenie, które może zostać udzielone jedynie na podstawie certyfikatu wystawionego przez urzędnika służby zdrowia."

2. „Każda kobieta, której życzeniem jest ubierać się jak mężczyzna, jest zobligowana złożyć wizytę prefektowi policji celem postawienia wniosku o pozwolenie, które może zostać udzielone jedynie na podstawie certyfikatu wystawionego przez urzędnika służby zdrowia."

3. Każda kobieta, której życzeniem jest ubierać się jak mężczyzna, jest zobligowana zgłosić się do prefektury policji i złożyć wniosek o pozwolenie, które może zostać udzielone jedynie przez urzędnika służby zdrowia."

D) Das Gesetz blieb in Kraft und wurde sogar zwei Mal leicht revidiert, da 1892 und 1909 die Hosen ausnahmsweise für tolerierbar erklärt wurden, wenn die Frau mit einem „Bicyclette" fahren oder ein Pferd am Zügel führen musste ...

1. Ustawa utrzymała moc prawną a nawet była dwukrotnie poddawana niewielkiej rewizji, gdyż w roku 1892 i 1919 spodnie wyjątkowo uznano za dopuszczalne, kiedy kobieta musiała jechać na rowerze albo konno ...

2. Ustawa utrzymała moc prawną a nawet była dwukrotnie poddawana nieznacznej rewizji, gdyż w roku 1892 i 1909 spodnie wyjątkowo uznano za dopuszczalne, kiedy to kobieta musiała jechać „bicykletem" albo prowadzić konia za lejce ...

3. Ustawa utrzymała moc prawną a nawet była dwukrotnie poddawana nieznacznej rewizji, gdyż w latach 1892-1909 spodnie wyjątkowo uznano za dopuszczalne, kiedy kobieta musiała jechać na „bicyklecie" albo prowadzić konia za lejce ...

E) Als ausgerechnet am 1. April 2010 eine Gruppe von Abgeordneten einen Antrag einreichte, um diesen alten Zopf zu kappen, der es eigentlich auch heute noch den französischen Frauen bei Strafe verbieten würde, Hosen zu tragen, glaubte einige in der Nationalversammlung an einen schlechten Aprilscherz.

1. Kiedy akurat 1 kwietnia 2010 r. grupa deputowanych wystąpiła z wnioskiem o zniesienie tej starej jak świat ustawy, która tak naprawdę to po dzień dzisiejszy pod groźbą kary zabrania kobietom nosić spodnie, niektórzy w Zgromadzeniu Narodowym sądzili, że chodzi o jakiś głupi żart prima-aprilisowy.

2. Kiedy akurat 1 kwietnia 2010 r. grupa deputowanych wystąpiła z wnioskiem o zniesienie tej przestarzałej ustawy, która właściwie to nadal pod groźbą kary zabrania Francuzkom noszenia spodni, niektórzy w Zgromadzeniu Narodowym sądzili, że chodzi o jakiś głupi żart prima-aprilisowy.

3. Kiedy akurat 1 kwietnia 2010 r. grupa polityków wystąpiła z wnioskiem o zniesienie tej ustawy-przeżytku, która właściwie nadal pod groźbą kary zabrania kobietom we Francji nosić spodnie, niektórzy w Zgromadzeniu Narodowym sądzili, że chodzi o jakiś głupi żart prima-aprilisowy.

F) Dabei ist es den Antragstellern sehr ernst.

1. Wnioskodawcy byli jednak poważni.

2. Tymczasem wnioskodawcy nie mieli zamiaru robić sobie żartów.

3. Jednak wnioskodawcy mają jak najbardziej poważne zamiary.

G) Das Hosenverbot ist nicht nur verfassungswidrig, da die Gleichberechtigung im Grundgesetz garantiert wird, sondern auch ein Paradebeispiel für die von der Geschichte überholten und überladenen Gesetzbücher.

1. Zakaz noszenia spodni jest nie tylko sprzeczny z konstytucją – ustawy muszą mianowicie gwarantować równouprawnienie –, ale jest także najlepszym przykładem na to, jak nieaktualne z biegiem lat stały się kodeksy i jak bardzo są przeładowane.

2. Zakaz noszenia spodni jest nie tylko sprzeczny z konstytucją gwarantującą równouprawnienie, ale jest także najlepszym przykładem na to, jak nieaktualne z biegiem lat stały się kodeksy i jak bardzo są przeładowane.

3. Zakaz noszenia spodni jest nie tylko sprzeczny z konstytucją – równouprawnienie jest mianowicie zagwarantowane w przepisach – jest on także najlepszym przykładem na to, jak przeładowane są przepisy.

ÜBUNG 2

Die polnischen Sätze geben den Inhalt des Originaltextes nicht korrekt wieder. Was ist falsch?

1. Hosenverbot für Frauen

   Kobietom nie wolno jest posiadać spodni

2. In Frankreich ist ein altes Gesetz aufgetaucht, das den Frauen das Tragen von Hosen verbietet.

   We Francji znaleziono starą ustawę zakazującą noszenia spodni.

3. Das Hosenverbot ist nicht nur verfassungswidrig – sondern auch immer noch gültig.

   Zakaz noszenia spodni jest nie tylko sprzeczny z przepisami – ale też nadal obowiązuje.

4. „Jedwede Frau, die sich wie ein Mann zu kleiden wünscht, [...]"

   „Każda kobieta, której życzeniem jest przebierać się za mężczyznę, [...]"

5. Nach Napoleons Schlachten und dem Untergang seines Kaiserreichs blieb das frauenfeindliche Hosen-Gesetz in Kraft.

    Po napoleońskich bitwach i likwidacji Cesarstwa wroga kobietom ustawa dotycząca spodni utrzymała moc prawną.

6. Als ausgerechnet am 1. April 2010 eine Gruppe von Abgeordneten einen Antrag einreichte, um diesen alten Zopf zu kappen, der es eigentlich auch heute noch den französischen Frauen bei Strafe verbieten würde, Hosen zu tragen, glaubten einige in der Nationalversammlung an einen schlechten Aprilscherz.

    Kiedy akurat w prima-aprilis w 2010 roku grupa parlametariuszy wystąpiła z wnioskiem o zniesienie tej przestarzałej ustawy, niektórzy politycy w Zgromadzeniu Narodowym sądzili, że chodzi o jakiś żart.

7. Nach seiner Wahl versprach 2007 Präsident Nicolas Sarkozy, dem mit einem großen Frühlingsputz in den Gesetzessammlungen abzuhelfen.

    Po objęciu w 2007 roku urzędu prezydenta Nicolas Sarkozy obiecał temu zaradzić i zrobić wiosenne porządki w prawniczych księgach.

ÜBUNG 3

Kobiety w Paryżu spodni nosić nie mogą

Świat roi się od zakazów. Niektóre z nich, choć przykre, wydają się być logiczne ze względu na bezpieczeństwo ludzi.

I tak, o ile we wprowadzeniu zakazu spożywania alkoholu czy też palenia papierosów w miejscach publicznych, z bólem serca można znaleźć jakieś racjonalne przesłanki, o tyle zakaz noszenia spodni przez panie wymyka się raczej wszelkiemu rozsądkowi... Francuzki to piękne kobiety. Z podobnego założenia wyszedł szef paryskiej policji, w roku 1800. Ażeby dodatkowo podkreślić zmysłowość paryżanek, postanowił on wprowadzić dość nietypowy zakaz. A mianowicie, od tej pory wszystkie mieszkanki Paryża nie mogły już nosić spodni. Celem zakazu miało być powstrzymanie kobiet przed noszeniem się jak mężczyźni. W przypadku, gdy któraś z pięknych paryżanek chciałaby złamać zakaz, musiała uzyskać tymczasowe pozwolenie. Z kolei, żeby uzyskać takowe, należało udać się na komendę. Najwyraźniej ówczesny szef policji był romantykiem i cenił subtelne walory dziewczęcego ciała. W tym miejscu, ktoś mógłby powiedzieć, że zakaz noszenia spodni to kolejny skostniały i bezsensowny przepis, charakterystyczny dla tamtych czasów. Owszem, sęk w tym, że ów zakaz funkcjonuje do dzisiaj! Wielokrotnie próbowano go obalić, jednak bezskutecznie. Na przestrzeni stuleci udało się jedynie wprowadzić pewne specjalne okoliczności, w których zakaz nie obowiązywał. I tak, przykładowo w 1892 roku dodano poprawkę, która głosiła, że

„kobiety mogą nosić spodnie, jeżeli trzymają lejce konia". Siedemnaście lat później, w roku 1909 dekret został dodatkowo złagodzony przez wpis, zgodnie z którym „...spodnie są dopuszczalne, jeżeli kobieta jedzie na rowerze lub też trzyma rower za kierownicę". Jak widać, poprawki były równie komiczne co sam zakaz. Sytuacja mogła się zmienić w roku 1969. Wówczas to narastały globalne ruchy dążące do równouprawnienia kobiet. Na fali protestów rada Paryża zwróciła się z prośbą do ówczesnego szefa policji, by ten zniósł zakaz. Niestety prośba spotkała się z odmową, gdyż jak zauważył szef policji, nierozsądnie jest zmieniać treść zapisu, za sprawą przesłanek mody, gdyż ta zmienia się zbyt dynamicznie. Ostatnia jak dotąd próba zniesienia zakazu (podjęta w roku 2003) również zakończyła się niepowodzeniem. Oznacza to, że w XXI wieku kobiety poruszające się po ulicach Paryża w spodniach łamią prawo. O ile oczywiście nie towarzyszy im rower. Albo koń.

Bei der folgenden Übersetzungsübung ist darauf zu achten, dass die Sätze einen Kontext bilden und stilistisch aufeinander abgestimmt sein müssen.

1. Kobiety w Paryżu spodni nosić nie mogą

2. Świat roi się od zakazów.

3. Niektóre z nich, choć przykre, wydają się być logiczne ze względu na bezpieczeństwo ludzi.

4. I tak, o ile we wprowadzeniu zakazu spożywania alkoholu czy też palenia papierosów w miejscach publicznych, z bólem serca można znaleźć jakieś racjonalne przesłanki, o tyle zakaz noszenia spodni przez panie wymyka się raczej wszelkiemu rozsądkowi.

5. Francuzki to piękne kobiety. Z podobnego założenia wyszedł szef paryskiej policji w roku 1800.

6. Ażeby dodatkowo podkreślić zmysłowość paryżanek, postanowił on wprowadzić dość nietypowy zakaz. A mianowicie, od tej pory wszystkie mieszkanki Paryża nie mogły już nosić spodni.

7. Celem zakazu miało być powstrzymanie kobiet przed noszeniem się jak mężczyźni.

8. W przypadku, gdy któraś z pięknych paryżanek chciałaby złamać zakaz, musiała uzyskać tymczasowe pozwolenie.

9. Z kolei, żeby uzyskać takowe, należało udać się na komendę. Najwyraźniej ówczesny szef policji był romantykiem i cenił subtelne walory dziewczęcego ciała.

10. W tym miejscu ktoś mógłby powiedzieć, że zakaz noszenia spodni to kolejny skostniały i bezsensowny przepis, charakterystyczny dla tamtych czasów. Owszem, sęk w tym, że ów zakaz funkcjonuje do dzisiaj!

11. Wielokrotnie próbowano go obalić, jednak bezskutecznie. Na przestrzeni stuleci udało się jedynie wprowadzić pewne specjalne okoliczności, w których zakaz nie obowiązywał.

12. I tak, przykładowo w 1892 roku dodano poprawkę, która głosiła, że „kobiety mogą nosić spodnie, jeżeli trzymają lejce konia".

13. Siedemnaście lat później, w roku 1909 dekret został dodatkowo złagodzony przez wpis, zgodnie z którym „...spodnie są dopuszczalne, jeżeli kobieta jedzie na rowerze lub też trzyma rower za kierownicę...". Jak widać, poprawki były równie komiczne co sam zakaz.

14. Sytuacja mogła się zmienić w roku 1969. Wówczas to narastały globalne ruchy dążące do równouprawnienia kobiet.

15. Na fali protestów rada Paryża zwróciła się z prośbą do ówczesnego szefa policji, by ten zniósł zakaz.

16. Niestety prośba spotkała się z odmową, gdyż jak zauważył szef policji, nierozsądnie jest zmieniać treść zapisu, za sprawą przesłanek mody, gdyż ta zmienia się zbyt dynamicznie.

17. Ostatnia jak dotąd próba zniesienia zakazu (podjęta w roku 2003) również zakończyła się niepowodzeniem.

18. Oznacza to, że w XXI wieku kobiety poruszające się po ulicach Paryża w spodniach łamią prawo. O ile oczywiście nie towarzyszy im rower. Albo koń.

10   Bore-out-Syndrom

10.1   Haupttext

Boreout – Langeweile ist kein schickes Leiden

Miriam Meckels Burn-Out-Syndrom ist seit Wochen Thema in den Medien. Doch nicht nur wer zu viel Arbeit hat, kann krank werden: Der Psychotherapeut Wolfgang Merkle über das Bore-Out-Syndrom, den kleinen Bruder des Burn-Out-Syndroms.

Herr Merkle, Burn-Out kennt jeder. Das Bore-Out-Syndrom ist nicht so bekannt. Klingt auch erst mal absurd: Stress durch Langeweile, wie soll das denn gehen?

Das entsteht, weil jeder diesen Anspruch in sich hat: Er muss etwas leisten, damit er Anerkennung kriegt. Und nun hat er eigentlich nichts zu leisten, was ihn wirklich fordert, und das ist schlimm. Das ist gar nicht so selten – nicht nur bei Arbeitslosen, sondern auch bei Angestellten, in deren Unternehmen die Arbeit ungleich verteilt ist oder so verteilt ist, dass jemand unterfordert ist. Zum Beispiel, weil es gerade eine Auftragsmisere gibt und jeder sich unersetzlich machen will. Oder weil jemand überqualifiziert an einer Stelle hockt, die ihm gar nicht entspricht, weil er sehr viel mehr leisten könnte.

Woran merke ich, dass ich ein Boreout habe?

Das Überraschende ist: Die Symptome sind gar nicht so anders als beim Burn-Out, oft sind es sogar genau dieselben Stress-Symptome wie Schlaflosigkeit, Tinnitus, Magenschmerzen, Kopfschmerzen, Rückenschmerzen, Muskelzucken – Dinge, die darauf hinweisen, dass eine Überreiztheit da ist.

Warum sind die Leute überreizt? Sie könnten im Büro doch einfach die Füße hochlegen.

Stellen Sie sich vor, Sie haben in Ihrer Redaktion nichts zu tun und ziehen die Skatkarten heraus – das macht keinen guten Eindruck. Wenn Sie dagegen den Anschein erwecken, ganz eifrig im Internet zu recherchieren, obwohl Sie gerade noch ein Kuchenrezept angeguckt haben, dann sieht das allemal besser aus.

Also der Stress entsteht auch durch Vertuschen.

Genau. Weil man die Misere nicht zeigen will. Aber der Stress kommt schon auch von außen. Zum Teil entsteht Bore-Out, weil jemand gemobbt werden soll, indem man ihm zum Beispiel etwas zum Überprüfen gibt, was er schon fünfmal überprüft hat und wo es keine Fehler mehr zu finden gibt, um ihn absichtlich mit Unterforderung in Stress zu bringen.

Warum ist das Syndrom noch so unbekannt?

Das hat damit zu tun, dass jeder lieber Störungen hat, die sozial angesehen sind. Jemand, der erzählt: „Ich habe so viel zu tun, mein Gott, mir kracht die Bude zusammen vor Arbeit", ist sehr viel angesehener als jemand, der sagt, er langweilt sich, hat keine Aufgaben, und das macht ihn fertig. Da sagt doch jeder: „Mit dir möchte ich tauschen, das ist ja super!" Unterforderung ist nicht so ein schickes Leiden wie Überforderung. [...]

Mit Wolfgang Merkle sprach Florentine Fritzen

10.2   Lexik

Langeweile ist kein schickes Leiden

Nuda nie jest szykowną przypadłością klingt vergleichbar ironisch, dem Substantiv *przypadłość* lässt sich Ironie leichter abgewinnen als dem stärker mit physischem oder seelischem Leid belegten *cierpienie*.
Aber auch *cierpienie* wäre als Übersetzung möglich, z. B. *Nuda nie jest eleganckim cierpieniem* oder *Nie jest elegancko cierpieć z powodu nudy*. Als Titel geeignet, jedoch inhaltlich ungenau wäre *Nie wypada się nudzić*.

Das Bore-Out-Syndrom, der kleine Bruder des Burn-Out-Syndroms

syndrom boreoutu/boreout – syndrom zmęczenia wywołany niedostateczną ilością obowiązków; der kleine Bruder des Burn-Out-Syndroms – *mniejsza wersja burnoutu/mniejsze wydanie burnoutu*

Das Bore-out entsteht, weil jeder diesen Anspruch in sich hat: Er muss etwas leisten, damit er Anerkennung kriegt.

Syndrom zmęczenia wywołany niedostateczną ilością obowiązków powstaje, bo każdy z nas ma w sobie aspiracje wykazania się czymś i zdobycia w ten sposób uznania innych.

Anspruch ist in diesem Kontext nicht *Recht zu/auf etwas.* Die nächstliegenden lexi-kalischen Übersetzungsvarianten *roszczenie/prawo do czegoś* nutzen also wenig. Bei PONS findet sich die Bedeutung *aspiracja* (pragnienie, dążenie do czegoś) und in MARKOWSKI/PAWELEC die Definition: *Aspiracje – ambicje, cele, które ktoś stawia przed sobą; wymagania, jakie ktoś ma względem siebie [...].*

Die Leute könnten im Büro doch einfach die Füße hochlegen.

Przecież ludzie mogliby się w biurze po prostu relaksować.

Es gibt eine ganze Reihe von umgangsprachlichen Verben und Ausdrücken, die als Übersetzung von *die Füße hochlegen* geeignet wären – *wylegiwać się, leżeć do góry brzuchem.* In der geschilderten Situation im Büro, wo es doch nicht wirklich darum geht, dass jemand die Füße hochlegt, scheint *relaksować się* am besten geeignet.

Der Stress kommt schon auch von außen.

Ale naturalnie też czynniki zewnętrzne mogą wywoływać stres.

Stres może być wywoływany naturalnie też przez czynniki zewnętrzne.

Mit *außen* ist nicht das *Draußen* (eine belebte Straße, ein lauter Hinterhof) gemeint, sondern äußere Faktoren, die den Stress auslösen können.

Mit dir möchte ich tauschen, das ist ja super!

Mit dir möchte ich tauschen heißt so viel wie *deine Sorgen möchte ich haben – chciałbym mieć twoje zmartwienia/kłopoty.*

Um im Polnischen auszudrücken, dass man den Anderen um seine tatsächlich besse-re oder als besser empfundene Lebenssituation beneidet, sagt man spontan *tobie to dobrze/takiemu to dobrze.* Um die in der Originalaussage enthaltene Intention zu verdeutlichen, könnte man *tobie do dobrze* voranstellen: *Tobie to dobrze. Chciałbym mieć twoje zmartwienia.*

Stress-Symptome: Schlaflosigkeit, Tinnitus, Magenschmerzen, Kopfschmerzen, Rückenschmerzen, Muskelzucken

Objawy/przejawy stresu – bezsenność, szumy w uszach, bóle żołądka, głowy, pleców/kręgosłupa, drganie mięśni. WIELKI SŁOWNIK POPRAWNEJ POLSZCZYZNY rät von allzu häufigem Gebrauch von *symptomy* ab.

„Stellen Sie sich vor, Sie haben in Ihrer Redaktion nichts zu tun und ziehen die Skatkarten heraus – das macht keinen guten Eindruck."

Proszę sobie wyobrazić, że w redakcji nie ma pani/pan/że nie mają państwo/nic do roboty i wyjmuje pani/pan/wyjmują państwo karty do skata – nie sprawia to dobrego wrażenia.

Ohne den eindeutigen Hinweis, dass der Interviewer eine Frau ist, könnte man die Höflichkeitsanrede *Sie* (pan/pani/państwo) nicht übersetzen. Oder man müsste eine andere Lösung anbieten, z. B.: *Proszę sobie wyobrazić, że u was/u państwa w redakcji nie ma nic do roboty i ktoś wyjmuje karty do skata [...].*

10.3   Boreout – Übersetzungsvorschlag

Während das Burn-out-Syndrom (Syndrom der völligen seelischen und körperlichen Erschöpfung – *syndrom wypalenia zawodowego*) seit langem bekannt ist, ist *Boreout* ein noch relativ junges Phänomen. Die deutsche Sprache verwendet hierfür wie bei *Burnout*, den englischen Begriff.
Eine mit *syndrom wypalenia zawodowego* (Burnout) vergleichbare, vom Englischen abgeleitete Übersetzung des Boreouts könnte im Polnischen lauten *syndrom znudzenia* bzw. *znużenia zawodowego*.
Da *znudzenie* als *brak zainteresowania* (DUNAJ) definiert ist, *znużenie* als *stan silnego zmęczenia, wyczerpania wskutek długotrwałej, intensywnej, monotonnej pracy, czynności (ebda.)*, ist *znużenie* wahrscheinlich sogar näher am Boreout als *znudzenie*. *Znużenie* enthält eine durch monotone Routine entstandene Ermüdung. *Znudzenie* kann gewöhliches Desinteresse bedeuten.
Folgende Beschreibung des Boreouts findet sich in Wideoblog profesora Jerzego Bralczyka: *To zmęczenie, frustracja aż do depresji spowodowane zajęciem poniżej aspiracji i zdolności, brakiem uznania ze strony przełożonych, niewłaściwym wyborem zawodu itp.*
Der Hinweis auf mögliche Ursachen von *zmęczenie* bzw. *frustracja* ist hilfreich. Bei Boreout handelt es sich um eine Ermüdung, die durch Unterforderung ausgelöst wird (vgl. Übung 2) – *syndrom zmęczenia wywołany niedostateczną ilością obowiązków.*

10.4   Das oder der Burnout/Boreout?

Burnout wird meist mit dem neutralen Genus gebraucht. Der männliche Burnout ist selten. Miriam Meckel gebraucht den männlichen Burnout in ihrem im März 2010 bei Rowohlt erschienenen autobiographischen Buch „Brief an mein Leben: Erfahrungen mit einem Burnout".

Wortschatz-Portal der Universität Leipzig nennt das sächliche Genus. So auch die neueste (25.) Auflage von DUDEN. DIE DEUTSCHE RECHTSCHREIBUNG. Internetrecherchen ergeben eine eindeutig höhere Zahl von „das"-Treffern. Die Gesellschaft für deutsche Sprache lässt beide Möglichkeiten zu.

Im Folgenden wird das Boreout (analog zu *das Burnout*) mit dem sächlichen Genus gebraucht.

10.5   Unterforderung, Überforderung

jemanden überfordern, jemand ist mit seinen Pflichten überfordert – ktoś ma zbyt wiele obowiązków; Überforderung – przeciążenie (PWN); *wymagać od kogoś zbyt wiele, być przeciążonym; ich bin mit dieser Arbeit überfordert – jestem przeciążony tą pracą; Überforderung – stawianie nadmiernych wymagań* (PONS)

jemanden unterfordern – zbyt mało wymagać od kogoś; er ist mit den Übungen unterfordert – te ćwiczenia są dla niego za łatwe (PONS)

Beide Verben *überfordern* und *unterfordern* und beide Substantive *Überforderung* und *Unterforderung* haben ein breites Spektrum an Bedeutungen. Während mit *Überforderung* zu viel Arbeit, Stress, auch zu anspruchsvolle Aufgaben gemeint sind, bedeutet die *Unterforderung* außer *nicht ausgelastet sein – niedostateczna ilość obowiązków,* auch dass jemand unbefriedigende, monotone, ihn emotional und physisch auslaugende Tätigkeiten verrichtet.

10.6   Übungen

ÜBUNG 1

Zwei der Sätze geben den Inhalt des Originals inhaltlich eindeutig falsch oder zumindest ungenau wieder? Welche und warum?

A) Miriam Meckels Burn-Out-Syndrom ist seit Wochen Thema in den Medien.

1. O syndromie wypalenia zawodowego (burnout) Miriam Meckel pisze się w prasie od tygodni.

2. O syndromie zmęczenia wywołanym niedostateczną ilością obowiązków (burnout) Miriam Meckel jest w mediach głośno od tygodni.

3. O syndromie wypalenia zawodowego (burnout) Miriam Meckel mówi się w mediach od tygodni.

B) Das Bore-out entsteht, weil jeder diesen Anspruch in sich hat: Er muss etwas leisten, damit er Anerkennung kriegt.

1. Syndrom zmęczenia wywołany niedostateczną ilością obowiązków powstaje, bo każdy chce wykazać się własnymi zdolnościami w celu zdobycia uznania innych.

2. Boreout powstaje, bo każdy ma w sobie aspiracje pokazania, że potrafi pracować sumiennie, żeby w ten sposób zdobyć uznanie innych.

3. Syndrom zmęczenia wywołany niedostateczną ilością obowiązków powstaje, bo każdy z nas ma w sobie aspiracje wykazania się czymś i zdobycia w ten sposób uznania innych.

C) Das Überraschende ist: Die Symptome sind gar nicht so anders als beim Burn-Out, oft sind es sogar genau dieselben Stress-Symptome.

1. Zaskakujące jest to, że objawy burnoutu i boreoutu prawie się od siebie nie różnią, często mamy do czynienia z dokładnie takimi samymi objawami stresu.

2. Zaskakujące jest to, że objawy burnoutu i boreoutu nie różnią się od siebie aż tak bardzo, często mamy do czynienia z dokładnie takimi samymi objawami przemęczenia.

3. Zaskakujące jest to, że objawy nie różnią się od siebie aż tak bardzo, często mamy do czynienia z dokładnie takimi samymi przejawami stresu.

D) Aber der Stress kommt schon auch von außen.

1. Ale stres mogą też naturalnie wywoływać inne osoby.

2. Ale stres może też naturalnie wpływać na czynniki zewnętrzne.

3. Ale stres mogą też naturalnie wywoływać czynniki zewnętrzne.

E) Zum Teil entsteht Bore-out, weil jemand gemobbt werden soll, indem man ihm zum Beispiel etwas zum Überprüfen gibt, was er schon fünfmal überprüft hat und wo es keine Fehler mehr zu finden gibt, um ihn absichtlich mit Unterforderung in Stress zu bringen.

1. Syndrom zmęczenia wywołany niedostateczną ilością obowiązków powstaje również, gdy poddajemy kogoś mobbingowi, na przykład dając mu do sprawdzenia coś, co sprawdzał już pięć razy i gdzie znalazł już wszystkie błędy, czyli że celowo dając tej osobie do wykonania zadanie poniżej jej możliwości, wpędzamy ją w stres.

2. Syndrom wypalenia zawodowego powstaje również, gdy kogoś mobbingujemy, na przykład dając mu do sprawdzenia coś, co sprawdzał już pięć razy i gdzie nie ma już błędów – a robimy to po to, by dając tej osobie nudne zadanie wpędzić ją w stres.

3. Boreut może powstać też u osoby, która ma zostać poddana mobbingowi, na przykład poprzez danie jej do sprawdzenia czegoś, co sprawdzała już pięć razy i gdzie już na pewno nie ma błędów, czyli żeby celowo dając tej osobie do wykonania frustrujące zadanie, wprowadzić ją w stres.

F) Warum ist das Syndrom noch so unbekannt?

1. Dlaczego ten syndrom jest jeszcze tak mało znany?

2. Dlaczego o tym syndromie tak mało się jeszcze wie?

3. Dlaczego tym syndromem tak mało się interesujemy?

G) Das hat damit zu tun, dass jeder lieber Störungen hat, die sozial angesehen sind.

1. Wiąże się to z tym, że każdy woli mieć przeszkody cieszące się uznaniem społecznym.

2. Wiąże się to z tym, że każdy woli mieć problemy cieszące się uznaniem społecznym.

3. Wiąże się to z tym, że każdy woli mówić o problemach cieszących się uznaniem społecznym.

ÜBUNG 2

Bore-out-Syndrom: Unterforderung am Arbeitsplatz

In dem von Philippe Rothlin und Peter Werder im März 2007 veröffentlichten Buch „Diagnose Boreout", wird das genaue Gegenteil vom Burnout – das Boreout (Unterforderung) vorgestellt.

Menschen, die das Bore-out-Syndrom gepackt hat, sind nicht faul. Sie wollen arbeiten, doch die Arbeit oder das Unternehmen gibt diesen Menschen nicht die nötige Auslastung. Dieser Effekt kann vor oder während der Arbeit entstehen. Und im Grunde ist niemand vor ihm sicher. Vor allem Arbeitnehmer, die ihre Aufgaben und deren Pensum nach einem festen Plan erledigen müssen, sind beliebte Opfer. Ebenso betroffen sind Personen, die einer Tätigkeit nachgehen, die deren Leidenschaft und Tatendrang nicht wecken. Der

Wunsch, im Beruf weniger arbeiten zu müssen, ist zwar bei vielen vorhanden, doch ist dieser nicht mit einem Boreout gleichzusetzen. Denn eine dauerhafte Unterforderung führt eher zu mehr, anstatt weniger Stress. Der Arbeitsplatz wird somit zum unangenehmen Wartezimmer, bei dem man ständig auf die Uhr schaut, in der Hoffnung, dass wieder eine weitere Minute verstrichen ist. All diejenigen, die private Dinge nicht während dieser „Arbeitszeit" erledigen möchten (oder sich nicht trauen), widmen sich dann doch wieder bestehenden Projekten. Und ehe man sich versieht, ist man vom Boreout und Perfektionismus gleichermaßen betroffen. […]

Übersetzen Sie ins Polnische. Achten Sie darauf, dass die Sätze einen zusammen-hängenden Text bilden und stilistisch aufeinander abgestimmt sein müssen.

1. Bore-out-Syndrom: Unterforderung am Arbeitsplatz

2. In dem von Philippe Rothlin und Peter Werder im März 2007 veröffentlichten Buch „Diagnose Boreout", wird das genaue Gegenteil vom Burnout – das Bore-out (Unterforderung) vorgestellt.

3. Menschen, die das Bore-out-Syndrom gepackt hat, sind nicht faul. Sie wollen arbeiten, doch die Arbeit oder das Unternehmen gibt diesen Menschen nicht die nötige Auslastung.

4. Dieser Effekt kann vor oder während der Arbeit entstehen. Und im Grunde ist niemand vor ihm sicher.

5. Vor allem Arbeitnehmer, die ihre Aufgaben und deren Pensum nach einem fe-sten Plan erledigen müssen, sind beliebte Opfer.

6. Ebenso betroffen sind Personen, die einer Tätigkeit nachgehen, die deren Lei-denschaft und Tatendrang nicht wecken.

7. Der Wunsch, im Beruf weniger arbeiten zu müssen, ist zwar bei vielen vorhan-den, doch ist dieser nicht mit einem Boreout gleichzusetzen. Denn eine dauer-hafte Unterforderung führt eher zu mehr, anstatt weniger Stress.

8. Der Arbeitsplatz wird somit zum unangenehmen Wartezimmer, bei dem man ständig auf die Uhr schaut, in der Hoffnung, dass wieder eine weitere Minute verstrichen ist.

9. All diejenigen, die private Dinge nicht während dieser „Arbeitszeit" erledigen möchten (oder sich nicht trauen), widmen sich dann doch wieder bestehenden Projekten. Nur was tun, wenn das Projekt im Grunde schon fertig ist?

10. Genau, man bastelt einfach noch ein bisschen dran herum. Und ehe man sich versieht, ist man vom Boreout und Perfektionismus gleichermaßen betroffen.

ÜBUNG 3

Zanim zostaną zgliszcza

Czy człowiek wypalony zawodowo powinien rzucić pracę?

Najkrócej rzecz ujmując, o wypaleniu zawodowym można mówić wówczas, kiedy osoba zaangażowana w swoją pracę traci motywację do dalszego działania, doświadczając zarówno psychicznego, emocjonalnego, jak i fizycznego wyczerpania. Wypalenie przejawia się najczęściej w postaci obniżenia efektywności i jakości wykonywanej pracy, brakiem satysfakcji lub wycofaniem się z dotychczasowej aktywności. Nierzadko przechodzi w depresję.

Nie wiadomo, ilu Polaków syndrom wypalenia zawodowego dotyczy, ale ich odsetek z pewnością jest niemały. Nie może być inaczej, skoro jego objawy ma prawie połowa pracujących Amerykanów. Takie są w każdym razie szacunki organizacji The American Institute of Stress, która wyliczyła, iż z tego powodu gospodarka USA traci rocznie aż 300 mld dol., na co składają się m.in. spadek wydajności, absencja pracowników, rosnąca rotacja kadr. U nas podobnych szacunków nikt nie robi. Ten ważny społecznie problem wciąż jest tematem tabu. [...]

Übersetzen Sie ins Deutsche. Achten Sie darauf, dass die Sätze einen zusammenhängenden Text bilden und stilistisch aufeinander abgestimmt sein müssen.

1. Zanim zostaną zgliszcza

2. Czy człowiek wypalony zawodowo powinien rzucić pracę?

3. Najkrócej rzecz ujmując, o wypaleniu zawodowym można mówić wówczas, kiedy osoba zaangażowana w swoją pracę traci motywację do dalszego działania, doświadczając zarówno psychicznego, emocjonalnego, jak i fizycznego wyczerpania.

4. Wypalenie przejawia się najczęściej w postaci obniżenia efektywności i jakości wykonywanej pracy, brakiem satysfakcji lub wycofaniem się z dotychczasowej aktywności. Nierzadko przechodzi w depresję.

5. Nie wiadomo, ilu Polaków syndrom wypalenia zawodowego dotyczy, ale ich odsetek z pewnością jest niemały. Nie może być inaczej, skoro jego objawy ma prawie połowa pracujących Amerykanów.

6. Takie są w każdym razie szacunki organizacji The American Institute of Stress, która wyliczyła, iż z tego powodu gospodarka USA traci rocznie aż 300 mld dol., na co składają się m.in. spadek wydajności, absencja pracowników, rosnąca rotacja kadr.

7. U nas podobnych szacunków nikt nie robi. Ten ważny społecznie problem wciąż jest tematem tabu.

ÜBUNG 4

Jak powstać z popiołów? – Radzi Monika Starecka, dyrektor departamentu działu rachunkowości finansowej Vattenfall Heat Poland:

Po studiach trafiłam do renomowanej firmy księgowej. Po trzech latach ciężkiej pracy nagle dotarło do mnie, że jestem na skraju wypalenia zawodowego. Pracowałam po 10 godz. dziennie. Choć spałam dużo, i tak wstawałam zmęczona. Nawet jeśli wracałam wcześniej z roboty, na nic nie miałam ochoty. Zasypialiśmy z mężem na kanapie przed telewizorem z pilotem w ręku. Nie było mowy o wspólnych wypadach do teatru lub kina, mimo że kiedyś chadzaliśmy do nich często. Praca przestała mnie cieszyć, zrobiłam się mniej wydajna i czas zaczął przeciekać mi przez palce. Marnowałam aż półtorej godziny dziennie plotkując z koleżankami na temat firmy.

Otrzeźwienie przyszło w 26 urodziny. Zrobiłam coś na kształt bilansu życia i wyszło mi, że jestem nieszczęśliwa. Postanowiłam wziąć się w garść i cały szereg rzeczy w swoim życiu zmienić. Zaczęłam walczyć ze spiralą złych myśli. Zapisałam się do siłowni i wróciłam do hobby – nurkowania. Dawny zapał do pracy nie powrócił, więc pracę zmieniłam na spokojniejszą, ale dopiero wtedy, gdy zaczęłam myśleć poważnie o dzieciach. Dzisiaj mam ich dwójkę i udaje mi się utrzymywać życiową równowagę. Pomaga mi w tym coach, z którym współpracuję. Ponieważ zaznałam, czym jest wypalenie zawodowe, i jestem menedżerem, wiem, jak traktować podległych mi ludzi. Kierowników wysyłam na szkolenia walki ze stresem, pozostałym co jakiś czas zmieniam zadania i kompetencje.

Übersetzen Sie ins Deutsche. Achten Sie darauf, dass die Sätze einen zusammenhängenden Text bilden und stilistisch aufeinander abgestimmt sein müssen.

1. Jak powstać z popiołów? – Radzi Monika Starecka, dyrektor departamentu działu rachunkowości finansowej Vattenfall Heat Poland:

2. Po studiach trafiłam do renomowanej firmy księgowej. Po trzech latach ciężkiej pracy nagle dotarło do mnie, że jestem na skraju wypalenia zawodowego.

3. Pracowałam po 10 godz. dziennie. Choć spałam dużo, i tak wstawałam zmęczona. Nawet jeśli wracałam wcześniej z roboty, na nic nie miałam ochoty. Zasypialiśmy z mężem na kanapie przed telewizorem z pilotem w ręku.

4. Nie było mowy o wspólnych wypadach do teatru lub kina, mimo że kiedyś chadzaliśmy do nich często. Praca przestała mnie cieszyć, zrobiłam się mniej wydajna i czas zaczął przeciekać mi przez palce. Marnowałam aż półtorej godziny dziennie plotkując z koleżankami na temat firmy.

5. Otrzeźwienie przyszło w 26 urodziny. Zrobiłam coś na kształt bilansu życia i wyszło mi, że jestem nieszczęśliwa.

6. Postanowiłam wziąć się w garść i cały szereg rzeczy w swoim życiu zmienić. Zaczęłam walczyć ze spiralą złych myśl. Zapisałam się do siłowni i wróciłam do hobby – nurkowania.

7. Dawny zapał do pracy nie powrócił, więc pracę zmieniłam na spokojniejszą, ale dopiero wtedy, gdy zaczęłam myśleć poważnie o dzieciach.

8. Dzisiaj mam ich dwójkę i udaje mi się utrzymywać życiową równowagę. Pomaga mi w tym coach, z którym współpracuję.

9. Ponieważ zaznałam, czym jest wypalenie zawodowe, i jestem menedżerem, wiem, jak traktować podległych mi ludzi. Kierowników wysyłam na szkolenia walki ze stresem, pozostałym co jakiś czas zmieniam zadania i kompetencje.

11 Komorowski/Lösungen

11.1 Haupttext/Übersetzung

Komorowski to siła spokoju

Jarosław Kaczyński ma charyzmę, ale nie sądzę, aby się zmienił jako polityk – ocenia Jarosław Gowin, poseł PO.

Rz: Dlaczego uważa pan, że polska polityka, w szczególności polityka Platformy, jest plastikowa i infantylna?

Jarosław Gowin, członek zarządu PO: Nie mówiłem o polityce Platformy, tylko o polskiej polityce ostatnich kilkunastu lat.

Rz: Skąd taka ocena?

Brakuje dużych politycznych projektów. Ostatnim był projekt IV RP. Zawierał trafną diagnozę polskiej sytuacji i trafny postulat przebudowy instytucji państwowych. Został jednak skompromitowany przez praktykę rządów PiS – LPR – Samoobrona. Od tamtego czasu weszliśmy w fazę politycznego minimalizmu. Po burzliwych latach 2005 – 2007 Polacy zatęsknili za stabilizacją. [...]

Rz: Chwaląc pomysł IV RP, burzy pan strategię kandydata PO Bronisława

Komorowski – die Stärke der Gelassenheit

Jarosław Kaczyński hat Charisma, aber ich glaube nicht, dass er sich als Politiker gewandelt hat – sagt Jarosław Gowin, Abgeordneter der Bürgerplattform (PO).

RZ: Warum ist Ihrer Ansicht nach die polnische Politik, insbesondere die Politik der Bürgerplattform, künstlich und infantil?

Jarosław Gowin, Vorstandsmitglied der Bürgerplattform (PO): Ich meinte nicht die Politik der Bürgerplattform sondern die polnische Politik der letzten zehn bis zwanzig Jahre.

Rz: Woher kommt diese Einschätzung?

Es fehlen große politische Projekte. Das letzte war das Projekt der IV. Polnischen Republik. Es enthielt die treffende Diagnose der Situation in Polen und das richtige Postulat des Umbaus staatlicher Institutionen. Das Projekt wurde jedoch durch die Regierungspraxis der Koalition von PiS-LPR-Samoobrona (Recht und Gerechtigkeit-Liga Polnischer Familien-Selbstverteidigung) lächerlich

Komorowskiego, która zasadza się na walce III RP przeciwko IV RP.

Nie od tego jestem w polityce, by się wpisywać w jakieś kampanijne strategie. Zamierzam działać na rzecz Komorowskiego. Ale nie dlatego, żeby wpisywać się w jakąś walkę między III a IV RP. Tylko dlatego, że uważam go za lepiej przygotowanego do prezydentury. A przede wszystkim dlatego, że Polska potrzebuje silnej władzy, skupionej w jednym ośrodku.

Rz: Skąd to przekonanie?

Kohabitacja w polskim wydaniu kompletnie się nie udała. A przy Jarosławie Kaczyńskim byłaby dramatycznie trudniejsza. Ze względu na jego sposób uprawiania polityki i cechy osobowościowe.

Rz: Jakie cechy ma pan na myśli? Przecież Kaczyński nie jest plastikowy ani infantylny. A to właśnie zarzuca pan polityce?

Nigdy nie zarzuciłbym mu, że jest politykiem infantylnym. To ktoś, kto podchodzi do polityki niesłychanie poważnie. Ma „klasyczne" podejście do polityki.

Rz: Co to oznacza?

On uważa, iż polityk powinien się mierzyć z wielkimi wyzwaniami swoich czasów. I przede wszystkim starać się realizować własny program. A w mniejszym stopniu kierować się sondażami, politycznym PR. To w postawie Kaczyńskiego cenię. Natomiast nie zgadzam się z jego stylem polityki i

gemacht. Dann traten wir in eine Phase des politischen Minimalismus ein. Nach den stürmischen Jahren 2005-2007 sehnten sich die Polen nach Stabilität.

Rz: Indem Sie die Idee der IV. Polnischen Republik loben, machen Sie die Strategie des PO-Kandidaten Bronisław Komorowski zunichte, die sich auf eine Kampfansage der III. Republik an die IV. gründet.

Ich sehe meine Aufgabe in der Politik nicht darin, mich an irgendwelchen Wahlkampfstrategien zu beteiligen. Ich habe vor, Komorowski zu unterstützen, jedoch nicht, um mich an einem Kampf zwischen der III. und der IV. Polnischen Republik zu beteiligen, sondern weil ich überzeugt bin, dass Komorowski besser darauf vorbereitet ist, das Amt des Präsidenten auszuüben. Und vor allem deshalb, weil das Land eine starke Führung braucht, die von einem einzigen Machtzentrum ausgeht.

Rz: Woher nehmen Sie diese Überzeugung?

Die polnische Variante der Kohabitation ist gänzlich misslungen. Und mit Jarosław Kaczyński wäre sie erheblich dramatischer. Wegen der Art, wie er Politik betreibt und wegen seiner persönlichen Eigenschaften.

Rz: An welche Eigenschaften denken Sie? Kaczyński ist doch weder künstlich noch infantil. Und das ist doch, was Sie der Politik vorwerfen, oder?

Ich würde ihm niemals vorwerfen, er sei als Politiker infantil. Kaczyński nimmt Politik sehr ernst. Er hat eine „klassi-

pomysłem na Polskę.

Rz: Ale chwalił pan pomysł IV RP.

To nie był jego pomysł na państwo. Przeciwnie – uważam, że PiS w poprzedniej kadencji przejął ten projekt, realizując go niesłychanie wybiórczo i instrumentalnie. Starał się nadmiernie scentralizować państwo, rozszerzać sferę jego ingerencji. A ja uważam, że państwo należy rzeczywiście wzmacniać, zarazem ograniczając obszar jego działania. Na to nałożył się styl działania Jarosława Kaczyńskiego. Jest człowiekiem nieustającego konfliktu, starał się rządzić przez zarządzanie konfliktami, które sam wywoływał. Nie chciałbym tego wątku rozwijać, by nie usłyszeć, że uprawiam czarny PR. [...]

sche" Einstellung zur Politik.

Rz: Was bedeutet das?

Kaczyński vertritt die Ansicht, ein Politiker sollte sich den großen Herausforderungen seiner Zeit stellen und sich vor allem bemühen, sein eigenes Programm umzusetzen. Sich dabei weniger nach Umfragen und der politischen PR richten. Das schätze ich an Kaczyńskis Haltung sehr. Nicht einverstanden bin ich aber mit seiner Art, Politik zu machen und mit seiner Idee von Polen.

Rz: Sie haben trotzdem sein Konzept der IV. Republik gelobt.

Das war nicht sein Konzept des Staates. Im Gegenteil – m. E. hat die PiS dieses Konzept in der vorangegangenen Legislaturperiode übernommen, es sehr selektiv angewendet und instrumentalisiert. Die PiS wollte den Staat zu stark zentralisieren und den Bereich der staatlichen Einmischung erweitern. Ich dagegen vertrete die Ansicht, dass man den Staat in der Tat stärken, seinen Handlungsspielraum aber gleichzeitig einschränken müsste. Dazu kam dann der persönliche Handlungsstil von Jarosław Kaczyński. Er ist ein Mann fortwährenden Konfliktes, sein Regierungsstil bestand darin, selbst generierte Konflikte zu managen. Ich möchte dieses Thema nicht weiter vertiefen, sonst wird es noch heißen, dass ich schwarze PR betreibe. [...]

11.2   Übungen/Fehleranalysen

ÜBUNG 1

Die fett gedruckten Sätze sind korrekt.

A) Komorowski to siła spokoju

---

1. **Komorowski – die Stärke der Gelassenheit**

2. Komorowskis Ruhe resultiert aus seiner Stärke.

3. Komorowskis Macht ist seine Gelassenheit.

   Die Sätze 2 und 3 wurden inhaltlich falsch wiedergegeben; vgl. dazu 1.2.

B) Jarosław Kaczyński ma charyzmę, ale nie sądzę, aby się zmienił jako polityk –
ocenia Jarosław Gowin, poseł PO.

---

1. „Jarosław Kaczyński verfügt über ein gewisses Charisma, aber ich glaube dennoch nicht, dass er sich verändert hat", sagt Jarosław Gowin, Abgeordneter der
   Bürgerplattform (PO).

   Der Satz wurde inhaltlich ungenau wiedergegeben. Ein gewisses und dennoch
   wurde unnötig hinzugefügt, *jako polityk* ausgelassen.

2. **„Jarosław Kaczyński hat Charisma, aber ich glaube nicht, dass er sich als
   Politiker gewandelt hat", sagt Jarosław Gowin, Abgeordneter der Bürgerplattform (PO).**

3. „Jarosław Kaczyński ist charismatisch, aber m. E. er ist derselbe Politiker geblieben", sagt Jarosław Gowin, Abgeordneter der Bürgerplattform (PO).

   Auch wenn *Charisma haben* und *charismatisch sein* semantisch gleichwertig
   sind, empfiehlt es sich in dem hier vorliegenden Fall *Charisma haben* zu benutzen. *Charismatisch sein* klingt stilistisch gut in Sätzen wie z. B. *Er ist sehr charismatisch, clever und sieht auch noch gut aus.* Oder: *Sie war eine ausgesprochen charismatische Persönlichkeit.*

   Nie zmienił się jako polityk sollte als *er hat sich als Politiker nicht gewandelt*
   übersetzt werden. In er ist derselbe Politiker geblieben wird etwas ausgesagt,
   was im AT so nicht steht.

C) Nie mówiłem o polityce Platformy, tylko o polskiej polityce ostatnich kilkunastu lat.

1. Ich habe nicht <u>insbesondere</u> von der Politik der Plattform gesprochen, sondern von der Staatspolitik <u>der letzten zwanzig</u> Jahre.

   Der Satz wurde z. T. inhaltlich falsch wiedergegeben. Es heißt *der letzten zehn bis zwanzig Jahre* und nicht <u>der letzten zwanzig Jahre.</u> <u>Insbesondere</u> steht nicht im AT.

2. **Ich meinte nicht die Politik der Plattform, sondern die polnische Politik der letzten zehn bis zwanzig Jahre.**

3. Ich habe <u>mich</u> nicht über die Politik der Plattform <u>unterhalten,</u> sondern über die polnische Politik der letzten zehn bis zwanzig Jahre.

   Falsch in diesem Satz ist das Verb <u>sich unterhalten</u>. Richtig ist *sprechen von* oder *meinen*. Es ist ein Unterschied, ob man sich über ein Thema unterhält oder seine Meinung zu einem Thema kundtut, sich äußert, etwas meint.

D) Skąd taka ocena?

1. **Woher kommt diese Einschätzung?**

2. <u>Wie kommen Sie darauf?</u>

   In einer so gestellten Frage kann ein Hauch von Empörung mitklingen, etwa *Co panu przychodzi do głowy?* Das ist aber im AT nicht im Geringsten enthalten.

3. <u>Woher nehmen Sie das?</u>

   Die Frage ist falsch formuliert. *Das* zielt außerdem auf eine konkrete Aussage hin, die im AT nicht gegeben ist.

E) Brakuje dużych politycznych projektów. Ostatnim był projekt IV RP. Zawierał trafną diagnozę polskiej sytuacji i trafny postulat przebudowy instytucji państwowych. Został jednak skompromitowany przez praktykę rządów PiS – LPR – Samoobrona.

1. **Es fehlen große politische Projekte. Das letzte war das Projekt der IV. Polnischen Republik. Es enthielt die treffende Diagnose der Situation in Polen und das richtige Postulat des Umbaus staatlicher Institutionen. Es wurde aber durch die Regierungspraxis von PiS–LPR–Samoobrona (Recht und Gerechtigkeit – Liga Polnischer Familien – Selbstverteidigung) lächerlich gemacht.**

2. Es fehlen große politische Projekte. Das letzte war das Projekt der IV. Republik. Es enthielt die treffende Diagnose der politischen Situation und das richtige Postulat des <u>Umbaus von Institutionen</u>. Durch die Politik der Koalition PiS–LPR–Samoobrona (Recht und Gerechtigkeit – Liga Polnischer Familien – Selbstverteidigung) ist dieses Projekt <u>unmöglich</u> geworden.

Der Satz wurde inhaltlich ungenau und lexikalisch z. T. falsch wiedergegeben. In <u>Umbau von Institutionen</u> fehlt *von staatlichen Institutionen;* <u>unmöglich</u> ist ein falsches Wort, es muss heißen *lächerlich.*

3. <u>Es fehlt ein großes politisches Projekt.</u> Das letzte war das Projekt der IV. Republik. Es enthielt die treffende Diagnose der politischen Situation und das richtige Postulat des Umbaus staatlicher Institutionen. Durch <u>die lächerliche Politik</u> der Koalition PiS–LPR–Samoobrona (Recht und Gerechtigkeit – Liga Polnischer Familien – Selbstverteidigung) <u>hat dieses Projekt an Bedeutung verloren.</u>

Der Satz wurde inhaltlich ungenau und lexikalisch z. T. falsch wiedergegeben. Die Mängel sind erheblicher als im Satz 2. <u>Es fehlt ein großes politisches Projekt</u> – hier ist der Singular falsch. Inhaltlich völlig falsch ist an dieser Stelle das Adjektiv <u>lächerlich</u>. Im AT ist ausschließlich die Rede davon, dass die Politik der Regierungskoalition das Projekt der IV. Polnischen Republik lächerlich gemacht hat. Deshalb ist auch <u>an Bedeutung verloren</u> inhaltlich völlig falsch.

F) Chwaląc pomysł IV RP, burzy pan strategię kandydata PO Bronisława Komorowskiego, która zasadza się na walce III RP przeciwko IV RP.

1. Indem Sie die IV. Polnische Republik loben, zerstören Sie <u>die Politik</u> des PO-Kandidaten Bronisław Komorowski, <u>der der IV. Republik einen Kampf angesagt hat.</u>

Der Satz wurde inhaltlich falsch wiedergegeben. In der Übersetzung muss es heißen *Strategie des PO-Kandidaten* und nicht <u>Politik des PO-Kandidaten</u>. Im Relativsatz wurde die III. Republik ausgelassen. Inhaltlich falsch ist außerdem *einen Kampf ansagen.*

2. **Indem Sie die Idee der IV. Polnischen Republik loben, machen Sie die Strategie des PO-Kandidaten Bronisław Komorowski zunichte, die sich auf eine Kampfansage der III. Republik an die IV. Republik gründet.**

3. Indem Sie die Idee der III. Polnischen Republik loben, machen Sie die Strategie des PO-Kandidaten Bronislaw Komorowski zunichte, die als eine Kampfansage der IV. Republik an die III. gedacht ist.

Der Satz wurde inhaltlich falsch wiedergegeben. Im AT ist die Rede von einer Kampfansage der *III. an die IV. Republik*, und nicht umgekehrt wie in der Übersetzung.

G) Zamierzam działać na rzecz Komorowskiego. Ale nie dlatego, żeby wpisywać się w jakąś walkę między III a IV RP. Tylko dlatego, że uważam go za lepiej przygotowanego do prezydentury. A przede wszystkim dlatego, że Polska potrzebuje silnej władzy, skupionej w jednym ośrodku.

---

1. Ich beabsichtige Komorowski zu unterstützen. Aber nicht deshalb, weil ich in einen Kampf zwischen der III. und der IV. Republik ziehen will, sondern weil ich überzeugt bin, dass Komorowski ein besserer Kandidat sein wird. Und vor allem deshalb, weil das Land eine starke Führung braucht, die von einem einzigen Machtzentrum ausgeht.

Die Sätze sind inhaltlich teilweise ungenau wiedergegeben. Die Übersetzung muss heißen *ich bin überzeugt, dass Komorowski besser darauf vorbereitet ist, das Amt des Präsidenten auszuüben*. Auch das Futur Kandidat sein wird ist völlig falsch.

2. Ich beabsichtige zugunsten Komorowskis zu handeln. Aber nicht, weil ich einen Kampf zwischen der III. und der IV. Republik entfachen will, sondern weil ich überzeugt bin, dass Komorowski besser darauf vorbereitet ist, das Amt des Präsidenten auszuüben. Und vor allem deshalb, weil das Land eine starke Führung braucht, die von einem einzigen Machtzentrum ausgeht.

Einen Kampf entfachen ist hier lexikalisch/inhaltlich völlig falsch. Es muss heißen *ich will mich nicht beteiligen*. In dem Satz ist zwar nur ein einziges Verb falsch, trotzdem ist dadurch die gesamte Aussage deformiert.

3. **Ich beabsichtige Komorowski zu unterstützen. Aber nicht deshalb, weil ich mich an einem Kampf zwischen der III. und der IV. Republik beteiligen will, sondern weil ich überzeugt bin, dass Komorowski besser darauf vorbereitet ist, das Amt des Präsidenten auszuüben. Und vor allem deshalb, weil das Land eine starke Führung braucht, die von einem einzigen Machtzentrum ausgeht.**

H) Nie od tego jestem w polityce, by się wpisywać w jakieś kampanijne strategie.

1. Ich bin nicht in der Politik, um <u>mich</u> in irgendwelche Strategien <u>einzuschreiben.</u>

   Wpisywać się heißt in dem hier vorliegenden Kontext nicht *sich einschreiben.* sondern *sich engagieren, sich beteiligen.* Die Übersetzung ist unvollständig, *kampanijne strategie* sind – *Wahlkampfstrategien.*

2. **Ich sehe meine Aufgabe in der Politik nicht darin, mich an irgendwelchen Wahlkampfstrategien zu beteiligen.**

3. Ich bin nicht in der Politik, um <u>im Wahlkampf irgendwelche Dinge zu versprechen.</u>

   <u>Im Wahlkampf irgendwelche Dinge zu versprechen</u> verändert den Inhalt des Satzes. Die Übersetzung ist falsch.

I) Kohabitacja w polskim wydaniu kompletnie się nie udała. A przy Jarosławie Kaczyńskim byłaby dramatycznie trudniejsza. Ze względu na jego sposób uprawiania polityki i cechy osobowościowe.

1. Die polnische Variante der Kohabitation ist gänzlich misslungen. Jarosław Kaczyński würde <u>die Probleme</u> dramatisch verschärfen. Wegen der Art, wie er Politik betreibt und wegen seiner persönlichen <u>Vorzüge.</u>

   Beide Substantive <u>Probleme</u> und <u>Vorzüge</u> sind falsch. <u>Vorzüge</u> (= positive Eigenschaften, Vorteile) ist ein völlig falsches Wort. Korrekt muss es heißen – *Eigenschaften.* <u>Probleme</u> kreist inhaltlich um die misslungene Kohabitation, die problematische Situation, die Verschärfung der Situation, aber es gibt den Inhalt auch nicht ganz korrekt wieder.

   Die korrekte Übersetzung ist – *Die Kohabitation ist misslungen, mit Jarosław Kaczyński wäre sie noch dramatischer.* (vgl. I 2)

   Byłaby bezieht sich eindeutig auf *kohabitacja.* Es gibt keinen Grund, das in der Übersetzung nicht genauso wiederzugeben.

2. **Die polnische Variante der Kohabitation ist gänzlich misslungen. Und mit Jarosław Kaczyński wäre sie erheblich dramatischer. Wegen seiner Art Politik zu betreiben und seiner persönlichen Eigenschaften.**

3. Die polnische Variante der Kohabitation ist gänzlich misslungen. Jarosław Kaczyński würde die Probleme kaum entschärfen. Trotz seiner Eigenschaften als Politiker und Mensch.

   Er würde die Probleme kaum entschärfen und *die Situation wäre erheblich dramatischer* sind zwei verschiedene Aussagen. Die erste ist inhaltlich falsch. Sie bleibt es selbst dann, wenn man versuchen würde sie ironisch zu deuten.

   Inhaltlich völlig falsch ist trotz seiner Eigenschaften als Politiker und Mensch. Diese Aussage bedeutet etwa – *er ist zwar ein toller Politiker und Mensch, kann die Probleme trotzdem nicht entschärfen.* Diese Bedeutung hat mit dem AT nichts gemein.

J) On uważa, iż polityk powinien się mierzyć z wielkimi wyzwaniami swoich czasów. I przede wszystkim starać się realizować własny program.

---

1. **Kaczyński vertritt die Ansicht, ein Politiker solle sich den großen Herausforderungen seiner Zeit stellen und sich vor allem bemühen, sein eigenes Programm umzusetzen.**

2. Kaczyński ist der Ansicht, dass sich ein Politiker an den großen Herausforderungen seiner Zeit messen und sich vor allem bemühen muss, sein eigenes Programm zu verwirklichen.

   Sich an den großen Herausforderungen messen ist inhaltlich falsch. Es muss heißen *sich den großen Herausforderungen stellen.*

3. Kaczyński ist der Ansicht, dass ein Politiker große Herausforderungen haben und sich vor allem um die Verwirklichung seines eigenen Programms bemühen muss.

   Die Übersetzung lässt außer acht, dass es sich um Herausforderungen handelt, welche die Zeit mit sich bringt, in der ein Politiker lebt.

K) A w mniejszym stopniu kierować się sondażami, politycznym PR.

1. Und sich dabei weniger <u>von</u> Umfragen und der politischen PR <u>beeindrucken lassen.</u>

   Die Übersetzung gibt den Inhalt des AT falsch wieder. Nicht <u>sich von Umfragen beeindrucken lassen</u> sondern *sich nach Umfragen richten.*

2. **Und sich dabei weniger nach Umfragen und der politischen PR richten.**

3. Und dabei weniger die <u>Umfragen zu studieren und sein Image kreieren.</u>

   Der Satz wurde völlig falsch wiedergegeben. Richtig – vgl. K 2.

L) To w postawie Kaczyńskiego cenię. Natomiast nie zgadzam się z jego stylem polityki i pomysłem na Polskę.

1. **Das schätze ich sehr an Kaczyńskis Haltung. Nicht einverstanden bin ich dagegen mit dem Stil seiner Politik und seiner Idee von Polen.**

2. <u>Ich respektiere</u> seine Einstellung. Sein politischer Stil und seine Idee von Polen <u>gefallen mir aber nicht.</u>

   Durch die beiden falschen Verben <u>respektieren</u> statt – *schätzen* und <u>nicht gefallen</u> statt *nicht einverstanden sein* ist der Inhalt zumindest ungenau wiedergegeben.

3. Kaczyńskis Haltung <u>bedeutet mir viel.</u> Nicht einverstanden bin ich dagegen mit seinem politischen Stil und seiner Idee von Polen.

   <u>Bedeutet mir viel</u> ist ein falscher Ausdruck; richtig – *schätze ich sehr.*

M) Jest człowiekiem nieustającego konfliktu, starał się rządzić przez zarządzanie konfliktami, które sam wywoływał.

1. **Er ist ein Mann fortwährenden Konflikts, sein Regierungsstil bestand darin, selbst generierte Konflikte zu managen.**

2. Er ist ein Mann des fortwährenden Konflikts, sein Regierungsstil bestand in dem <u>Versuch</u>, von ihm selbst generierte Konflikte zu <u>lösen.</u>

   <u>Versuch</u> und <u>lösen</u> ist inhaltlich falsch, richtig – vgl. M 1.

3. Er ist ein Mann des fortwährenden Konflikts, <u>sein politischer Stil war ein ewiger Versuch, eigene Konflikte zu bewältigen.</u>

   Die Übersetzung ist insgesamt falsch. *Konflikte bewältigen* heißt *dać sobie radę, uporać się z konfliktami/problemami.* Davon ist im AT keine Rede.

N) Nie chciałbym tego wątku rozwijać, by nie usłyszeć, że uprawiam czarny PR.

1. **Ich möchte dieses Thema nicht weiter vertiefen, sonst wird es noch heißen, dass ich schwarze PR betreibe.**

2. Ich möchte dieses Thema nicht weiter vertiefen, sonst <u>wird man mir noch danken</u>, dass ich schwarze PR betreibe.

   <u>Danken</u> ist ein völig falsches Verb. Inhaltlich richtig – vgl. N 1. oder *sonst wird man mir noch nachsagen, dass* oder *um nicht zu hören zu bekommen, dass*

3. Ich möchte dieses Thema nicht weiter vertiefen, sonst wird es noch heißen, dass ich <u>Kaczyński-PR betreibe</u>.

   <u>Dass ich eine Kaczyński-PR betreibe</u> – Inhalt völlig falsch, Bedeutung *zugungsten von Kaczyński*; richtig *dass ich schwarze PR betreibe*, vgl. auch 1.2.

ÜBUNG 2

1. „Jarosław Kaczyński **hat Charisma**, aber ich glaube nicht, dass er sich **als Politiker** gewandelt hat", sagt Jarosław Gowin, **Abgeordneter der** Bürgerplattform PO.

2. Es fehlen **große politische Projekte**.

3. Das letzte war **das** Projekt der IV. Republik.

4. Es enthielt die treffende Diagnose der polnischen Situation und das richtige Postulat des Umbaus **staatlicher Institutionen**.

5. Nach den stürmischen Jahren 2005–2007 sehnten sich die Polen **nach Stabilität**.

6. Mit Jarosław Kaczyński würden sich die Probleme dramatisch verschärfen. Wegen der Art, wie er **Politik** betreibt und wegen seiner persönlichen Eigenschaften.

7. PiS wollte den Staat allzu sehr zentralisieren und den Bereich **der** staatlichen Einmischung erweitern.

8. Er ist ein **Mann fortwährenden Konfliktes**.

ÜBUNG 3

1. Ich habe nicht von **der** Politik **der** Plattform gesprochen sondern von **der** polnischen Politik **der** letzten zehn bis zwanzig Jahre.

2. Es fehlen große politische Projekte. Das letzte war **das** Projekt **der** IV. Republik. Es enthielt **die** treffende Diagnose **der** polnischen Situation und **das** richtige Postulat **des** Umbaus staatlicher Institutionen.

3. Durch **die** Politik **der** Koalition PiS–LPR–Samoobrona (Recht und Gerechtigkeit – Liga der Polnischen Familien – Selbstverteidigung) ist **dieses** Projekt lächerlich geworden.

4. Nach **den** stürmischen Jahren 2005–2007 sehnten sich die Polen nach Stabilität.

5. **Die** polnische Variante **der** Kohabitation ist gänzlich misslungen. Mit Jarosław Kaczyński würden sich **Probleme** dramatisch verschärfen. Wegen **der** Art, wie er Politik betreibt und wegen seiner persönlicher Eigenschaften.

6. PiS wollte **den** Staat allzu sehr zentralisieren und **den** Bereich **der** staatlichen Einmischung erweitern. Ich dagegen vertrete die Ansicht, dass **der** Staat in der Tat gestärkt werden muss, **sein** Handlungsspielraum aber gleichzeitig eingeschränkt werden sollte.

7. Kaczyński ist **ein** Mann fortwährenden Konfliktes, sein Regierungsstil bestand darin, selbst generierte Konflikte zu managen.

12 Bartoszewski/Lösungen

12.1 Haupttext/Übersetzung

Bartoszewski: Niemcy są nam bliscy jak nigdy dotąd

Współczesne osiągnięcia w stosunkach polsko-niemieckich to niewyobrażalny postęp dla kilku pokoleń Polaków. Obecne stosunki pomiędzy oboma narodami są najlepsze od dwudziestu lat – mówił podczas promocji swojej najnowszej książki Władysław Bartoszewski.

W trakcie spotkania z czytelnikami Bartoszewski opowiadał o swoich doświadczeniach w kontaktach z Niemcami, które znalazły wyraz w jego najnowszej książce pt. „O Niemcach i Polakach. Wspomnienia. Prognozy. Nadzieje." Spotkanie zorganizowano w ramach odbywającego się we Wrocławiu I Zjazdu Niemcoznawców

– Ostatnie 20 lat jest w kontaktach pomiędzy oboma narodami czymś zupełnie rewelacyjnym. Polsko-niemieckie stosunki są stosunkami dwóch społeczeństw, które w gruncie rzeczy mają bardzo podobne nawyki i obyczaje. Jest to zjawisko, które znajduje również odzwierciedlenie w danych statystycznych, bo od wielu lat w statystyce małżeństwa polsko-niemieckie

Bartoszewski: Die Deutschen stehen uns so nah wie nie zuvor

„Was gegenwärtig im deutsch-polnischen Verhältnis erreicht worden ist, bedeutet für ganze Generationen von Polen einen unvorstellbaren Fortschritt. Die heutigen Beziehungen zwischen den beiden Völkern sind die besten seit 20 Jahren", sagte Władysław Bartoszewski bei der Präsentation seines neuesten Buches.

Bartoszewski sprach anlässlich einer Autorenlesung über seine Erfahrungen bei Kontakten mit Deutschen, die er in seinem neuesten Buch „O Niemcach i Polakach. Wspomnienia. Prognozy. Nadzieje" (Über Deutsche und Polen. Erinnerungen. Prognosen. Hoffnungen) schildert. Die Autorenlesung fand im Rahmen des I. Kongresses der Deutschlandforscher in Wrocław (Breslau) statt.

„Die letzten 20 Jahre sind in der Geschichte der Kontakte zwischen den beiden Völkern absolut sensationell gewesen. Die deutsch-polnischen Beziehungen sind Beziehungen zwischen zwei Gesellschaften, die im Grunde

i niemiecko-polskie są na pierwszym miejscu w tabeli małżeństw obywateli niemieckich z obywatelami innych krajów –mówił pełnomocnik premiera ds. dialogu międzynarodowego.

Bartoszewski mówiąc o ważnych obszarach kontaktów pomiędzy dwoma narodami wskazał wymianę młodzieży oraz współpracę graniczną Mówił również, że w stosunkach polsko-niemieckich istotne jest, aby partnerzy traktowali się odpowiedzialnie i rzetelnie. – W handlu, kontaktach naukowych czy wszystkim tym, co można nazwać substancją codzienności – podkreślił. Zdaniem Bartoszewskiego, sprzeczne interesy obu krajów dziś widać przede wszystkim w sferze gospodarczej. – Dla Niemców rosyjski czy chiński rynek zbytu jest ważniejszy niż polski, ale polski nie jest nieważny – wskazywał. – Nie oczekujmy przy tym za dużo. Z poziomu dna, jeżeli chodzi o kontakty między naszymi krajami, wyszliśmy na poziom normalności. Normalność nie oznacza przy tym identyczności poglądów nawet w rodzinie, a co dopiero wśród znajomych – mówił.

Książka „O Niemcach i Polakach. Wspomnienia. Prognozy. Nadzieje" to zapis rozmów przeprowadzonych z Władysławem Bartoszewskim przez Rafała Rogulskiego i Jana Rydla. Uzupełniono je o obszerny rys historyczny o powojennej historii Niemiec, a także aneks, zawierający najważniejsze dokumenty dotyczące stosunków polsko-niemieckich. Książkę opublikowało Wydawnictwo Literackie.

genommen sehr ähnliche Gewohnheiten und Sitten haben. Dieses Phänomen spiegelt sich auch in der Statistik wieder. Seit vielen Jahren belegen deutsch-polnische und polnisch-deutsche Eheschließungen in der Statistik der Eheschließungen zwischen Deutschen mit Partnern und Partnerinnen ausländischer Herkunft Platz Nr. 1", sagte der Beauftragte des Premierministers für internationale Fragen.

Bartoszewski sprach über wichtige Bereiche in den Kontakten zwischen beiden Völkern und nannte dabei den Jugendaustausch und die Zusammenarbeit in den Grenzgebieten. Im deutsch-polnischen Verhältnis sei es wichtig, fügte er hinzu, dass die Partner verantwortungsvoll und loyal miteinander umgingen. „Im Handel, in wissenschaftlichen Kontakten und allen Dingen, die man als essenziell für den Alltag bezeichnen könnte", unterstrich Bartoszewski. Widersprüchliche Interessen seien vor allem im Bereich der Wirtschaft zu erkennen. „Für Deutschland ist der russische oder chinesische Absatzmarkt wichtiger als der polnische, dennoch ist der polnische nicht unwichtig", sagte Bartoszewski. „Wir erwarten dabei nicht allzu viel. Was die Beziehungen zwischen Deutschland und Polen betrifft, haben wir uns von ganz unten zu einer Normalität emporgearbeitet. Und Normalität bedeutet nicht, dass man in der Familie und erst recht nicht unter Bekannten identische Ansichten haben muss", sagte er. In „O Niemcach i Polakach. Wspomnienia. Prognozy. Nadzieje" (Über Deutsche und Polen. Erinnerungen. Prognosen. Hoffnun-

gen) sind Gespräche aufgezeichnet, die Rafał Rogulski und Jan Rydel mit Władyslaw Bartoszewski führten. Beigefügt sind ein umfangreicher Abriss der deutschen Nachkriegsgeschichte sowie ein Anhang mit den wichtigsten Dokumenten zu den deutsch-polnischen Beziehungen. Das Buch ist bei Wydawnictwo Literackie erschienen.

12.2 Übungen/Fehleranalysen

ÜBUNG 1

Die korrekten Übersetzungsvarianten sind fett markiert.

> A) Współczesne osiągnięcia w stosunkach polsko-niemieckich to niewyobrażalny postęp dla kilku pokoleń Polaków.

1. **Was gegenwärtig in den deutsch-polnischen Beziehungen erreicht worden ist, bedeutet für mehrere Generationen von Polen einen unvorstellbaren Fortschritt.**

2. Die gegenwärtigen Errungenschaften in den deutsch-polnischen Beziehungen sind <u>für sehr viele Polen ein historischer Fortschritt</u>.

   Der Satz ist inhaltlich ungenau. <u>Für sehr viele Polen</u> ist nicht *dla kilku pokoleń Polaków – für mehrere Generationen von Polen.*

   <u>Ein historischer Fortschritt</u> ist zweifellos ein riesiger Fortschritt, und man würde im Deutschen sogar eher von einem historischen als einem unvorstellbaren Fortschritt sprechen. In *niewyobrażalny* kommt aber ein starkes emotionales Engagement des Sprechers zum Ausdruck.

3. Die heutigen Errungenschaften in den deutsch-polnischen Beziehungen sind für mehrere Generationen von Polen <u>ein Fortschritt, den man sich kaum vorstellen kann.</u>

   Etwas kann man sich nicht/kaum vorstellen wirkt stilistisch überladen. Besser wie in A 1.

B) Obecne stosunki pomiędzy oboma narodami są najlepsze od dwudziestu lat.

1. **Das heutige Verhältnis zwischen den beiden Völkern ist das beste seit 20 Jahren.**

2. Das heutige Verhältnis zwischen den Deutschen und den Polen ist das beste <u>seit über 20 Jahren.</u>

   In <u>seit über zwanzig Jahren</u> ist <u>über</u> inhaltlich falsch, es muss heißen *seit 20 Jahren.*

3. Die gegenwärtigen <u>politischen</u> Beziehungen zwischen den beiden Völkern sind die besten seit 20 Jahren.

   <u>Politisch</u> ist inhaltlich falsch. Im AT sind die Beziehungen nicht nur auf die politischen beschränkt.

C) W trakcie spotkania z czytelnikami Bartoszewski opowiadał o swoich doświadczeniach w kontaktach z Niemcami, które znalazły wyraz w jego najnowszej książce.

1. **Während einer Autorenlesung erzählte Bartoszewski von seinen Erfahrungen im Kontakt mit Deutschen, die er in seinem neuesten Buch schildert.**

2. Während einer Autorenlesung erzählte Bartoszewski von seinen <u>Begegnungen</u> mit Deutschen, die in seinem neuesten Buch <u>geschildert werden</u>.

   Der erste ist ein lexikalischer Fehler. <u>Begegnungen</u> ist ein falsches Wort; richtig – *Erfahrungen.* <u>Geschildert werden</u> – hier ist das Passiv falsch. Es muss heißen – *die er schildert.*

3. Bei einem <u>Treffen mit seinen Lesern</u> erzählte Bartoszewski von seinen Erfahrungen im Kontakt mit Deutschen, <u>die er in seinem Buch</u> schildert.

   <u>Treffen mit seinen Lesern</u> gibt zwar den Inhalt korrekt wieder, man würde aber von einer *Autorenlesung* sprechen (Usus). Der zweite Fehler ist eine Auslassung: <u>in seinem Buch</u> – es muss heißen *in seinem* neuesten *Buch.*

> D) Ostatnie 20 lat jest w kontaktach pomiędzy oboma narodami czymś zupełnie rewelacyjnym.

1. Die letzten 20 Jahre <u>waren</u>, was die Kontakte zwischen den beiden Völkern angeht, etwas absolut <u>Neues</u>.

   Da im AT an dieser Stelle Präsens steht, das zum Ausdruck bringt, dass die Zeit der guten Beziehungen nicht vorbei ist, wäre es besser, im Deutschen statt <u>waren</u> – *sind gewesen* zu sagen. Das Perfekt hat im Deutschen einen präsentischen Charakter. *Sind gewesen* wirkt bis in die Gegenwart.

   <u>Neues</u> ist ein falsches Wort. Es muss heißen *sensationell* (vgl. 2.2).

2. Die letzten 20 Jahre <u>waren</u>, wenn es um die Kontakte zwischen den beiden Völkern geht, absolut großartig <u>gewesen</u>.

   <u>Waren gewesen</u> – das Plusquamperfekt ist ohne Bezug zur Gegenwart. Vgl. D 1.

3. **Die letzten 20 Jahre sind in der Geschichte der Kontakte zwischen den beiden Völkern absolut sensationell gewesen.**

> E) Polsko-niemieckie stosunki są stosunkami dwóch społeczeństw, które w gruncie rzeczy mają bardzo podobne nawyki i obyczaje.

1. Die deutsch-polnischen Beziehungen sind Beziehungen zwischen zwei Gesellschaften, die sich in puncto <u>Angewohnheiten</u> und Bräuche im Grunde genommen sehr ähneln.

   <u>Angewohnheiten</u> ist ein falsches Wort. In dem hier vorliegenden Kontext geht es eindeutig um *Gewohnheiten*. Überzeugend ist die Übersetzung in PWN: *zły nawyk – Angewohnheit*.

2. **Die deutsch-polnischen Beziehungen sind Beziehungen zwischen zwei Gesellschaften, die im Grunde sehr ähnliche Gewohnheiten und Sitten haben.**

3. Die deutsch-polnischen Beziehungen sind Beziehungen zweier Gesellschaften, die, was <u>Tradition</u> angeht, sich im Grunde genommen sehr ähnlich sind.

   Die Übersetzung ist lexikalisch ungenau, <u>Tradition</u> ist ein falsches Wort.

F) Od wielu lat w statystyce małżeństwa polsko-niemieckie i niemiecko-polskie są na pierwszym miejscu w tabeli małżeństw obywateli niemieckich z obywatelami innych krajów.

1. Seit vielen Jahren liegen in der Statistik der Eheschließungen zwischen Deutschen mit Partnern und Partnerinnen ausländischer Herkunft Eheschließungen zwischen Deutschen und Polen ganz vorne.

Der Satz ist bereits im Polnischen stilistisch wenig vorteilhaft formuliert. Will man im Deutschen auch noch die geschlechtergerechte Variante „Partner und Partnerinnen" benutzen, wirkt er stilistisch noch überladener. Daher empfiehlt es sich *obywatele* als *Bürger* wiederzugeben (vgl. F 2). Wegen der Auslassung *małżeństwa polsko-niemieckie i niemiecko-polskie* ist die Übersetzung inhaltlich ungenau.

2. **Seit vielen Jahren belegen deutsch-polnische und polnisch-deutsche Ehen in der Statistik der Eheschließungen zwischen Deutschen und Bürgern anderer Länder Platz Nr. 1.**

3. Schon seit Jahren werden zwischen Deutschen und Polen die meisten Ehen geschlossen, wenn man die Statistiken der Eheschließungen zwischen Deutschen und Bürgern anderer Länder vergleicht.

Die meisten Ehen ist inhaltlich unpräzise, im AT heißt es *na pierwszym miejscu*.

G) Bartoszewski mówiąc o ważnych obszarach kontaktów pomiędzy dwoma narodami wskazał wymianę młodzieży oraz współpracę graniczną.

1. **Bartoszewski sprach über wichtige Bereiche in den Kontakten zwischen beiden Völkern und nannte dabei den Jugendaustausch und die Zusammenarbeit in den Grenzgebieten.**

2. Als wichtigste Bereiche in den Kontakten zwischen beiden Völkern nannte Bartoszewski den Jugendaustausch und die Zusammenarbeit in den Grenzgebieten.

Der Superlativ wichtigste ist inhaltlich falsch; richtig – *wichtige.*

3. Nach Bartoszewskis Ansicht zählen Jugendaustausch und Zusammenarbeit in den Grenzgebieten zu den wichtigsten Bereichen in der deutsch-polnischen Zusammenarbeit.

Bartoszewski sprach; nicht – nach Bartoszewskis Ansicht; *in den Kontakten* und nicht – in der Zusammenarbeit

ÜBUNG 2

1. Komorowski „**eine** Riesenchance"

2. Deutschland will mit **dem** neu**en** polnisch**en** Präsident**en** Komorowski **die** Beziehungen zu**m** Nachbarland verstärken. Komorowski sei „**eine** Riesenchance", sagt Bundespräsident Wulff bei**m** Antrittsbesuch **des** polnischen Staatschef**s** in Berlin. **Die** beid**en** besuchen auch **das** ehemalige KZ Sachsenhausen.

3. Deutschland und Polen wollen eng**er** zusammenrücken. **Der** neue polnische Präsident Bronisław Komorowski sprach **bei** sein**em** Antrittsbesuch in Berlin von ein**er** „positiv**en** Schicksalsgemeinschaft", **die** beide Länder miteinander verbinde. Komorowskis Vorgänger Lech Kaczyński galt als sehr Deutschland- und EU-**kritisch**. Er war vor fünf Monaten bei einem Flugzeugabsturz in Smolensk um**s** Leben gekommen.

4. Bundespräsident Christian Wulff sagte nach ein**em** Treffen mit Komorowski: „**Der** neue Präsident ist eine Riesenchance für das Verhältnis zwischen Deutschland und Polen, **die** wir beherzt ergreifen wollen." Komorowski war nach Gesprächen in Brüssel und Paris nach Berlin bekommen.

5. Bundeskanzlerin Angela Merkel (CDU) bekräftigte im Anschluss an **ihr** Treffen mit Komorowski, dass Deutschland und Polen **ihre** Zusammenarbeit in **der** EU weiter vertiefen wollen. Sie begrüßte **den** Vorschlag **des** Präsidenten, die Kooperation beider Länder mit Frankreich **im** Rahmen **des** „Weimarer Dreiecks" auszubauen.

6. **Die** Drei-Länder-Zusammenarbeit zwischen Deutschland, Polen und Frankreich **im** „Weimarer Dreieck" besteht seit Anfang der 90**er** Jahre. Seit Jahren gibt es aber keine Spitzentreffen mehr. Komorowski kündigte an, er wolle nach dem Vorbild **der** deutsch-polnischen Versöhnung einen vergleichbaren Prozess mit Russland einleiten. […]

7. Wulff und Komorowski verwiesen auf eine Reihe von anstehend**en** Jahrestag**en** wie **das** 20-jährige Bestehen **des** deutsch-polnischen Nachbarschaftsvertrags oder **den** 40. Jahrestag des Kniefalls von Willy Brandt in Warschau. Wulff sagte: „Das sind großartige Gelegenheiten, um **das** Gemeinsame zu betonen und über **die** Vergangenheit zu sprechen, um sie wachzuhalten und daraus die richtigen Schlüsse zu ziehen." […]

ÜBUNG 3

ÜBERSETZUNG

Pod presją Polacy są zawsze nieobliczalni

Władysław Bartoszewski opowiada o swym szczególnym stosunku do Niemiec, o wspólnym klubie – Unii Europejskiej, i o tym, że w rozmowie potrzebny jest odpowiedni ton

Władysław Bartoszewski (85 lat) jest od listopada pełnomocnikiem ds. dialogu międzynarodowego nowego premiera Polski Donalda Tuska.

Panie Profesorze, ile zagranicznych podróży odbył pan, odkąd Donald Tusk wygrał wybory? Miało się wrażenie, że jest pan aktywny wszędzie tam, gdzie toczą się ważne polityczne debaty i jest jeszcze wiele do zrobienia.

Nie podróżuję wcale tak dużo. Oficjalnie byłem tylko dwa razy za granicą, obydwa razy u Niemców, najpierw u papieża Benedykta XVI a potem u kanclerz Angeli Merkel i prezydenta Horsta Köhlera. Ale naturalnie rozmawiam nie tylko z Niemcami, tu w Warszawie miałem też spotkania z delegacjami innych krajów.

Akurat w oczach Niemców uchodzi pan za uosobienie ofensywy posiadającej urok osobisty i kompetencje, ofensywy, która wkracza do akcji, żeby ponaprawiać powstałe szkody.

Ależ proszę pana, mam 85 lat, mówienie o kimś w moim wieku o uroku osobistym jest bardziej niż pochlebne. Tymczasem ja jedynie przyjaźnie traktuję ludzi. Takie mam usposobienie. Mieszkałem przez 7 lat w Niemczech i znam bardzo dobrze prawie wszystkich polityków starszego pokolenia. Kiedy objąłem nowy urząd, przysyłali mi listy z życzeniami powodzenia. Robiły to też inne osoby. Bardzo mnie to cieszyło. Oznacza to, że wielu Niemców uważa mnie za kompetentnego partnera, z którym można rozmawiać otwarcie i szczerze, i który reprezentuje interesy Polski niezależnie od powiązań partyjnych.

W czasie swoich wizyt wyważa pan otwarte drzwi. Po dwóch latach stałego zagrożenia wetem wszystkich zdaje cieszyć, że Polska powróciła na łono europejskiej rodziny.

To jest kwestia atmosfery. We wspólnej rodzinie, którą jest Unia Europejska, jesteśmy przecież już od 2004 roku. W tej rodzinie w ciągu ostatnich dwóch lat było niestety dużo sporów, nieporozumień i nierozwiązanych problemów. Nie zawsze rozmawiano ze sobą w odpowiednim tonie. Ostrzeżenia i pogróżki nie sprzyjają zgodnemu współżyciu.

Polski rząd, któremu przewodniczył wówczas premier Kaczyński, czynił rząd Niemiec opowiedzialnym za te spory.

Przez dwanaście lat wykładałem na niemieckich uniwersytetach i nigdy nie miałem żadnych konfliktów, ani z jednym studentem. Do dzisiaj wspominam mile tych ludzi a oni mnie. W ciągu tego długiego czasu spotkałem wiele osób, do których ze względu na mentalność i polityczne nastawienie nie żywiłem dużej sympatii, ale nigdy nie padały agresywne słowa i nie było też konfliktów.

Czyli, że po okresie długiego milczenia teraz znów się ze sobą rozmawia.

I ważne jest, że rozmawia się stosunkowo otwarcie. Podczas spotkań z kanclerz Angelą Merkel i prezydentem Köhlerem nie mówiliśmy w ogóle na temat rządu, który przegrał w ostatnich wyborach, ani o jego przedstawicielach. Rozmawialiśmy o aktualnych problemach, o tym, jak je rozwiązać, i o możliwościach pogłębienia dialogu.

Po pierwszej wizycie premiera Tuska w Berlinie krytykowano, że nie przyniosła ona żadnych konkretnych rezultatów.

A co powinniśmy byli osiągnąć? Nie jesteśmy rewolucjonistami. Jesteśmy konstruktywnie myślącymi członkami tego samego klubu o nazwie Unia Europejska.

[...]

Z profesorem Bartoszewskim rozmawiał Knut Krohn.

1. Unter Druck sind Polen immer unberechenbar

   Pod presją Polacy są zawsze nieobliczalni

2. Władysław Bartoszewski über sein besonderes Verhältnis zu Deutschland, den gemeinsamen Club EU und den richtigen Ton

   Władysław Bartoszewski mówi o swym szczególnym stosunku do Niemiec, o wspólnym klubie – Unii Europejskiej, i o tym, że w rozmowie potrzebny jest odpowiedni ton.

3. Władyslaw Bartoszewski (85) ist seit November außenpolitischer Berater des neuen polnischen Ministerpräsidenten Donald Tusk.

   Władysław Bartoszewski (85 lat) jest od listopada pełnomocnikiem ds. dialogu międzynarodowego nowego premiera Polski Donalda Tuska.

4. Herr Professor Bartoszewski, wie viele Reisen ins Ausland haben Sie seit dem Wahlsieg von Donald Tusk gemacht? Man bekam den Eindruck, dass Sie auf allen politischen Baustellen zugange sind.

Panie profesorze, ile zagranicznych podróży odbył pan, odkąd Donald Tusk wygrał wybory? Miało się wrażenie, że jest pan aktywny wszędzie tam, gdzie toczą się ważne polityczne debaty i jest jeszcze wiele do zrobienia.

5. Ich bin gar nicht so viel unterwegs. Offiziell war ich nur zwei Mal im Ausland und beide Male bin ich bei Deutschen gewesen: zuerst bei Papst Benedikt XVI. und danach bei Bundeskanzlerin Angela Merkel und Bundespräsident Horst Köhler. Aber natürlich rede ich nicht nur mit Deutschen, hier in Warschau bin ich auch schon mit Delegationen aus anderen Ländern zusammengetroffen.

Nie podróżuję tak dużo. Oficjalnie byłem tylko dwa razy za granicą, obydwa razy u Niemców, najpierw u papieża Benedykta XVI a potem u kanclerz Angeli Merkel i prezydenta Horsta Köhlera. Ale naturalnie rozmawiam nie tylko z Niemcami, tu w Warszawie miałem też spotkania z delegacjami innych krajów.

6. Gerade in den Augen der Deutschen gelten Sie als die personifizierte Charme- und Kompetenzoffensive, die viel zerbrochenes Porzellan kitten muss.

Akurat w oczach Niemców uchodzi pan za uosobienie ofensywy posiadającej urok osobisty i kompetencje, ofensywy, która wkracza do akcji, żeby ponaprawiać powstałe szkody.

7. Ich bitte Sie, einen 85-Jährigen auf seinen Charme anzusprechen ist mehr als schmeichelhaft. Aber ich tue nichts anderes als mit den Leuten freundlich umzugehen. Das ist eben mein Naturell. Ich habe sieben Jahre in Deutschland gelebt und kenne fast alle Politiker der älteren Generation sehr gut.

Ależ proszę pana, mam 85 lat, mówienie o kimś w moim wieku o uroku osobistym jest bardziej niż pochlebne. Tymczasem ja jedynie przyjaźnie obchodzę się z ludźmi. Taki jestem z usposobienia. Mieszkałem przez 7 lat w Niemczech i znam bardzo dobrze prawie wszystkich polityków starszego pokolenia.

8. Es hat mich sehr gefreut, als ich von ihnen und vielen anderen Menschen Briefe bekommen habe, in denen sie mir Glück für mein neues Amt wünschten. Das zeigt, dass mich viele Deutsche als den kompetenten Partner betrachten, mit dem man offen und ehrlich reden kann und der die Interessen Polens frei von allen Parteibindungen vertritt.

Kiedy objąłem nowy urząd, przysyłali mi listy z życzeniami powodzenia. Robili to też inni ludzie. Bardzo mnie to cieszyło. Oznacza to, że wielu Niemców uważa mnie za kompetentnego partnera, z którym można rozmawiać otwarcie i szczerze, i który reprezentuje interesy Polski niezależnie od powiązań partyjnych.

9. Bei Ihren Besuchen rennen Sie offene Türen ein. Nach zwei Jahren ständiger Vetodrohungen scheint jeder froh zu sein, dass Polen wieder in den Schoß der europäischen Familie zurückgefunden hat.

   W czasie swoich wizyt wyważa pan otwarte drzwi. Po dwóch latach stałego zagrożenia wetem wszystkich zdaje cieszyć, że Polska powróciła na łono europejskiej rodziny.

10. Es ist eine Sache der Atmosphäre. Wir leben doch seit 2004 in einer gemeinsamen Familie, der Europäischen Union. In dieser Familie gab es aber in den vergangenen zwei Jahren viel Streit, Missverständnisse und ungelöste Probleme. Und nicht immer wurde der richtige Ton im Gespräch getroffen. Warnungen und Drohungen sind keine gute Grundlage für ein gutes Zusammenleben.

    To jest kwestia atmosfery. We wspólnej rodzinie, którą jest Unia Europejska, jesteśmy przecież już od 2004 roku. W tej rodzinie w ciągu ostatnich dwóch lat było niestety dużo sporów, nieporozumień i nierozwiązanych problemów. Nie zawsze rozmawiano ze sobą w nieodpowiednim tonie. Ostrzeżenia i pogróżki nie sprzyjają zgodnemu współżyciu.

11. Die polnische Regierung unter dem damaligen Premier Kaczyński machte die deutsche Seite für diesen Streit verantwortlich.

    Polski rząd, któremu przewodniczył wówczas premier Kaczyński, czynił rząd Niemiec opowiedzialnym za te spory.

12. Ich habe zwölf Jahre an deutschen Universitäten Vorlesungen gehalten und ich hatte nie Konflikte, mit keinem einzigen Studenten. Bis heute habe ich diese Leute in guter Erinnerung und sie mich auch. In dieser langen Zeit habe ich viele Leute getroffen, die mir von der Mentalität und der politischen Einstellung nicht immer sehr nahe standen, aber nie gab es böse Worte oder Konflikte.

    Przez dwanaście lat wykładałem na niemieckich uniwersytetach i nigdy nie miałem żadnych konfliktów, ani z jednym studentem. Do dzisiaj wspominam mile tych ludzi a oni mnie. W ciągu tego długiego czasu spotkałem wiele osób, do których ze względu na mentalność i polityczne nastawienie nie żywiłem dużej sympatii, ale nigdy nie padały agresywne słowa i nie było też konfliktów.

13. Nach dem großen Schweigen redet man nun also wieder miteinander […]

Czyli, że po okresie długiego milczenia teraz znów się ze sobą rozmawia […]

14. Und das Wichtige ist, man redet relativ offen miteinander. Während der Gespräche mit Bundeskanzlerin Merkel und Präsident Köhler haben wir nicht ein Wort über die abgewählte Regierung und deren Vertreter verloren. Wir haben über die aktuellen Probleme, deren Lösung und die Möglichkeiten gesprochen, wie der Dialog ausgebaut werden kann.

I ważne jest, że rozmawia się stosunkowo otwarcie. Podczas spotkań z kanclerz Angelą Merkel i prezydentem Köhlerem nie mówiliśmy w ogóle na temat rządu, który przegrał w ostatnich wyborach, ani o jego przedstawicielach. Rozmawialiśmy o aktualnych problemach, o tym, jak je rozwiązać, i o możliwościach pogłębienia dialogu.

15. Nach dem Antrittsbesuch von Premier Tusk in Berlin wurde kritisiert, dass keine konkreten Ergebnisse präsentiert wurden.

Po pierwszej wizycie premiera Tuska w Berlinie krytykowano, że nie przyniosła ona żadnych konkretnych rezultatów.

16. Was sollten wir denn erreichen? Wir sind keine Revolutionäre. Wir sind konstruktiv denkende Mitglieder desselben Clubs mit Namen Europäische Union.

A co powinniśmy byli osiągnąć? Nie jesteśmy rewolucjonistami. Jesteśmy konstruktywnie myślącymi członkami tego samego klubu o nazwie Unia Europejska.

17. Das Gespräch führte Knut Krohn.

Z profesorem Bartoszewskim rozmawiał Knut Krohn.

13   Turecka minister/Lösungen

13.1   Haupttext/Übersetzung

Turecka minister nie chce krzyży w niemieckich szkołach

– W szkole nie powinno się manifestować religii – mówi Aygül Özkan, pierwsza polityk tureckiego pochodzenia, która została w Niemczech ministrem. Chadecy chcą jej dymisji.

Özkan, córka tureckich gastarbajterów i wpływowy polityk CDU z Hamburga ma zostać oficjalnie zaprzysiężona jako minister ds. socjalnych w rządzie Dolnej Saksonii.

Jest pierwszym przedstawicielem liczącej 3 mln społeczności tureckich imigrantów, który w niemieckiej polityce zaszedł tak daleko. Jednak już wywołała skandal na całe Niemcy. W wywiadzie dla tygodnika „Focus" powiedziała, że w szkole nie ma miejsca na symbole religijne takie jak krzyże, czy islamskie chusty. – Szkoła powinna być neutralnym miejscem – oświadczyła.

W chadecji aż się zagotowało. – Czy pani Özkan wie do jakiej partii należy? – pytali politycy CDU. Członkowie jej

Türkische Ministerin will keine Kreuze an deutschen Schulen

„Religion hat in der Schule nichts zu suchen", sagt Aygül Özkan, die erste Politikerin türkischer Herkunft, die in Deutschland Ministerin wurde. Christdemokraten fordern ihren Rücktritt.

Özkan, die Tochter türkischer Gastarbeiter und eine einflussreiche CDU-Politikerin aus Hamburg soll offiziell als Sozialministerin in der Regierung Niedersachsens vereidigt werden. Sie ist die erste Vertreterin der drei Millionen zählenden türkischen Gemeinschaft, die es in der deutschen Politik so weit gebracht hat. Bereits jetzt ist es ihr gelungen, für einen deutschlandweiten Skandal zu sorgen. In einem Interview für das Wochenmagazin „Focus" erklärte sie, in der Schule gebe es keinen Platz für religiöse Symbole wie Kruzifixe oder islamische Kopftücher. „Die Schule sollte ein neutraler Ort sein", sagte sie.

In der Union kochte es. „Weiß Frau Özkan eigentlich, welcher Partei sie angehört?", fragten CDU-Politiker. Einige aus der bayerischen Schwesterpartei, der CSU, äußerten sogar, Özkan

bawarskiej siostry CSU sugerowali nawet, że Özkan nie powinna zostać ministrem i dzisiejszą ceremonię należy odwołać. – Szanuję panią Özkan, ale się z nią nie zgadzam. Krzyż symbolizuje wiodącą rolę chrześcijaństwa w naszej kulturze – mówił Hermann Gröhe, sekretarz generalny CDU. A Hans-Hermann Jantzen ewangelicki biskup Hanoweru, stolicy Dolnej Saksonii, apelował, by nie zakłamywać prawdy o kulturalnych korzeniach Niemiec. Przełożony Özkan – premier Dolnej Saksonii Christian Wulff próbował wczoraj studzić atmosferę. – Pani minister wyraziła swoje osobiste poglądy – ocenił.

Słowa, które oburzyły chadeków zyskały aplauz u zielonych i w SPD. Socjaldemokratyczny burmistrz Berlina Klaus Wowereit ogłosił, że gdyby chadecy wyrzucili Özkan, to w jego partii jest dla niej miejsce.

Aygül Özkan przeprosiła swoich kolegów na spotkaniu partyjnym.

solle nicht zur Ministerin ernannt werden und man müsse die heutige Zeremonie absagen. „Ich schätze Frau Özkan, aber ich bin nicht ihrer Meinung. Das Kreuz symbolisiert die führende Rolle des Christentums in unserer Kultur", sagte Hermann Gröhe, der Generalsekretär der CDU. Und Hans-Hermann Jantzen, der evangelische Bischof von Hannover, der Hauptstadt Niedersachsens, ermahnte dazu, die Wahrheit über die kulturellen Wurzeln Deutschlands nicht zu verleugnen. Özkans Vorgesetzter, der niedersächsische Ministerpräsident Christian Wulff, bemühte sich gestern die Wogen zu glätten. „Die Ministerin hat nur ihre persönlichen Ansichten geäußert", sagte er.

Özkans Äußerungen, die bei den Christdemokraten für Empörung sorgten, fanden Beifall bei den Grünen und in der SPD. Berlins Regierender Bürgermeister Klaus Wowereit (SPD) kündigte an, in seiner Partei gebe es Platz für Frau Özkan, sollten die Christdemokraten sie rauswerfen.

Aygül Özkan hat sich bei ihren Kollegen auf einem Parteitreffen entschuldigt.

13.2   Übungen/Fehleranalysen

ÜBUNG 1

Die korrekte Übersetzung ist fett gedruckt. Die Fehler sind unterstrichen.

> A) – W szkole nie powinno się manifestować religii – mówi Aygül Özkan, [...]

1. „Religion hat im Unterricht nichts zu suchen", sagt Aygül Özkan [...]

   Im Unterricht meint *während des Unterrichts* und ist daher eine inhaltliche Einschränkung. Die Übersetzung muss lauten – *in der Schule.*

2. „Man sollte in der Schule keine religiösen Manifestationen veranstalten", sagt Aygül Özkan [...]

   Religiöse Manifestationen veranstalten ist hier ein völlig falscher Ausdruck. Im Zusammenhang mit der Diskussion um religiöse Symbole an Schulen, verwendet man Ausdrücke wie *Religion hat in der Schule nichts verloren* oder *Religion hat in Klassenräumen nichts zu suchen.*

3. **„Religion hat in der Schule nichts verloren", sagt Aygül Özkan, [...]**

> B) [...] pierwsza polityk tureckiego pochodzenia, która została w Niemczech ministrem.

1. [...] die erste Politikerin mit Migrationshintergrund, die in Deutschland Ministerin wurde.

   Mit Migrationshintergrund ist inhaltlich unpräzise. Die Übersetzung muss lauten – *türkischer Herkunft.*

2. [...] die erste Politikerin aus der Türkei, die in Deutschland Ministerin wurde.

   Inhaltlich nicht korrekt ist auch aus der Türkei. Hier entsteht der falsche Eindruck, als handle es sich um eine türkische Politikerin.

3. **[...] die erste Politikerin türkischer Herkunft, die in Deutschland Ministerin wurde.**

C) Jest pierwszym przedstawicielem liczącej 3 mln społeczności tureckich imigrantów, który w niemieckiej polityce zaszedł tak daleko.

1. **Sie ist die erste Vertreterin der drei Millionen zählenden Gemeinschaft türkischer Immigranten, die es in der deutschen Politik so weit gebracht hat.**

2. Sie ist die erste Vertreterin der türkischen Bürger in Deutschland (3 Mio.), die es in der deutschen Politik so weit gebracht hat.

   Die Übersetzung muss nahe am AT bleiben – *die erste Vertreterin/Repräsentantin der drei Millionen zählenden Gemeinschaft türkischer Immigranten* (nicht – *der türkischen Immigranten*). Auch im polnischen Satz ist die Rede von *społeczność tureckich imigrantów* und nicht *Turków*.

3. Sie ist die erste Türkin von insgesamt drei Millionen Türken in Deutschland, die es in der Politik so weit gebracht hat.

   Die erste Türkin ist ein inhaltlich unpräziser Ausdruck; vgl. C 1 und B 3.

D) Jednak już wywołała skandal na całe Niemcy.

1. **Und schon hat sie es geschafft, für einen deutschlandweiten Skandal zu sorgen.**

2. Und schon hat sie es geschafft, für einen Skandal in den deutschen Medien zu sorgen.

   In den deutschen Medien ist inhaltlich falsch. Es geht nicht darum, dass die Medien landesweit von dem Skandal berichteten, sondern dass der Skandal eine *deutschlandweite* Wirkung hatte.

3. Und schon ist es ihr gelungen, mit ihren Äußerungen einen Skandal hervorzurufen.

   Die Übersetzung ist unvollständig. Ausgelassen wurde *na całe Niemcy – landesweit/deutschlandweit*.

E) W wywiadzie dla tygodnika „Focus" powiedziała, że w szkole nie ma miejsca na symbole religijne takie jak krzyże, czy islamskie chusty.

1. **In einem Interview für das Wochenmagazin „Focus" sagte sie, in der Schule gebe es keinen Platz für religiöse Symbole wie Kruzifixe oder islamische Kopftücher.**

2. In einem Interview für das Wochenmagazin „Focus" <u>gab sie bekannt</u>, in der Schule gebe es <u>nicht genug Platz</u> für religiöse Symbole wie Kreuze oder islamische Kopftücher.

   <u>Bekanntgeben</u> ist ein falsches Verb; es muss heißen *sie sagte,* auch *sie erklärte.*

   <u>Nicht genug Platz</u> ist ein falscher Ausdruck. *Nie ma miejsca* verweist hier nicht auf *Platzmangel*, sondern darauf, dass die Schule kein geeigneter Ort für religiöse Symbole ist.

3. In einem Interview für das Wochenmagazin „Focus" erklärte sie, in der Schule gebe es <u>keine Räume</u> für religiöse Symbole wie Kruzifixe oder islamische Kopftücher.

   <u>Keine Räume</u> ist lexikalisch falsch. Es muss heißen, es gibt *keinen Platz.*

F) W chadecji aż się zagotowało. - Czy pani Özkan wie, do jakiej partii należy? - pytali politycy CDU.

1. **In der CDU schlugen die Wogen hoch. „Weiß Frau Özkan eigentlich, welcher Partei sie angehört?", fragten CDU-Politiker.**

2. In der Union kochte es. „Ist sich Frau Özkan eigentlich dessen bewusst, dass sie <u>in der CDU ist</u>?", fragten <u>die CDU-Politiker.</u>

   Die Übersetzung ist stilistisch umständlich formuliert. <u>In der CDU</u> ist inhaltlich falsch. <u>Die CDU-Politiker</u> enthält einen Artikelfehler. Korrekt *CDU-Politiker.*

3. Die Christdemokraten <u>protestierten</u>. „Weiß Frau Özkan eigentlich, <u>welcher Partei sie gehört</u>?", fragten CDU-Politiker.

   <u>Protestierten</u> ist ein falsches Verb. <u>Welcher Partei sie gehört</u> – *gehören* ist ein falsches Verb. Richtig – *angehören*; vgl. F 1.

G) Członkowie jej bawarskiej siostry CSU sugerowali nawet, że Özkan nie powinna zostać ministrem i dzisiejszą ceremonię należy odwołać.

1. **Einige aus der bayerischen Schwesterpartei, der CSU, äußerten sogar, Özkan solle nicht zur Ministerin ernannt werden und man solle die heutige Zeremonie absagen.**

2. In der bayerischen Schwesterpartei, der CSU, wurden sogar Stimmen laut, Özkan <u>solle vielleicht doch besser keine Ministerin werden, und die heutige Zeremonie solle besser</u> nicht <u>stattfinden.</u>

   Der zweite Satzteil ist stilistisch umständlich und inhaltlich unpräzise. <u>Stattfinden</u> ist ein falsches Verb, die Information, dass vorgeschlagen wurde, die Zeremonie abzusagen, ist in der Übersetzung verloren gegangen.

3. <u>Die</u> Mitglieder ihrer bayerischen Schwesterpartei, der CSU, äußerten sich dahingehend, dass die heutige Zeremonie abgesagt werden sollte.

   Der Satz ist inhaltlich unpräzise. <u>Die</u> ist falsch, weil es sich nicht um alle Mitglieder handelt. Im Nebensatz wurde *nie powinna zostać ministrem* ausgelassen.

H) […] ewangelicki biskup Hanoweru, stolicy Dolnej Saksonii, apelował, by nie zakłamywać prawdy o kulturalnych korzeniach Niemiec.

1. **[…] der evangelische Bischof von Hannover, der Hauptstadt Niedersachsens, ermahnte dazu, die Wahrheit über die kulturellen Wurzeln Deutschlands nicht zu verleugnen.**

2. […] der evangelische Bischof von Hannover, der Hauptstadt Niedersachsens, appellierte, die kulturellen Wurzeln Deutschlands nicht zu verleugnen.

   Die Übersetzung ist nicht vollständig; Auslassung – *die Wahrheit*.

3. […] der evangelische Bischof von Hannover, der Hauptstadt Niedersachsens, <u>rief dazu auf</u>, die Wahrheit über die kulturellen Wurzeln Deutschlands nicht zu <u>verschleiern</u>.

   Das Verb <u>aufrufen</u> ist zu stark, <u>verschleiern</u> völlig falsch. Die Übersetzung muss in jedem Fall wie in H 1 heißen *er ermahnte dazu,… nicht zu verleugnen.*

> I) Przełożony Özkan – premier Dolnej Saksoni Christian Wulff próbował wczoraj studzić atmosferę.

1. Özkans Vorgesetzter, der niedersächsische Ministerpräsident Christian Wulff, <u>wollte</u> gestern <u>alle beruhigen</u>.

   Aus <u>wollte alle beruhigen</u> geht nicht hervor, dass er das auch tatsächlich tat. Die Übersetzung muss heißen – *er bemühte sich, er versuchte*.

2. **Özkans Vorgesetzter, der niedersächsische Ministerpräsident Christian Wulff, bemühte sich gestern, die Wogen zu glätten.**

3. Gestern <u>unternahm</u> Özkans Vorgesetzter, der niedersächsische Ministerpräsident Christian Wulff, <u>einen Versuch, den Streit beizulegen</u>.

   Die Übersetzung ist inhaltlich falsch, weil <u>Versuch unternehmen</u> und <u>Streit beilegen</u> zu sehr auf eine konkrete Situation hinweisen, die im AT nicht gegeben ist.

> J) Aygül Özkan przeprosiła swoich kolegów na spotkaniu partyjnym.

1. Aygül Özkan <u>hat ihre Kollegen</u> auf einem Parteitreffen <u>entschuldigt</u>.

   Der Satz ist inhaltlich falsch. <u>Hat ihre Kollegen entschuldigt</u> verändert völlig den Inhalt. Es muss heißen – *hat sich bei ihren Kollegen entschuldigt*.

2. **Aygül Özkan hat sich bei ihren Kollegen auf einem Parteitreffen entschuldigt.**

3. Aygül Özkan hat sich bei ihren Kollegen auf dem <u>Parteitag</u> entschuldigt.

   Der Satz enthält einen groben lexikalischen Fehler. <u>Parteitag</u> ist nicht *spotkanie partyjne*; richtig – *Parteitreffen*.

ÜBUNG 2

Richtig sind die Sätze: 1, 4, 6, 7, 9, 12

1. **Aygül Özkan, die erste Politikerin türkischer Herkunft.**

2. Aygül Özkan, die erste Politikerin der türkischen Herkunft.

3. Özkan ist die Tochter der türkischen Gastarbeiter.

4. **Özkan ist die Tochter türkischer Gastarbeiter.**

5. Sie hat es in deutscher Politik weit gebracht.

6. **Sie hat es in der deutschen Politik weit gebracht.**

7. **In der Schule gibt es keinen Platz für religiöse Symbole wie Kruzifixe oder islamische Kopftücher.**

8. In der Schule gibt es keinen Platz für die religiösen Symbole wie Kruzifixe oder die islamischen Kopftücher.

9. **„Die Schule muss ein neutraler Ort sein", sagte sie.**

10. „Die Schule muss neutraler Ort sein", sagte sie.

11. „Das Kreuz symbolisiert eine führende Rolle von Christentum in unserer Kultur", sagte er.

12. **„Das Kreuz symbolisiert die führende Rolle des Christentums in unserer Kultur", sagte er.**

ÜBUNG 3

1. Sie ist die erste Vertreterin der drei Millionen zählenden türkischen Gemeinschaft, **die es in der deutschen Politik so weit gebracht hat.**

2. In einem Interview für das **Wochenmagazin** „Focus" erklärte sie, […].

3. „Weiß Frau Özkan eigentlich, **welcher Partei sie angehört?**", fragten einige CDU-Politiker.

4. Özkans Vorgesetzter, der niedersächsische Ministerpräsident Christian Wulff, bemühte sich gestern **die Wogen zu glätten.**

5. „Die Ministerin hat nur **ihre persönliche Meinung gesagt**", sagte er.

ÜBUNG 4

ÜBERSETZUNG

Aygül Özkan zaprzysiężona

Wulff staje w obronie nowej minister ds. socjalnych

Premier Dolnej Saksonii Wulff powiedział, że powołanie Özkan na ministra „jest ważnym sygnałem" – nie zmierzchiem Zachodu. Dodał, że jest tak, nawet jeśli Özkan poruszając ryzykowne tematy, nieco się potknęła.

[…] Na nowego ministra ds. socjalnych i intergracji Dolnej Saksonii wybrana została mimo swych wypowiedzi na temat zakazu krzyży w szkołach Aygül Özkan z CDU, polityk pochodzenia tureckiego. W Lantagu w Hanowerze kluby parlamentarne koalicji rządowej CDU i FDP głosowały jednomyślnie na 38-letnią prawniczkę. […] .

Niedługo przed planowanym zaprzysiężeniem pierwszej muzułmańskiej minister w Niemczech premier Dolnej Saksonii Christian Wulff stanął w obronie krytykowanej Özkan.

Urodzona w Niemczech Özkan (CDU) – rodzice jej są Turkami –, opowiedziała się przeciw krzyżom w szkołach, za co jednak przeprosiła w poniedziałek na spotkaniu frakcji CDU w Landtagu Dolnej Saksonii. […]

Wulff jednocześnie umocnił swoją krytykę pod adresem Özkan, ale powiedział też, że dyskusję uważa za zakończoną. Powiedział, że Özkan zaakceptowała, że pomimo rozdziału pomiędzy państwem a Kościołem w Dolnej Saksonii obydwie instytucje żyją ze sobą w zgodzie „i że dlatego popieramy krzyże w szkołach". Premier dodał, że Özkan dysponująca własnymi przekonaniami i doświadczeniami „nie uwzględniła tego wystarczająco". […]

Kto domaga się, żeby zrezygnować z nominacji Özkan na ministra, ten najwyraźniej potrzebuje więcej czasu na zrozumienie, że za 20 lat obsadzanie stanowisk ministerialnych migrantami będzie czymś zupełnie normalnym. „W tej kwestii niektórzy potrzebują więcej czasu, obawiają się zmierzchu Zachodu", powiedział Wulff. Powołanie Özkan na ministra „jest ważnym sygnałem", dodał. […]

Tymczasem bawarski minister spraw wewnętrznych Joachim Herrmann (CSU) umocnił swoją krytykę pod adresem Özkan. „Oczekuję należnego respektu wobec naszej kultury", powiedział Herrmann na łamach Passauer Neue Presse. Dodał, że od Wulffa oczekuje ponadto, że nauczy on Özkan „podstawowych wartości wyznawanych przez CDU i CSU". Zdaniem Herrmanna, ta próba podjęta przez Özkan „nie podlega w ogóle dyskusji".

Zdaniem przewodniczącego Gminy Tureckiej w Niemczech Kenana Kolata (SPD) w CDU toczy się niepotrzebna dyskusja. „Özkan powiedziała, co Federalny Sąd Konstytucyjny uznał już w 1995 roku, mianowicie że państwo w tej kwestii musi zachować neutralność. Dziwne jest , kiedy politycy w naszym kraju wyrażają opinie niezgodne z konstytucją." Kolat dodał, że „w pełni" podziela zdanie Özkan, że ze szkolnych klas powinno się usunąć zarówno krzyże jak i islamskie chusty. [...]

Za krzyżami w szkołach opowiedziała się natomiast jednoznacznie Centralna Rada Muzułmanów w Niemczech. „Religia powinna być widoczna w życiu publicznym, dotyczy to wszystkich religii", powiedział we wtorek w Kolonii w wywiadzie dla niemieckiej agencji prasowej dpa – wymieniając przy tym wyraźnie islam – przewodniczący Centralnej Rady Muzułmanów w Niemczech Ayyub Axel Köhler.

1. Aygul Özkan vereidigt

   Aygül Özkan zaprzysiężona

2. Wulff stellt sich vor neue Sozialministerin

   Wulff staje w obronie nowej minister ds. socjalnych

3. Özkans Ernennung zur Ministerin sei ein „wichtiges Signal" – nicht der Untergang des Abendlandes, meint Niedersachsens Ministerpräsident Wulff. Auch wenn sie auf dünnem Eis mal ins Rutschen gekommen sei.

   Premier Dolnej Saksonii Wulff powiedział, że powołanie Özkan na ministra „jest ważnym sygnałem" – nie zmierzchem Zachodu. Dodał, że jest tak, nawet jeśli Özkan poruszając ryzykowne tematy nieco się potknęła.

4. [...] Die türkisch-stämmige CDU-Politikerin Aygül Özkan ist ungeachtet ihrer Äußerungen über ein Kruxifix-Verbot an Schulen zur neuen niedersächsischen Ministerin für Soziales und Integration gewählt worden. Im Landtag von Hannover stimmten die Koalitionsfraktionen von CDU und FDP am Dienstag einmütig für die 38-jährige Juristin. [...]

   [...] Na nowego ministra ds. socjalnych i intergracji Dolnej Saksonii wybrana została mimo swych wypowiedzi na temat zakazu krzyży w szkołach Aygül Özkan z CDU, polityk pochodzenia tureckiego. W Landtagu w Hanowerze kluby parlamentarne koalicji rządowej CDU i FDP głosowały jednomyślnie na 38-letnią prawniczkę. [...] .

5. Kurz vor der geplanten Vereidigung der ersten muslimischen Ministerin Deutschlands hatte sich Niedersachsens Ministerpräsident Christian Wulff vor die kritisierte Özkan gestellt.

Niedługo przed planowanym zaprzysiężeniem pierwszej muzułmańskiej minister w Niemczech premier Dolnej Saksonii Christian Wulff stanął w obronie krytykowa-nej Özkan.

6. Die in Deutschland geborene CDU-Politikerin mit türkischen Eltern hatte sich gegen Kreuze in Schulen ausgesprochen, dies am Montag in der CDU-Landtagsfraktion aber bedauert.

Urodzona w Niemczech Özkan (CDU) – rodzice jej są Turkami –, opowiedziała się przeciw krzyżom w szkołach, za co jednak przeprosiła w poniedziałek na spotkaniu klubu parlamentarnego CDU w Landtagu Dolnej Saksonii. [...]

7. Zugleich bekräftigte Wulff seine Kritik an Özkan, die Debatte sei aber beendet. Sie habe akzeptiert, dass es trotz der Trennung von Staat und Kirche in Nieder-sachsen ein gutes Miteinander beider Institutionen gebe „und wir deswegen Kreuze in den Schulen begrüßen". Das habe sie aus ihrem Hintergrund „nicht ausreichend berücksichtigt". [...]

Jednocześnie Wulff umocnił swoją krytykę pod adresem Özkan, ale powiedział też, że spór uważa za zakończony. Powiedział, że Özkan zaakceptowała, iż pomimo rozdziału pomiędzy państwem a Kościołem w Dolnej Saksonii obydwie instytucje żyją ze sobą w zgodzie „i że dlatego popieramy krzyże w szkołach". Premier dodał, że Özkan dysponująca własnymi przekonaniami i doświadczeniami „nie uwzględniła tego wystarczająco". [...]

8. Wer einen Verzicht auf Özkans Ernennung verlange, brauche offenkundig län-ger zu begreifen, dass es in 20 Jahren völlig normal sein werde, dass Migranten auch Ministerämter besetzen. „Da brauchen manche länger und fürchten den Untergang des Abendlandes", sagte Wulff. Özkans Ernennung sei "ein wichtiges Signal".

Kto domaga się rezygnacji z powołania Özkan na ministra, ten najwyraźniej potrzebuje więcej czasu na zrozumienie, że za 20 lat obsadzanie stanowisk ministerialnych migrantami będzie czymś zupełnie normalnym. „Niektórzy potrzebują więcej czasu, obawiają się zmierzchu Zachodu", powiedział Wulff. Powołanie Özkan na ministra „jest ważnym sygnałem", dodał. [...]

9. Unterdessen hat Bayerns Innenminister Joachim Herrmann (CSU) seine Kritik an Özkan bekräftigt. „Ich erwarte den nötigen Respekt vor unserer Kultur", sagte Herrmann der Passauer Neuen Presse. Von Wulff erwarte er zudem, dass er Özkan „die Grundsätze von CDU und CSU" beibringe. Özkans Vorstoß sei „völlig indiskutabel".

Tymczasem bawarski minister spraw wewnętrznych Joachim Herrmann (CSU) umocnił swoją krytykę pod adresem Özkan. „Oczekuję należnego respektu wobec naszej kultury", powiedział Herrmann na łamach *Passauer Neue Presse.* **Dodał, że od Wulffa oczekuje ponadto, że nauczy on Özkan „podstawowych wartości wyznawanych przez CDU i CSU". Zdaniem Herrmanna ta próba podjęta przez Özkan „nie podlega w ogóle dyskusji".**

10. Der Vorsitzende der Türkischen Gemeinde in Deutschland, Kenan Kolat (SPD), sprach von einer unnötigen Diskussion in der CDU. „Sie hat gesagt, was das Bundesverfassungsgericht im Jahre 1995 gesagt hat, dass der Staat in dieser Frage neutral bleiben muss. Wenn sich Politiker in unserem Land gegen das Grundgesetz stellen, ist das merkwürdig." Er teile Özkans Meinung „voll und ganz", dass sowohl Kruzifixe als auch Kopftücher aus den Klassenzimmern verbannt werden sollten. […]

Zdaniem przewodniczącego Gminy Tureckiej w Niemczech Kenana Kolata (SPD) w CDU toczy się niepotrzebna dyskusja. „Özkan powiedziała, co Federalny Sąd Konstytucyjny uznał już w 1995 roku, mianowicie że państwo w tej kwestii musi zachować neutralność. Dziwne jest, kiedy politycy w naszym kraju wyrażają opinie niezgodne z konstytucją." Kolat dodał, że „w pełni" podziela zdanie Özkan, że ze szkolnych klas powinno się usunąć zarówno krzyże jak i islamskie chusty. […]

11. Dagegen hat sich der Zentralrat der Muslime in Deutschland ausdrücklich für Kreuze an Schulen ausgesprochen. „Die Religion soll im öffentlichen Raum sichtbar sein, das gilt für alle Religionen", sagte der ZMD-Vorsitzende Ayyub Axel Köhler der Nachrichtenagentur dpa am Dienstag in Köln und nannte ausdrücklich auch den Islam. „Wir leben doch in einem zutiefst christlich geprägten Land, in einer zutiefst christlich geprägten Kultur. Da sollte die Religion auch öffentlich sichtbar bleiben", erklärte Köhler. (dpa/afp)

Za krzyżami w szkołach opowiedziała się natomiast jednoznacznie Centralna Rada Muzułmanów w Niemczech. „Religia powinna być widoczna w życiu publicznym, dotyczy to wszystkich religii", powiedział we wtorek w Kolonii w wywiadzie dla niemieckiej agencji prasowej dpa – wymieniając przy tym wyraźnie islam – przewodniczący Centralnej Rady Muzułmanów w Niemczech Ayyub Axel Köhler.

14 Jeff Bridges/Lösungen

14.1 Haupttext/Übersetzungsvorschlag

Jeff Bridges – leń nagrodzony Oscarem

Nie zależy mu na splendorach. Zamiast wyścigu za rolami w megaprodukcjach woli z tarasu swego domu spoglądać na Pacyfik i przygrywać żonie na gitarze. Ale gdy już staje na planie, powstaje perełka.

Jeszcze niedawno mówiło się o nim, że jest najbardziej utalentowanym i … najbardziej niedocenianym aktorem w Hollywood. Krytycy rozpływali się w pochwałach na temat jego gry, ale twórcy filmów nie podzielali tego entuzjazmu: namówić go do pracy potrafili tylko najcierpliwsi! Za każdym razem długo kaprysił, dzielił włos na czworo, domagał się zmian w scenariuszu … Takiego oryginała jak Jeff Bridges naprawdę trudno znaleźć w całym Hollywood!

58 lat pracy … na Oscara

Złośliwi mówią, że w swojej karierze więcej propozycji odrzucił niż przyjął. Nie skorzystał m.in. z intratnych ofert zagrania głównej roli w „Love story" czy w serialu „Policjanci z Miami". Ale on niczego nie żałuje i idzie swoją

Jeff Bridges – Oscar für einen Faulpelz

Glanz und Glamour sind ihm nicht wichtig. Statt nach Rollen in Megaproduktionen zu jagen, schaut er lieber von der Terrasse seines Hauses auf den Pazifik und spielt seiner Frau auf der Gitarre vor. Aber wenn er dann am Set ist, entsteht ein Juwel.

Noch vor kurzem sagte man über ihn, er sei der begabteste und am meisten unterschätzte Schauspieler Hollywoods. Kritiker sangen Lobeshymnen auf Bridges' schauspielerische Leistung, doch Filmemacher teilten diesen Enthusiasmus nicht: Nur den Geduldigsten gelänge es, ihn zum Arbeiten zu bewegen. Er habe immer und an allem etwas auszusetzen, betreibe Haarspalterei, verlange Änderungen im Drehbuch … Einen solchen Exzentriker wie Jeff Bridges gäbe es in ganz Hollywood kein zweites Mal!

58 Jahre Arbeit … für den Oscar

Die Gehässigen meinen, er habe in seiner Karriere mehr Angebote abgelehnt als angenommen. U. a. wollte er die lukrativen Hauptrollen in „Love Story" oder in der Serie „Miami Vice" nicht spielen. Doch

drogą, bez skrótów. Pięć nominacji do Oscara zdobył, grając na swoich warunkach. Ostatnia z nich okazała się wreszcie szczęśliwa. Dwa miesiące temu statuetka trafiła w jego ręce. Kilka tygodni wcześniej odebrał też Złotego Globa. Najbardziej niedoceniany aktor Hollywood stał się w krótkim czasie jednym z najbardziej utytułowanych.

Filmem, które tak zmienił jego status jest „Szalone serce". To opowieść o podstarzałym piosenkarzu country, życiowym rozbitku na własne życzenie. Nie potrafi zapanować nad karierą, utrzymać przy sobie ukochanej kobiety, ani poradzić sobie z alkoholizmem. Ten skomplikowany, słaby człowiek zagrany przez Bridgesa od pierwszej chwili przykuwa nas do ekranu. Niesamowita gra Jeffa sprawia, że film, w którym niby nic się nie dzieje, jest fascynującą podróżą po zakamarkach ludzkiej duszy.

Wydaje się, że w tym właśnie tkwi cały sekret aktorskiego fenomenu Bridgesa. Potrafi wcielać się w postaci z różnych środowisk, o różnych temperamentach i w różnym wieku, i to praktycznie bez szczególnej charakteryzacji.

Debiutował już w wieku … dwóch lat! Wszystko dlatego, że jego rodzicami była aktorska para Dorothy i Lloyd Bridges. Ojciec Jeffa był prawdziwą gwiazdą w latach 50. i 60. poprzedniego wieku. U jego boku chłopak występował w popularnym serialu telewizyjnym „Sea Hunt".

Tuż po 14 urodzinach Jeff usłyszał od ojca propozycję nie do odrzucenia: „Jest rólka do zagrania, dla chłopaka w twoim

Bridges bedauert nichts und geht konsequent seinen Weg, ohne Abkürzungen zu nehmen. Er wurde fünfmal für den Oscar nominiert, und jedesmal hatte er die Rolle so gespielt, wie er sie spielen wollte. Die letzte Nominierung brachte ihm dann endlich Erfolg: Vor zwei Monaten wurde Bridges mit der begehrten Trophäe ausgezeichnet. Einige Wochen zuvor auch mit einem Golden Globe. Der am meisten unterschätzte Schauspieler Hollywoods wurde in kurzer Zeit zu einem der am meisten ausgezeichneten.

Es war „Crazy Heart", mit dem sich Bridges Status so sehr verändert hat. Es ist die Geschichte eines in die Jahre gekommenen Country-Sängers, der im Leben durch eigenes Verschulden scheitert. Er hat seine Karriere nicht im Griff, kann die Frau, die er liebt, nicht halten und schafft es nicht, seine Alkoholprobleme zu überwinden.Die Karriere entgleitet ihm, die Frau, die er liebt, verlässt ihn, weil er nicht in der Lage ist, sie zu halten, genauso wenig bekommt er sein Alkoholproblem in den Griff. Dieser komplizierte, schwache Mensch, den Bridges spielt, fesselt uns von der ersten Minute an. Bridges phantastisches Spiel verwandelt diesen scheinbar ereignisarmen Film in eine faszinierende Reise durch die tiefsten Winkel der menschlichen Seele.

Darin auch scheint Brigdes Geheimnis als Schauspieler zu liegen. Er kann in Charaktere aus verschiedenen Milieus hineinschlüpfen, Menschen unterschiedlicher Temperamente und unterschiedlichen Alters spielen und muss dafür nicht großartig in die Maske.

Jeff gab sein Debüt mit … zwei Jahren!

wieku. Nie pójdziesz do szkoły, zarobisz trochę pieniędzy, kupisz sobie potem jakieś zabawki". Który dzieciak by odmówił? Jeff stanął na planie i w jednej chwili połknął filmowego bakcyla. I tak mu już zostało na całe życie!

[…]

Es kam dazu, weil seine Eltern Dorothy und Lloyd Bridges beide selbst Schauspieler waren. Jeffs Vater war in den 50er und 60er Jahren des 20. Jahrhunderts ein Star. An seiner Seite spielte Jeff in der beliebten Fernsehserie „Abenteuer unter Wasser".

Als Jeff gerade 14 wurde, machte sein Vater ihm ein Angebot, das er nicht ausschlagen konnte: „Es gibt eine kleine Rolle für einen Jungen deines Alters. Du musst nicht zur Schule gehen, kannst etwas Geld verdienen und dir Spielzeug kaufen." Welches Kind hätte da nein gesagt? Jeff übernahm die Rolle und wurde sofort vom Filmfieber gepackt. Und das hat sich bis heute nicht geändert. […]

14.2   Übungen/Fehleranalysen

ÜBUNG 1

Die korrekten Sätze sind fett gekennzeichnet.

A) Jeff Bridges woli z tarasu swego domu spoglądać na Pacyfik i przygrywać żonie na gitarze.

---

1. **Jeff Bridges schaut lieber von der Terrasse seines Hauses auf den Pazifik und spielt seiner Frau auf der Gitarre vor.**

2. Jeff Bridges schaut lieber <u>von der Terrasse</u> auf den Pazifik und <u>spielt seiner Frau etwas vor</u>.

   <u>Von der Terrasse</u> ist inhaltlich ungenau, Auslassung – *swego domu.* <u>Spielt seiner Frau etwas vor</u> ist inhaltlich falsch: *jdm. etwas vorspielen* heißt – *jdm. etw. vormachen.*

3. Jeff Bridges mag es lieber, von der Terrasse seines Hauses auf den <u>Ozean</u> zu schauen und seiner Frau auf der Gitarre vorzuspielen.

   <u>Ozean</u> – ungenau; richtig *der Pazifik*

> B) Krytycy rozpływali się w pochwałach na temat jego gry, ale twórcy filmów nie podzielali tego entuzjazmu: namówić go do pracy potrafili tylko najcierpliwsi!

1. **Kritiker sangen Lobeshymnen auf seine Schauspielkunst, doch Filmemacher teilten diesen Enthusiasmus nicht: Nur den Geduldigsten gelänge es, ihn zum Arbeiten zu bewegen.**

2. Kritiker überschlugen sich mit Lob über seine Schauspielkunst, Filmemacher <u>argumentierten</u> jedoch, dass es nur den Geduldigsten gelingen würde, <u>mit ihm zu arbeiten.</u>

   <u>Argumentierten</u> ist ein falsches Verb. Richtig muss es heißen – *sie teilten diesen Enthusiasmus nicht.* Inhaltlich falsch oder zumindest ungenau ist <u>mit ihm zu arbeiten.</u> Es muss heißen – *ihn zum Arbeiten zu bewegen.*

3. Kritiker überschlugen sich mit Lob über sein Spiel, Filmemacher teilten diesen Enthusiasmus jedoch nicht: <u>Man brauche viel Geduld, um mit ihm arbeiten zu können.</u>

   Der Inhalt weicht vom AT ab. Korrekt übersetzt heißt es – *nur den Geduldigsten gelänge es, ihn zum Arbeiten zu bewegen.*

> C) Nie skorzystał m.in. z intratnych ofert zagrania głównej roli w „Love story" czy w serialu „Policjanci z Miami".

1. **Er lehnte u. a. die lukrativen Angebote ab, in „Love Story" oder in der Serie „Miami Vice" die Hauptrolle zu spielen.**

2. Er lehnte zum Beispiel die lukrative Hauptrolle in „Love Story" ab, genauso wie <u>das Angebot, in der Serie „Miami Vice" mitzuspielen.</u>

   Der Inhalt wurde ungenau wiedergegeben, in <u>das Angebot mitzuspielen</u> fehlt die Information, dass es sich um eine Hauptrolle handelt.

3. Er nahm zum Beispiel die Hauptrolle in „Love Story" nicht an, genauso wie das verlockende Angebot, in der Serie „Miami Vice" <u>eine Rolle</u> zu spielen.

   <u>Eine Rolle</u> ist inhaltlich ungenau, vgl. auch Erläuterung zu C 2.

> D) Najbardziej niedoceniany aktor Hollywood stał się w krótkim czasie jednym z najbardziej utytułowanych.

1. <u>Einer der am meisten unterschätzten</u> Schauspieler Hollywoods wurde in kurzer Zeit zu einem der am meisten ausgezeichneten.

   Der Inhalt wurde falsch wiedergegeben. Richtig heißt es – *der am meisten unterschätzte Schauspieler.*

2. Der am meisten unterschätzte Schauspieler Hollywoods wurde in kurzer Zeit zu einem, der die meisten <u>Titel</u> besitzt.

   Es handelt sich um einen lexikalischen Fehler. Korrekt – *Auszeichnungen.*

3. **Der am meisten unterschätzte Schauspieler Hollywoods wurde in kurzer Zeit zu einem der am meisten ausgezeichneten.**

> E) To opowieść o podstarzałym piosenkarzu country, życiowym rozbitku na własne życzenie.

1. Es ist die Geschichte eines in die Jahre gekommenen Country-Sängers, der im Leben <u>völlig versagt</u>.

   Die Übersetzung ist nicht vollständig, es fehlt *na własne życzenie* – hier: *durch eigenes Verschulden.* <u>Völlig versagt</u> – besser wie in E 2: *der durch eigenes Verschulden scheitert.*

2. **Es ist die Geschichte eines in die Jahre gekommenen Country-Sängers, der im Leben durch eigenes Verschulden scheitert.**

3. „Crazy Heart" ist die Geschichte eines abgehalfterten Country-Sängers.

   Die Übersetzung ist unvollständig; richtig vgl. E 2. Man darf sich bei der Übersetzung nicht davon beeinflussen lassen, dass in den meisten deutschen Filmkritiken von einem *abgehalfterten Country-Sänger* die Rede war.

> F) Nie potrafi zapanować nad karierą, utrzymać przy sobie ukochanej kobiety, ani poradzić sobie z alkoholizmem.

1. Er ist nicht in der Lage, seine Karriere zu <u>kontrollieren, seine geliebte Frau</u> zu halten, und genauso wenig sein Alkoholproblem in den Griff zu bekommen.

   Die Übersetzung ist inhaltlich falsch, im AT ist keine Rede davon, dass es sich um seine Ehefrau handelt.

   <u>Karriere kontrollieren</u> ist lexikalisch falsch. Korrekt – *er ist nicht in der Lage, seine Karriere zu meistern,* oder – *die Karriere entgleitet ihm,* vgl. auch F 1.

2. **Er hat seine Karriere nicht im Griff, kann die Frau, die er liebt, nicht halten und wird auch mit seinem Alkoholproblem nicht fertig.**

3. Er ist nicht in der Lage, seine Karriere zu meistern, <u>seine Frau</u>, die ihn liebt, zu halten, und genauso wenig sein Alkoholproblem in den Griff zu bekommen.

   <u>Seine Frau</u> – Inhalt falsch; vgl. Erläuterungen zu F 1.

> G) Niesamowita gra Jeffa sprawia, że film, w którym niby nic się nie dzieje, jest fascynującą podróżą po zakamarkach ludzkiej duszy.

1. **Bridges überwältigendes Spiel verwandelt diesen scheinbar ereignisarmen Film in eine faszinierende Reise durch die tiefsten Winkel der menschlichen Seele.**

2. Der Film, in dem eigentlich kaum etwas geschieht, wird dank Jeffs <u>unglaubwürdigem</u> Spiel zu einer faszinierenden Reise durch die <u>entferntesten Winkel</u> der menschlichen Seele.

   Die Übersetzung enthält zwei lexikalische Fehler. <u>Unglaubwürdig</u> ist ein völlig falsches Wort. <u>Entfernteste Winkel</u> – besser: tiefste Winkel der menschlichen Seele (vgl. auch 4.2).

3. Der Film, in dem auf den ersten Blick kaum etwas geschieht, <u>ist eine faszinierende Reise</u> durch <u>die dunklen Geheimnisse</u> der menschlichen Seele.

   Die Übersetzung ist inhaltlich falsch und unvollständig. <u>Die dunklen Geheimnisse</u> ist ein völlig falscher Ausdruck; richtig – *die tiefsten Winkel der menschlichen Seele:* Ausgelassen wurde *niesamowita gra Jeffa sprawia, że* – *Bridges überwältigendes Spiel verwandelt ...*

ÜBUNG 2

1. **Glamour** bedeutet ihm nichts.

2. Statt nach **Rollen in Megaproduktionen** zu jagen, sitzt er lieber auf **der** Terrasse seines Hauses, schaut auf **den** Pazifik und spielt seiner Frau etwas auf **der** Gitarre vor.

3. Aber wenn er dann dreht, entsteht **ein** Juwel.

4. Kritiker überschlugen sich **mit Lob** über sein Spiel, Filmemacher teilten diesen Enthusiasmus jedoch nicht:

5. Nur **den Geduldigsten** würde es gelingen, ihn zum Arbeiten zu bewegen.

6. Er habe immer und an allem etwas auszusetzen, betreibe **Haarspalterei**, verlange **Änderungen** im Drehbuch.

7. **In ganz Hollywood** gebe es keinen solchen Exzentriker wie Jeff Bridges.

ÜBUNG 3

1. Ursprünglich wollte **Regisseur Scott Cooper die** bewegte Lebensgeschichte **des** Countryveteranen Merle Haggard verfilmen, doch als ihm Thomas Cobbs Roman „Crazy Heart" **in die Hände fiel**, entschied er sich, eine fiktive Geschichte zu erzählen, die dennoch viel mit **den** realen Schicksalen **vieler** Countrymusiker zu tun hat.

2. Es geht um **einsame** Helden, Cowboys **mit Gitarren**.

3. Und es geht darum, **Würde, Stolz und Anstand** zu bewahren, auch wenn **Glanz und Ruhm** vergangener Tage verschwunden sind – und das Leben nur noch aus **kleinen und großen** Demütigungen besteht.

4. Rip Torn spielte so einen strauchelnden Star 1973 in „Payday", weitaus weniger zynisch porträtierte Robert Duvall 1983 in **Bruce Beresfords Barden–Ballade** „Tender Mercies" **einen** alternden Countryhelden, der versucht, sein verpfuschtes Leben wieder **in den Griff zu bekommen**.

ÜBUNG 4

1. Bad Blake war mal einer der best**en** Songschreiber der Countryszene, doch sein Strom genial**er** Tunes ist schon länger versiegt.

2. Jüngere, **besser** aussehende Stars wie sein **einstiger** Ziehsohn Tommy Sweet haben das Countrygenre auf Boygroup-Glamour getrimmt.

3. Bärtige, bierbäuchige Typen mit fettig**em** Haar wie Blake haben in den Arenen voller kreischend**er** Teenies nichts mehr zu suchen.

4. Sie müssen mit **dem** „Spare Room" auf **der** Bowlingbahn vorlieb nehmen.

5. Natürlich säuft sich Blake bis **zum** Auftritt **die** Hucke voll. Natürlich tritt er trotzdem **ans** Mikro wie ein brav**er** Countrysoldat.

6. Natürlich ist er so **routiniert**, dass er auch **im** Halbkoma noch seine alt**en** Hits raushaut.

ÜBUNG 5

1. Bösartige Zungen behaupten, er habe in seiner Karriere mehr Angebote abgelehnt als angenommen.

2. Noch vor kurzem sagte man, er sei der talentierteste und am meisten unterschätzte Schauspieler in Hollywood.

3. Er wurde gerade 14, als sein Vater ihm einen Vorschlag machte, dem man nicht wiederstehen kann: „Es gibt eine kleine Rolle für einen Jungen deines Alters. Du musst nicht zur Schule gehen, kannst etwas Geld verdienen und dann kaufst du dir Spielzeug."

ÜBUNG 6

ÜBERSETZUNG

Jeff Bridges ist – abgesehen davon, dass er immer lange überlegt, bevor er eine Rolle annimmt –, schlicht und einfach ein charmanter Faulpelz und Genießer. Er gesteht offen, dass ihm die angenehmen Dinge am liebsten sind: „Die meiste Zeit meines Lebens bin ich damit beschäftigt, jedwede Arbeit zu vermeiden. Aus Faulheit. Es fällt mir leichter, eine Rolle abzulehnen als anzunehmen. Ich weiß, wie anstrengend die Arbeit am Set ist. Hinzu kommt, dass ich dann für eine längere Zeit von meiner Frau getrennt bin, die meine Liebe und Führerin ist, und nichts kann diesen Verlust wettmachen." Der für seinen Sinn für Humor bekannte Schauspieler meint es diesmal ernst. Seine Frau war für ihn immer am wichtigsten. […]

Jeff hat seine Frau Susan (dieselbe seit 32 Jahren!) während der Dreharbeiten zum Film „Rancho Deluxe" kennengelernt. Sie war aber keine Schauspielerin, sondern Zimmermädchen auf der Farm, wo der Film gedreht wurde. Was sich bei diesem Treffen vor Jahren genau ereignet hat, ist nicht bekannt, eins ist aber sicher: Die Liebe traf die beiden wie ein Blitz aus heiterem Himmel. Die Bridges heirateten schon ein Jahr später. 1981 kam ihre erste Tochter zur Welt, und dann (im Abstand von zwei Jahren) zwei weitere wunderschöne Mädchen.

Viele hielten die Beziehung der Bridges nur für eine Mesalliance und prophezeiten ihr baldiges Ende. Es kam aber anders. Susan und Jeff sind ein außergewöhnlich harmonisches Ehepaar und selbst jetzt, nach über drei Jahrzehnten gemeinsamen Lebens erkennt man in ihrer Beziehung nicht nur Freundschaft sondern eine prickelnde weiblich-männliche Chemie.

---

1. Bo Jeff Bridges, oprócz tego, że długo zastanawia się, nim przyjmie rolę, jest po prostu czarującym leniem i smakoszem życia.

   Denn Jeff Bridges ist, außer dass er immer lange überlegt, bevor er eine Rolle annimmt, schlicht und einfach ein charmanter Faulpelz und Genießer.

2. Nawet nie próbuje ukrywać, że najbardziej ceni przyjemności: „Większość życia poświęcam na unikanie jakiejkolwiek pracy. Z lenistwa. Jest mi zdecydowanie łatwiej odrzucić jakąś rolę, niż ją przyjąć. Wiem, jaki wysiłek łączy się z pracą na planie. Poza tym kręcenie filmów odrywa mnie na długo od mojej żony, mojej miłości i przewodniczki, a nic nie jest w stanie powetować mi tej straty".

   Er gesteht offen, dass ihm angenehme Dinge am liebsten sind: „Die meiste Zeit meines Lebens bin ich damit beschäftigt, jedwede Arbeit zu vermeiden.

Aus Faulheit. Es fällt mir leichter, eine Rolle abzulehnen als anzunehmen. Ich weiß, wie anstrengend die Arbeit am Set ist. Hinzu kommt, dass ich dann für eine längere Zeit von meiner Frau getrennt bin, die meine Liebe und Führerin ist, und nichts kann diesen Verlust wettmachen."

3. Aktor znany z poczucia humoru tu rzeczywiście mówi poważnie. Żona zawsze była dla niego najważniejsza.

   Der für seinen Sinn für Humor bekannte Schauspieler meint es diesmal tatsächlich ernst. Seine Frau war für ihn immer am wichtigsten.

4. Swoją żonę Susan (tę samą od 32 lat!) Jeff poznał podczas kręcenia zdjęć do filmu „Rancho Deluxe". Nie była jednak aktorką tylko pokojówką, zatrudnioną na farmie, na której powstawał film.

   Jeff hat Frau Susan (dieselbe seit 32 Jahren!) während der Dreharbeiten zum Film „Rancho Deluxe" kennengelernt. Sie war aber keine Schauspielerin, sondern Zimmermädchen auf der Farm, wo der Film gedreht wurde.

5. O szczegółach tamtego spotkania sprzed lat wiadomo bardzo niewiele, jedno jednak jest pewne: uczucie spadło na nich niczym grom z jasnego nieba!

   Was sich bei diesem Treffen vor Jahren genau ereignet hat, ist nicht bekannt, eins ist aber sicher: Die Liebe traf die beiden wie ein Blitz aus heiterem Himmel.

6. Państwo Bridges pobrali się już rok później. W 1981 roku na świat przyszła ich pierwsza córka, a później (co dwa lata) dwie kolejne śliczne dziewczynki.

   Die Bridges heirateten schon ein Jahr später. 1981 kam ihre erste Tochter zur Welt, und dann (im Abstand von zwei Jahren) zwei weitere wunderschöne Mädchen.

7. Związek ten wielu traktowało jako mezalians i nie wróżyło mu wielkiej przyszłości. Stało się jednak inaczej.

   Viele hielten die Beziehung der Bridges nur für eine Mesalliance und prophezeiten ihr baldiges Ende. Es kam aber anders.

8. Susan i Jeff są wyjątkowo dobranym małżeństwem i nawet teraz, po ponad trzech dekadach wspólnego życia, widać między nimi zarówno przyjaźń, jak i iskrzącą damsko–męską chemię.

   Susan und Jeff sind ein außergewöhnlich harmonisches Ehepaar und selbst jetzt, nach über drei Jahrzehnten gemeinsamen Lebens erkennt man in ihrer Beziehung nicht nur Freundschaft sondern eine prickelnde weiblich-männliche Chemie. [...]

15 Domosławski/Lösungen

15.1 Haupttext/Übersetzung

Domosławski: Kapuściński nadal jest moim mistrzem

– Pisałem książkę z empatią i sympatią dla jej bohatera. Nadal uważam Kapuścińskiego za swojego mistrza – powiedział Artur Domosławski, autor książki „Kapuściński non-fiction".

Książka właśnie trafia do księgarń. Najnowsza biografia Kapuścińskiego wywołała kontrowersje na długo przed ukazaniem się książki. Alicja Kapuścińska skierowała do sądu sprawę o zablokowanie jej dystrybucji, ponieważ, jej zdaniem, książka obraża dobrą pamięć o jej mężu.

– Uważam, że nie naruszyłem dobrej pamięci o Kapuścińskim. Po prostu prawda okazała się bardziej skomplikowana niż mit, jaki sobie stworzyliśmy – i, co widać w temperaturze komentarzy – do którego bardzo się przywiązaliśmy. Polubiliśmy ikonę reportera, a nie pełnokrwistego, żywego faceta, który miał w swoim życiu rozmaite zakręty, polityczne, osobiste, ideowe. Po napisaniu tej biografii nadal uważam Kapuścińskiego za swojego mistrza. Był mistrzem

Domosławski: Kapuściński ist nach wie vor mein Mentor

„Als ich das Buch schrieb, hatte ich Empathie und Sympathie für seinen Protagonisten. Und nach wie vor sehe ich in Ryszard Kapuściński meinen Mentor", sagt Artur Domosławski, der Autor von Kapuściński non-fiction.

Das Buch kommt gerade in die Buchhandlungen. Die jüngste Kapuściński-Biographie hat schon lange vor ihrem Erscheinen für Kontroversen gesorgt. Mit der Begründung, das Buch beschmutze das Andenken ihres Mannes, versuchte Alicja Kapuścińska vor Gericht die Auslieferung des Buches an den Buchhandel zu verhindern.

„Ich glaube nicht, dass ich Kapuścińskis Andenken beschmutzt habe. Es hat sich nur gezeigt, dass die Wahrheit komplizierter ist als der Mythos, den wir uns geschaffen haben, und an dem wir – wie die erhitzten Kommentare zeigen – sehr hängen. Uns ist die Ikone des Reporters liebgeworden, nicht der Kerl aus Fleisch und Blut, in dessen Leben es verschiedene politische, persönliche und ideologische Wendepunkte gab. Auch jetzt,

myślenia o świecie i o pisaniu – powiedział Domosławski.

nachdem ich das Buch beendet habe, ist Kapuściński mein Mentor geblieben. Darin, wie er über die Welt und das Schreiben dachte, war er ein Meister", so Domosławski.

Detektywi losów

Detektive menschlicher Schicksale

Spierając się o książkę Artura Domosławskiego, warto przyjrzeć się podobnego rodzaju dziełom wydawanym za granicą. W Polsce nawet nie wyobrażamy sobie, jak zjadliwe i oscarżycielskie potrafią być biografie.

W najnowszym filmie Romana Polańskiego tytułowy autor widmo za 250 tys. dol. zamienia nudną autobiografię brytyjskiego premiera w pasjonującą opowieść. Biografie są modne nie tylko w filmie – wystarczy zajrzeć do księgarń w Berlinie, Londynie czy Nowym Jorku. W Niemczech wydarzeniem jest nowa biografia Evy Braun (jednak kochała się z Hitlerem), w Wielkiej Brytanii ukazała się właśnie książka o Arthurze Koestlerze (był wybitnym umysłem, ale i maniakiem seksualnym), Stany czekają na pierwszą biografię prezydencką Baracka Obamy (będzie zawierała niepublikowane listy od matki). Na tym tle „Kapuściński non-fiction" nie jest niczym wyjątkowym – osobliwe są raczej emocje, jakie wzbudziła ta książka, i fakt, że to pierwsza krytyczna biografia jednego z wielkich Polaków XX w.

Non-fiction to nie tylko fragment tytułu książki Artura Domosławskiego, ale

Streitet man über Artur Domosławskis Buch, ist es sinnvoll, auf vergleichbare, im Ausland erscheinende Werke einen Blick zu werfen. Wir in Polen ahnen nicht einmal, wie gemein und anklagend Biographien sein können.

In Roman Polańskis neuestem Film verwandelt der Ghost Writer für 250.000 Dollar die langweilige Auto-biographie eines britischen Premiermi-nisters in eine faszinierende Story. Bio-graphien sind nicht nur im Film beliebt – um sich davon zu überzeugen, genügt es, in einer Buchhandlung in Berlin, London oder New York kurz vorbeizu-schauen. In Deutschland ist Eva Brauns neue Biographie ein großes Ereignis (sie hatte also doch Sex mit Hitler), in Großbritannien ist soeben ein Buch über Arthur Koestler erschienen (er war ein genialer Kopf aber auch sexbesessen), Amerika wartet auf die erste Biographie von Präsident Barack Obama (mit bis-her unveröffentlichten Briefen seiner Mutter). Vor diesem Hintergrund fällt die Kapuściński-Biographie nicht son-derlich auf, seltsam sind vielmehr die Emotionen, die sie entfacht und die Tatsache, dass sie die erste kritische Biographie eines der großen Polen des

także angielskie określenie na wszystko, co nie jest literaturą piękną. Nie chodzi do końca o naszą literaturę faktu, bo prym wśród niefikcji wiedzie dziś literatura życia – life writing, jak mówią Anglosasi, a więc wspomnienia, dzienniki, korespondencje i najważniejsze: biografie. Gatunek niby doskonale znany, ale za granicą uprawiany o wiele swobodniej, na wyższym poziomie literackim, a przede wszystkim na znacznie większą skalę niż w Polsce. Tylko w Wielkiej Brytanii, ojczyźnie biografii, w sprzedaży było w ubiegłym roku 49 tys. książek tego gatunku, w tym 4403 tytuły wydane w 2009 r. W ciągu roku sprzedano 13 mln egzemplarzy biografii i autobiografii. Dla porównania – sprzedaż literatury pięknej wyniosła w tym samym czasie 77 mln egzemplarzy (dane za Nielsen BookScan).

A w Polsce? – Jesteśmy krajem paradoksalnym: nasze najciekawsze życiorysy pozostają nieopisane – mówi Beata Stasińska, szefowa wydawnictwa W.A.B. Krytycznych biografii nie doczekali się dla przykładu Czesław Miłosz czy Tadeusz Mazowiecki. – To dlatego, że nie potrafimy spojrzeć na naszą historię bez upiększeń i mitologii. W takim tonie opisuje się u nas przeszłość, nie tylko postaci, ale i całe okresy historyczne. To nie przypadek, że w Polsce nie powstaje też dobra literatura realistyczna – jesteśmy za to specjalistami od mitotwórstwa i rozbudowanej sfery symbolicznej. – Kiedy proponowałam różnym osobom napisanie biografii, zazwyczaj

20. Jahrhunderts ist.

Non fiction findet sich nicht nur im Titel des Buches von Artur Domosławski; diese englische Bezeichnung umfasst alles, was keine Belletristik ist. Es geht dabei nicht ganz um Sachliteratur in unserem Sinne, denn bei Non Fiction liegt heute Life Writing, wie die Angelsachsen sagen, ganz vorne: Erinnerungen, Tagebücher, Briefwechsel und vor allem Biographien. Eine einerseits bekannte Gattung, die aber im Ausland mit mehr Gelassenheit, auf einem höheren literarischen Niveau und vor allem in einem viel größeren Umfang betrieben als in Polen. Allein in Großbritannien, der Heimat der Biographie, waren im letzten Jahr 49.000 Biographien im Angebot, im Jahr 2009 erschienen 4403 Titel, verkauft wurden 13 Mio. Exemplare Biographien und Autobiographien. Zum Vergleich – im selben Zeitraum wurden 77 Mio. Exemplare schöngeistiger Literatur verkauft (nach Nielsen BookScan).

Und in Polen? „Wir sind ein paradoxes Land: Die interessantesten polnischen Bio-graphien bleiben ungeschrieben", sagt Beata Stasińska, Chefin des Verlages W.A.B. Bis heute sind beispielsweise keine kritischen Biographien über Czesław Miłosz oder Tadeusz Mazowiecki erschienen. Wenn wir uns mit unserer Geschichte befassen, schmücken wir sie aus oder wir mythologisieren sie. Wir können nicht anders. So schreiben wir über unsere Vergangenheit, einzelne Menschen und ganze historische Epochen. Nicht zufällig erscheint in Polen auch keine gute realistische Literatur. Dafür sind wir Spezialisten in Mythenbildung und großer Symbolik. Als ich verschiedene Leute fragte, ob sie nicht Lust

odmawiały, mówiąc, że się wstydzą, że ważna jest twórczość, a nie życiorys, i że nie mogą tego łączyć. Nie chcą pokazywać, że postać nie składała się z samych cnót – mówi Stasińska. – Nasi bohaterowie nie mają pryszczy i wad. Musimy się dopiero nauczyć, jak o nich pisać bez ustawiania na pomniku.

hätten, eine Biographie zu schreiben, lehnten sie fast immer ab. Sie meinten, das sei ihnen zu peinlich, was zähle, sei das Werk und nicht der Lebenslauf, dass sie beides nicht miteinander verbinden wollten, um nicht zeigen zu müssen, dass ein Mensch nicht alleine aus Tugenden bestand. Unsere Helden haben keine Pickel und keine Makel. Wir müssen erst lernen, über sie zu schreiben, ohne sie auf ein Podest zu stellen", so Stasińska. [...]

15.2   Übungen/Fehleranalysen

ÜBUNG 1

Die korrekten Sätze sind fett gekennzeichnet.

> A) „Nadal uważam Kapuścińskiego za swojego mistrza" – powiedział Artur Domosławski, autor książki *Kapuściński non-fiction.*

1. „Kapuściński ist <u>wieder</u> mein Mentor", sagt Artur Domosławski, der Autor von *Kapuściński non-fiction.*

   Nadal wurde falsch als <u>wieder</u> übersetzt (inhaltlicher Fehler), richtig – *nach wie vor, weiterhin.*

2. „Nach wie vor sehe ich in Kapuściński meinen Meister", sagt Artur Domosławski, der <u>Autor einer Kapuściński-Biographie.</u>

   In der Übersetzung fehlt der Titel. Die Übersetzung ist nicht vollständig.

3. **„Nach wie vor sehe ich in Kapuściński meinen Mentor", sagt Artur Domosławski, der Autor von *Kapuściński non-fiction.***

> B) Książka właśnie trafia do księgarń.

1. **Das Buch kommt gerade in die Buchhandlungen.**

2. Das Buch kommt <u>ausgerechnet</u> diese Tage in die Buchhandlungen.

   Właśnie wurde falsch als <u>ausgerechnet</u> übersetzt; richtig – *gerade/diese Tage/jetzt.*

3. Das Buch <u>findet seinen Weg</u> in die Buchhandlungen.

   Die Übersetzung ist lexikalisch falsch, <u>findet seinen Weg</u> ist ein völlig falscher Ausdruck; richtig – *kommt in die Buchhandlungen.* Außerdem ist die Übersetzung nicht vollständig, es fehlt *właśnie – diese Tage/gerade/jetzt* .

> C) Spierając się o książkę Artura Domosławskiego, warto przyjrzeć się podobnego rodzaju dziełom wydawanym za granicą. W Polsce nawet nie wyobrażamy sobie, jak zjadliwe i oskarżycielskie potrafią być biografie.

1. **Streitet man über Artur Domosławskis Buch, lohnt es sich auf vergleichbare, im Ausland erscheinende Werke einen Blick zu werfen. Wir in Polen ahnen nicht einmal, wie gemein und anklagend Biographien sein können.**

2. Streitet man über Artur Domosławskis Buch, <u>muss man</u> auf vergleichbare, im Ausland erscheinende Werke einen Blick werfen. Wir in Polen haben nicht die geringste Ahnung, wie gemein und anklagend Biographien sein können.

   Falsch ist <u>man muss</u>; richtig – *es lohnt sich.*

3. Streitet man über Artur Domosławskis Buch, ist es vielleicht nicht verkehrt, auf vergleichbare <u>ausländische Biographien</u> einen Blick zu werfen. Wir in Polen haben nicht die geringste Ahnung, wie <u>abscheulich</u> und anklagend Biographien sein können.

   Die Übersetzung ist inhaltlich falsch. Es muss *im Ausland erscheinende Biographien* heißen und nicht – <u>ausländische Biographien</u>. <u>Abscheulich</u> ist ein falsches Wort; richtig – *gemein.*

D) W najnowszym filmie Romana Polańskiego tytułowy autor widmo za 250 tys. dol. zamienia nudną autobiografię brytyjskiego premiera w pasjonującą opowieść.

1. Roman Polański verwandelt in seinem neuesten Film *Der Ghost Writer* für 250.000 Dollar die langweilige Autobiographie eines britischen Premierministers in eine faszinierende Story.

   Die Übersetzung ist inhaltlich falsch. Nicht Roman Polański verwandelt sondern richtig – *der Ghost Writer verwandelt.*

2. **In Roman Polańskis neuestem Film verwandelt der Ghost Writer für 250.000 Dollar die langweilige Autobiographie eines britischen Premierministers in eine faszinierende Story.**

3. In Roman Polańskis neuestem Film *Der Ghost Writer* wird die langweilige Autobiographie eines britischen Premierministers für 250.000 Dollar in eine faszinierende Story verwandelt.
   Durch das Passiv wird der Inhalt ungenau wiedergegeben. Nicht wird verwandelt, sondern richtig – *der Ghost Writer verwandelt.* In der Übersetzung bleibt *der Ghostwriter* das Agens.

E) Biografie są modne nie tylko w filmie – wystarczy zajrzeć do księgarń w Berlinie, Londynie czy Nowym Jorku.

1. Biographien sind nicht nur im Kino beliebt – es genügt, in Berlin, London oder New York einen Abstecher in eine Buchhandlung zu machen, um sich davon zu überzeugen.

   Kino ist eine inhaltliche Einschränkung; richtig – *als Filme.*

2. Biographien sind nicht nur als Filme beliebt – es genügt, in Berlin oder New York einen Abstecher in eine Buchhandlung zu machen, um sich davon zu überzeugen.

   Die Übersetzung ist nicht vollständig. Auslassung – *London.*

3. **Biographien sind nicht nur als Filmvorlage beliebt – um sich davon zu überzeugen, genügt es, in Berlin, London oder New York in einer Buchhandlung vorbeizuschauen.**

F) Non-fiction to nie tylko fragment tytułu książki Artura Domosławskiego, ale także angielskie określenie na wszystko, co nie jest literaturą piękną.

---

1. ***Non fiction* findet sich nicht nur im Titel des Buches von Artur Domosławski, diese englische Bezeichnung umfasst alles, was keine Belletristik ist.**

2. *Non fiction* findet sich nicht nur im Titel des Buches von Artur Domosławski; <u>non fiction</u> bezeichnet alles, was keine schöngeistige Literatur ist.

   Die Übersetzung ist nicht vollständig. Es wurde ausgelassen, dass *non fiction* eine englische Bezeichnung ist.

3. *Non fiction* ist nicht nur ein <u>Zitat</u> aus dem Buch von Artur Domosławski; *non fiction* <u>bezeichnet im Englischen alles</u>, was keine Belletristik ist.

   Fragment lässt sich hier weder als Fragment noch als Zitat übersetzen. Allenfalls könnte es als *Teil des Buchtitels* übersetzt werden. <u>Bezeichnet im Englischen alles</u> gibt den Inhalt des AT nicht korrekt wieder. Richtig – vgl. F 1.

G) Nie chodzi do końca o naszą literaturę faktu, bo prym wśród niefikcji wiedzie dziś literatura życia – *life writing*, jak mówią Anglosasi, a więc wspomnienia, dzienniki, korespondencje i najważniejsze: biografie.

---

1. **Es geht dabei nicht ganz um Sachliteratur in unserem Sinne, denn bei Non Fiction liegt heute *Life Writing,* wie die Angelsachsen sagen, ganz vorne: Erinnerungen, Tagebücher, Briefwechsel und vor allem Biographien.**

2. Gemeint ist damit nicht ganz Sachliteratur in unserem Verständnis, denn unter nicht-fiktionalen Werken führen Bücher über das Leben – die <u>Engländer</u> sagen dazu *life writing* – also Erinnerungen, Tagebücher, Briefwechsel und vor allem Biographien.

   <u>Engländer</u> ist ein falsches Wort; richtig *Angelsachsen*, weil hier – das ist aus dem Gesamtkontext erschließbar - der gesamte englische Sprachraum gemeint ist.

3. Es geht nicht ganz um Sachbücher, die <u>in Polen erscheinen</u>, denn unter <u>fiktionalen</u> Werken führen Bücher über das Leben – die Angelsachsen sagen dazu *life writing* – also <u>Erinnerungen, Briefwechsel</u> <u>und vor allem Biographien.</u>

   Der Satz ist inhaltlich misslungen. <u>Sachbücher, die in Polen erscheinen</u> gibt nicht *nasza literatura faktu* wieder; <u>fiktionale Werke</u> bedeutet das Gegenteil; richtig – *nichtfiktionale Bücher*; in <u>Erinnerungen, Briefwechsel und vor allem Biographien</u> wurde *dzienniki – Tagebücher* ausgelassen.

H) A w Polsce? – Jesteśmy krajem paradoksalnym: nasze najciekawsze życiorysy pozostają nieopisane – mówi Beata Stasińska, szefowa wydawnictwa W.A.B.

1. Und wie ist es in Polen? „Wir sind ein paradoxes <u>Volk</u>: Über das Leben der <u>interessantesten Menschen</u> werden keine Bücher geschrieben", sagt Beata Stasińska, Chefin des W.A.B.-Verlags.

   Die Übersetzung ist inhaltlich und lexikalisch ungenau. <u>Volk</u> ist ein falsches Wort; richtig – *Land*. <u>Interessanteste Menschen</u> gibt den Inhalt des AT ungenau wieder; richtig – *interessanteste Polen.*

2. Und in Polen? „Wir sind ein paradoxes Land: Die interessantesten polnischen Biographien bleiben ungeschrieben", sagt Beata Stasińska, Chefin des W.A.B.-Verlags.

3. Und in Polen? „Wir sind ein paradoxes Land: Über das Leben der interessantesten Polen werden keine <u>Beiträge</u> geschrieben", sagt Beata Stasińska, Chefin des <u>B.A.W.</u>-Verlags.

   Eine insgesamt ungenaue Übersetzung. <u>Beiträge</u> ist ein falsches Wort; richtig – *Biographien*. Die Abkürzung *W.A.B.* wurde falsch als <u>B.A.W.</u> angegeben.

I) Krytycznych biografii nie doczekali się dla przykładu Czesław Miłosz czy Tadeusz Mazowiecki.

1. Es gibt zum Beispiel keine kritischen <u>Bücher von</u> Czesław Miłosz oder Tadeusz Mazowiecki.

   <u>Bücher von</u> ist inhaltlich falsch, es muss heißen *Biographien.*

2. Es gibt keine <u>vernichtenden</u> Biographien z. B. von Czesław Miłosz oder Tadeusz Mazowiecki.

   Die Übersetzung enthält einen erheblichen lexikalischen Fehler. *Krytyczne biografie* sind *kritische* und nicht <u>vernichtende</u> *Biographien.*

3. Auf eine kritische Biographie warten vergeblich beispielsweise Czesław Miłosz oder Tadeusz Mazowiecki.

> J) To nie przypadek, że w Polsce nie powstaje też dobra literatura realistyczna – jesteśmy za to specjalistami od mitotwórstwa i rozbudowanej sfery symbolicznej.

1. Es ist kein Zufall, dass in Polen auch gute realistische Literatur erscheint, und dass wir dafür Spezialisten in Mythen und großzügiger Symbolik sind.

   Die Übersetzung enthält einen groben inhaltlichen Fehler. Es muss heißen *keine gute realistische Literatur* und nicht gute realistische Literatur. Spezialisten in Mythen ist ein falscher Ausdruck; richtig – *Spezialisten in Mythenbildung*.

2. Nur zufällig erscheint in Polen keine gute realistische Literatur, dafür sind wir Spezialisten in Mythenbildung und großzügiger Symbolik.

   Nur zufällig ist inhaltlich völlig falsch (umgekehrt); richtig – *nicht zufällig*.

3. **Nicht zufällig erscheint in Polen auch keine gute realistische Literatur, dafür sind wir Spezialisten in Mythenbildung und großzügiger Symbolik.**

> K) Nasi bohaterowie nie mają pryszczy i wad. Musimy się dopiero nauczyć, jak o nich pisać bez ustawiania na pomniku.

1. Unsere Helden haben keine Pickel. Wir müssen erst lernen, über sie zu schreiben, ohne sie auf ein Podest zu stellen.

   Die Übersetzung ist nicht vollständig. Auslassung – *wady;* richtig *keine Pickel und keine Makel.*

2. **Unsere Helden haben keine Pickel und keine Makel. Wir müssen erst lernen, über sie zu schreiben, ohne sie auf ein Podest zu stellen.**

3. Unsere Helden haben keine Pickel und keine Schönheitsfehler. Wir müssen erst lernen, über sie zu schreiben, ohne uns vor ihnen zu verbeugen.

   Die Übersetzung ist lexikalisch falsch. Ohne uns vor ihnen zu verbeugen ist ein falscher Ausdruck, der Inhalt wird falsch wiedergegeben; richtig – *ohne sie auf ein Podest zu stellen* oder *ohne ihnen Denkmäler zu errichten.*

ÜBUNG 2

ÜBERSETZUNG

Kapuściński, Fiction oder Non Fiction

Als ich hörte, dass eine Kapuściński-Biographie entsteht, die den großen Reporter „vom Denkmal stürzen" soll, dachte ich sofort: Das wird einen Skandal geben. Und genau das ist auch eingetreten. Wenn in Polen nämlich jemand „groß" ist, dann ist er gleichzeitig auch heilig.

Zuerst versuchte Kapuścińskis Witwe, die dem Autor von *Kapuściński Non Fiction* einen uneingeschränkten Zugang zum Archiv ihres Mannes gewährt hatte, das Erscheinen des Buches endgültig zu verhindern, indem sie gegen Artur Domosławski vor Gericht klagte. Frau Kapuścińska ist der Auffassung, Domosławski habe sie nicht darüber informiert, dass er eine Biographie ihres Mannes schreiben wolle, er habe ihr gesagt, es handle sich um ein Buch über die weltweite Rezeption seiner Werke.

Dann verglich der in Polen und im Ausland hochgeachtete Władyslaw Bartoszewski (Politiker, Publizist, Historiker, Auschwitz-Überlebender, zweifacher Außenminister und jetzt Berater des Premierministers in Auslandsfragen) das Buch, ohne es gelesen zu haben, mit einem „Bordell-Führer". Und Domosławskis Kollegen beschuldigten ihn, „sensationsgierig" und „parteiisch" zu sein zum Schaden des „Meisters".

Der Streit entbrannte um zwei in *Kapuściński Non Fiction* angesprochen Fragen – die fiktiven Elementen in seinen Reportagen und seine Zusammenarbeit mit Staats-sicherheitsdiensten im kommunistischen Polen. Kapuściński war die meiste Zeit seines Lebens als Reporter für das kommunistische Polen, als Journalist des sozialistischen Blocks tätig, er hatte eindeutig linke politische Sympathien, was er gar nicht erst zu verheimlichen versuchte. Das kann aber kein Grund sein, den erkenntnistheoretischen Wert seiner Bücher anzuzweifeln. Genauso müsste man dann nämlich auch mit Büchern amerikanischer Autoren verfahren, die sich während des Kalten Krieges auf der anderen Seite der ideologischen Front befanden und über die Lage in den Ländern der Dritten Welt schrieben.

Im Schatten des „Meisters"

Schwieriger ist es jedoch zu entscheiden, wie viel Fiktion eine Reportage verträgt. Domosławski schreibt: „Das Problem mit Kapuściński ist, dass einige seiner Werke ein Vorbild für Journalisten sein können, andere wiederum, literarisch manchmal sogar bedeutendere, nicht unbedingt. Die letzteren gehören vielmehr in die Abteilung mit anspruchsvoller Belletristik; ich glaube, es wäre besser, man würde sie nicht als journalistische Arbeiten verkaufen, selbst wenn die Recherche zum großen Teil eine journalistische war. [...]"

Die Debatte über die Grenzen literarischer Fiktion in der Reportage ist im Übrigen keinesfalls neu. Seit über einem halben Jahrhundert gibt es eine spezielle literarische Kategorie mit der englischen Bezeichnung faction, die Faktographie und Belletristik vereint.

Kapuściński hatte eine eigenwillige Meinung zur Objektivität. In einem von Domosławski zitierten Interview, sagt er: „Ich glaube nicht an einen objektiven Journalismus, einen formalen Objektivismus. Der Journalist kann kein gleichgültiger Zeuge sein, er sollte mit einer Fähigkeit ausgestattet sein, die man in der Psychologie als Empathie bezeichnet ... In Konfliktsituationen ist der sogenannte objektive Journalismus überhaupt nicht möglich. Versuche, in solchen Situationen objektiv zu bleiben, führen zur Desinformation".

Um zu verstehen, wie Kapuściński in seinem Werk Prioritäten setzt, reicht es *König der Könige* aufzuschlagen. Domosławski, der sich auf Haile Selassies Biographen beruft, meint, der Kaiser sei keineswegs ungebildet gewesen, wie das Kapuściński andeutet, sondern ein gebildeter Mensch, der in mehreren Sprachen lesen konnte. Ein aufgeklärter Herrscher mit moderaten reformatorischen Neigungen hätte aber nicht gepasst in das Konzept eines Despoten, der sein eigenes Land in den Ruin treibt.

Kapuściński behandelt die von ihm geschilderten Ereignisse mit ziemlicher Nonchalance, er konzentriert sich, wie er selbst schreibt, darauf, „die Wirklichkeit zu intensivieren" – und das selbst um den Preis historischer Genauigkeit. Im *König der Könige* sind es die Ausartungen der autoritären Macht, in *Schah-in-schah* die Mechanismem der Revolution. Domosławski behauptet sogar, ohne diese Balance zwischen Fakten und Fiktion wären Kapuścińskis Reportagen heute bei weitem nicht so berühmt.

Der Meinungsstreit in Polen fand viel Beachtung in ausländischen Medien. Meistens fällt die Bilanz sowohl zugunsten des Autors wie auch des Schriftstellers aus, denn das eine muss das andere nicht ausschließen. Sicher ist, dass man Kapuściński weiterhin lesen wird. Die Frage ist nur: wie?

1. Kapuściński, fiction czy non-fiction

   Kiedy usłyszałem po raz pierwszy, że powstaje biografia Ryszarda
   Kapuścińskiego z misją „odbrązowienia" wielkiego reportera, pomyślałem:
   będzie awantura. I rzeczywiście. Bo w Polsce jeśli ktoś jest „wielki", to jest
   jednocześnie święty.

   Kapuściński, Fiction oder Non fiction

   **Als ich hörte, dass eine Kapuściński-Biographie entsteht, die den großen
   Reporter „vom Denkmal stürzen" soll, dachte ich sofort: das wird einen
   Skandal geben. Und genau das ist auch eingetreten. Wenn in Polen nämlich
   jemand „groß" ist, dann ist er gleichzeitig auch heilig.**

2. Najpierw wdowa po reporterze, która autorowi książki „Kapuściński Non-
   fiction" udostępniła całe archiwum męża, próbowała ostatecznie nie dopuścić
   publikacji, podając Artura Domosławskiego do sądu. Zdaniem Pani
   Kapuścińskiej, nie poinformował jej on, że pisze biografię Kapuścińskiego, ale
   książkę na temat odbioru jego dzieł na świecie.

   **Zuerst versuchte Kapuścińskis Witwe, die dem Autor von *Kapuściński Non
   Fiction* einen uneingeschränkten Zugang zum Archiv ihres Mannes gewährt hatte, das Erscheinen des Buches endgültig zu verhindern, indem sie
   gegen Artur Domosławski vor Gericht klagte. Frau Kapuścińska ist der
   Auffassung, Domosławski habe sie nicht darüber informiert, dass er eine
   Biographie ihres Mannes schreiben wolle, er habe ihr gesagt, es handle sich
   um ein Buch über die weltweite Rezeption seiner Werke.**

3. Następnie człowiek wielce szanowany w Polsce i za granicą, Władysław
   Bartoszewski (polityk, publicysta, historyk; więzień Auschwitz; dwukrotny
   minister spraw zagranicznych, obecnie doradca premiera ds. stosunków
   zagranicznych), nie czytając biografii, porównał ją do „przewodnika po
   burdelach". Koledzy po fachu Oscarżali natomiast Domosławskiego o
   „poszukiwanie sensacji" i „stronniczość" na niekorzyść „Mistrza".

   **Dann verglich der in Polen und im Ausland hochgeachtete Władysław Bar-
   toszewski (Politiker, Publizist, Historiker, Auschwitz-Überlebender, zweifacher Außenminister und jetzt Berater des Premierministers in Auslandsfragen) das Buch, ohne es gelesen zu haben, mit einem „Bordell-Führer".
   Und Domosławskis Kollegen beschuldigten ihn, „sensationsgierig" und
   „parteiisch" zu sein zum Schaden des „Meisters".**

4. Burza rozpętała się wokół dwóch poruszonych w „Kapuściński non-fiction" kwestii – elementów fikcyjnych w reportażach polskiego dziennikarza oraz jego współpracy z komunistycznymi służbami PRL.

Der Streit entbrannte um zwei in *Kapuściński Non Fiction* angesprochen Fragen – die fiktiven Elementen in seinen Reportagen und seine Zusammenarbeit mit Staatssicherheitsdiensten im kommunistischen Polen.

5. Kapuściński większość swojego życia przepracował jako reporter PRL-u, dziennikarz bloku socjalistycznego, a jego sympatie, czego nie ukrywał, miały wyraźnie lewicowy charakter. Nie można jednak na tej podstawie kwestionować wartości poznawczej jego książek. To samo bowiem musielibyśmy uczynić z książkami amerykańskich korespondentów, którzy w okresie zimnej wojny, będąc po drugiej stronie ideologicznego frontu, tworzyli analizy o sytuacji w krajach Trzeciego Świata.

Kapuściński war die meiste Zeit seines Lebens als Reporter für das kommunistische Polen, als Journalist des sozialistischen Blocks tätig, er hatte eindeutig linke politische Sympathien, was er gar nicht erst zu verheimlichen versuchte. Das kann aber kein Grund sein, den erkenntnistheoretischen Wert seiner Bücher anzuzweifeln. Genauso müsste man dann nämlich auch mit Büchern amerikanischer Autoren verfahren, die sich während des Kalten Krieges auf der anderen Seite der ideologischen Front befanden und über die Lage in den Ländern der Dritten Welt schrieben. (Vgl. 5.3)

6. W cieniu „Mistrza"

Dużo trudniejsze jest jednak rozstrzygnięcie kwestii: ile może być fikcji w reportażu? Domosławski pisze: „Kłopot z Kapuścińskim polega na tym, że niektóre z jego dzieł mogą stanowić niepodważalny wzór dla dziennikarzy, a niektóre – niekiedy pod względem literackim wybitniejsze – niekoniecznie. Te ostanie są raczej książkami z półki z literaturą piękną – i to tej najwyższej; lepiej chyba, by nie sprzedawano ich jako dzieł reporterskich, nawet jeśli znaczącą część materiału zebrano reporterskimi metodami. [...]"

Im Schatten des „Meisters"

Viel schwieriger ist es aber zu entscheiden, wie viel Fiktion eine Reportage verträgt. Domosławski schreibt: „Das Problem mit Kapuściński ist, dass einige seiner Werke ein Vorbild für Journalisten sein können, andere wiederum, literarisch manchmal sogar bedeutendere, nicht unbedingt. Die letzteren gehören vielmehr in die Abteilung mit anspruchsvoller Belletristik; ich glaube, es wäre besser, man würde sie nicht als journalistische Arbeiten verkaufen, selbst wenn die Recherche zum großen Teil eine journalistische war. [...]"

7. Debata nad granicami literackiej fikcji w reportażu trwa zresztą nie od dziś. Od ponad pół wieku istnieje specjalna kategoria literatury zwana z angielskiego *faction*, która łączy faktografię i beletrystykę.

Die Debatte über die Grenzen literarischer Fiktion in der Reportage ist im Übrigen keinesfalls neu. Seit über einem halben Jahrhundert gibt es eine spezielle literarische Kategorie mit der englischen Bezeichnung *faction*, die Faktographie und Belletristik vereint.

8. Kapuściński miał na temat obiektywności oryginalny pogląd. W jednym z wywiadów, jakie przytacza Domosławski, mówi: „Nie wierzę w bezstronne dziennikarstwo, nie wierzę w formalny obiektywizm. Dziennikarz nie może być obojętnym świadkiem, powinien posiadać zdolność, którą w psychologii nazywa się empatią… Tak zwane dziennikarstwo obiektywne jest niemożliwe w sytuacjach konfliktów. Próby obiektywizmu w takich sytuacjach prowadzą do dezinformacji."

Kapuściński hatte eine eigenwillige Meinung zur Objektivität. In einem von Domosławski zitierten Interview, sagt er: „Ich glaube nicht an einen objektiven Journalismus, einen formalen Objektivismus. Der Journalist kann kein gleichgültiger Zeuge sein, er sollte mit einer Fähigkeit ausgestattet sein, die man in der Psychologie als Empathie bezeichnet … In Konfliktsituationen ist der sogenannte objektive Journalismus überhaupt nicht möglich. Versuche, in solchen Situationen objektiv zu bleiben, führen zur Desinformation".

9. By zrozumieć priorytety twórczości Kapuścińskiego, wystarczy sięgnąć chociażby do *Cesarza*. Domosławski, opierając się na wiedzy biografa Hajle Sellasje, twierdzi, że cesarz nie był wcale, jak sugeruje Kapuściński, półanalfabetą, lecz człowiekiem dobrze wykształconym, potrafiącym czytać w kilku językach. Władca oświecony, o umiarkowanie reformatorskich zapędach nie pasował jednak do koncepcji despoty rujnującego swój kraj.

Um zu verstehen, wie Kapuściński in seinem Werk Prioritäten setzt, reicht es *König der Könige* aufzuschlagen. Domosławski, der sich auf Haile Selassies Biographen beruft, meint, der Kaiser sei keineswegs ungebildet gewesen, wie das Kapuściński andeutet, sondern ein gebildeter Mensch, der in mehreren Sprachen lesen konnte. Ein aufgeklärter Herrscher mit moderaten reformatorischen Neigungen hätte jedoch nicht gepasst in das Konzept eines Despoten, der sein eigenes Land in den Ruin treibt.

10. Kapuściński traktuje opisywane przez siebie wydarzenia dość nonszalancko, koncentrując się bardziej, jak sam pisał, na „intensyfikowaniu rzeczywistości", nawet kosztem szczegółów historycznych. W wypadku *Cesarza* będą to wynaturzenia władzy autorytarnej, w *Szachinszachu* mechanizmy rewolucji. Domosławski twierdzi wręcz, że gdyby Kapuściński nie balansował na granicy faktu i fikcji, jego reportaże nie byłyby dziś tak sławne.

Kapuściński behandelt die von ihm geschilderten Ereignisse mit ziemlicher Nonchalance, er konzentriert sich, wie er selbst schreibt, darauf, „die Wirklichkeit zu intensivieren" – und das selbst um den Preis historischer Genauigkeit. Im *König der Könige* sind es die Ausartungen der autoritären Macht, in *Schah-in-schah* die Mechanismem der Revolution. Domosławski behauptet sogar, ohne diese Balance zwischen Fakten und Fiktion wären Kapuścińskis Reportagen heute bei weitem nicht so berühmt.

11. Polemika w Polsce odbiła się głośnym echem w zagranicznych mediach. Bilans jest w większości przypadków pozytywny zarówno dla autora, jak i pisarza, bo jedno nie musi wykluczać drugiego. Pewnym jest, że Kapuściński będzie nadal czytany. Pytanie tylko: Jak?

Der Meinungsstreit in Polen fand viel Beachtung in ausländischen Medien. Meistens fällt die Bilanz sowohl zugunsten des Autors wie auch des Schriftstellers aus, denn das eine muss das andere nicht ausschließen. Sicher ist, dass man Kapuściński auch in Zukunft lesen wird. Die Frage ist nur: wie?

ÜBUNG 3

ÜBERSETZUNG

Dziwny przypadek Ryszarda Kapuścińskiego

To Alicja Kapuścińska, wdowa po zmarłym w 2007 roku Kapuścińskim, sama udostępniła Arturowi Domosławskiemu archiwum męża. 24 lutego matka jednego dziecka przegrała jednak proces wytyczony autorowi książki Kapuściński non-fiction (2010 r.). Wdowa po reporterze twierdzi, iż nie poinformowano jej o tym, że Domosławski, dziennikarz warszawskiego dziennika Gazeta Wyborcza, chce napisać biografię o jej mężu. Twierdzi, iż powiedziano jej, że chodzi o książkę o jego twórczości.

A jeszcze gorsza burza rozpętała się, kiedy były minister spraw zagranicznych Władyslaw Bartoszewski kilka tygodni później w wywiadzie radiowym porównał książkę do „przewodnika po burdelach na świecie".

Cieszący się ogromnym uznaniem zarówno w Polsce jak i za granicą pełnomocnik premiera ds. dialogu międzynarodowego i były więzień Oświęcimia podkreślił, że książki nie czytał i nie zamierza jej czytać, oraz że w przyszłości nie będzie współpracował z oficyną „Świat Książki". Koledzy Domosławskiego zarzucili mu natomiast żądzę sensacji i stronniczość szkodzącą dobremu imieniu „mistrza".

Dwie kwestie rozpętały publiczną debatę zaraz po ukazaniu się bestsellera Kapuściński non-fiction 3 marca. Po pierwsze Domosławski zarzuca w swojej książce Kapuścińskiemu, który jako korespondent PAP-u donosił o wydarzeniach w Afryce, Bliskim Wschodzie i Ameryce Łacińskiej, że literacko ubarwiał on fakty. Po drugie, że ponoć współpracował on z władzami PRL-u (pomiędzy 1952 i 1989 r. – przypis redakcji).

Jako dziennikarz działający w czasach socjalizmu Kapuściński nie ukrywał swoich lewicowych przekonań. Jednak zdaniem krytyków literackich nikt nie ma z tego powodu prawa do kwestionowania wartości dzieł Kapuścińskiego. W przeciwnym wypadku należałoby tak samo postąpić z artykułami amerykańskich korespondentów, którzy podobnie jak Kapuściński w okresie zimnej wojny zza Żelaznej Kurtyny relacjonowali wydarzenia z krajów Trzeciego Świata. [...]

1. Der seltsame Fall des Ryszard Kapuściński

   Dziwny/Ciekawy przypadek Ryszarda Kapuścińskiego

2. Es war Alicja Kapuścińska, die Witwe des 2007 verstorbenen Kapuściński, selbst, die Artur Domosławski den Zutritt zum Archiv ihres Mannes gewährte.

   To Alicja Kapuścińska, wdowa po zmarłym w 2007 roku Kapuścińskim, udostępniła Arturowi Domosławskiemu archiwum swojego męża.

3. Am 24. Februar jedoch verlor die Mutter eines Kindes den Prozess gegen den Autor des Buches *Kapuściński Non Fiction* (2010).

   Jednak 24 lutego matka jednego dziecka przegrała proces wytyczony autorowi książki *Kapuściński non-fiction* (2010 r.).

   Kommentar: Es ist nicht nachvollziehbar, über welche Umwege dieses biographische, hier völlig zusammenhanglose Detail in den Satz gelangt ist.

4. Die Witwe behauptet, sie sei nicht darüber informiert gewesen, dass Domosławski, der Journalist bei der Warschauer Tageszeitung *Gazeta Wyborcza* ist, eine Biographie über ihren Mann schreiben wolle. Ihr sei gesagt worden, es handle sich um ein Buch über sein Werk.

Wdowa twierdzi, iż nie poinformowano jej, że Domosławski, dziennikarz warszawskiego dziennika *Gazeta Wyborcza* **chce napisać biografię o jej mężu. Twierdzi, iż powiedziano jej, że chodzi o książkę na temat jego twórczości.**

5. Und die Wogen schlugen noch höher: Der frühere polnische Außenminister Władysław Bartoszewski verglich das Buch in einem Radiointerview wenige Wochen später mit einem „weltweiten Bordell-Reiseführer".

A jeszcze gorsza burza rozpętała się, kiedy były minister spraw zagranicznych Władyslaw Bartoszewski kilka tygodni później w wywiadzie radiowym porównał książkę do „przewodnika po burdelach na świecie".

6. Der sowohl in Polen als auch im Ausland hochgeschätzte Beauftragte des polnischen Premierministers für internationale Fragen und Ausschwitz-Überlebende betonte, er habe das Buch nicht gelesen und werde es auch nicht tun. In Zukunft werde er auch nicht mehr mit dem Verleger Świat Książki zusammenarbeiten.

Cieszący się ogromnym uznaniem zarówno w Polsce jak i za granicą pełnomocnik premiera ds. dialogu międzynarodowego i były więzień Oświęcimia podkreślił, że książki nie czytał i nie zamierza jej czytać. Powiedział, iż w przyszłości nie będzie już współpracował z oficyną „Świat Książki".

7. Artur Domosławskis Kollegen wiederum beschuldigen ihn der Sensationslust und Parteilichkeit zum Schaden des Rufes des „Meisters".

Koledzy Domosławskiego zarzucają mu natomiast żądzę sensacji i stronniczość szkodzącą dobremu imieniu „mistrza".

8. Zwei Diskussionspunkte hatten die öffentliche Debatte kurz nach Erscheinen des Kassenschlagers „Kapuściński Non Fiction" am 3. März entfacht.

Dwie kwestie rozpętały publiczną debatę zaraz po ukazaniu się bestsellera *Kapuściński non-fiction* **3 marca.**

9. Erstens wird Kapuściński, der als Korrespondent der polnischen Nachrichtenagentur (PAP) aus Afrika, Nahost und Lateinamerika Bericht erstattete, in Domosławskis Buch beschuldigt, reelle Ereignisse literarisch eingefärbt zu haben.

W swojej książce Domosławski po pierwsze zarzuca Kapuścińskiemu, który jako korespondent PAP-u donosił o wydarzeniach w Afryce, Bliskim Wschodzie i Ameryce Łacińskiej, że ubarwiał on fakty pod względem literackim.

10. Zweitens soll er mit den kommunistischen Behörden der Volksrepublik Polen (zwischen 1952 und 1989 - A.d.R.) zusammengearbeitet haben. Als Journalist in der sozialistischen Epoche versteckte Kapuściński seine linksgerichtete politische Orientierung nicht.

Po drugie, że ponoć współpracował on z władzami PRL-u (pomiędzy 1952 i 1989 r. – przypis redakcji). Jako dziennikarz działający w czasach socjalizmu Kapuściński nie ukrywał swoich lewicowych przekonań.

11. Diese Tatsachen würden jedoch niemandem das Recht geben, den Wert von Kapuścińskis Arbeiten in Frage zu stellen, sagen nun die Kritiker. Ansonsten müsste mit den Artikeln amerikanischer Korrespondenten, die, ähnlich wie Kapuściński, während des Kalten Krieges von der anderen Seite des Eisernen Vorhangs über Ereignisse in Entwicklungsländern berichteten, genauso verfahren werden.

Jednak zdaniem krytyków literackich nikt nie ma z tego powodu prawa do kwestionowania wartości dzieł Kapuścińskiego. W przeciwnym wypadku należałoby tak samo postąpić z artykułami amerykańskich korespondentów, którzy podobnie jak Kapuściński w okresie zimnej wojny zza Żelaznej Kurtyny relacjonowali wydarzenia z krajów Trzeciego Świata. [...] (Vgl. 5.3)

16　Thierse/Lösungen

16.1　Haupttext/Übersetzung

Streit um Thierse

Engagierter Kämpfer gegen rechts: Wolfgang Thierses Sitzblockade ist keine Straftat – und auch keine Verletzung der Würde seines Amtes als Bundestagsvizepräsident.

Dem Bundestagsvizepräsidenten Wolfgang Thierse wird vorgeworfen, er habe die Würde seines Amtes verletzt, weil er sich an einer Sitzblockade gegen Neonazis beteiligt hat. Die Meinungen darüber, was die „Würde des Amtes" ausmacht, gehen auseinander. So manche denken an saubere Fingernägel, einen gepflegten Gesamteindruck und eine gewisse Etikette. Es passt in der Tat nicht zur Würde des Amtes, wenn ein unrasierter Minister beim Staatsbesuch mit kurzer Hose und Baseballkappe herumrennt. Es passt nicht, dass ein Parlamentspräsident Kaugummi kaut, wenn er die Sitzung leitet.

Wenn sich die Würde aber in diesen Äußerlichkeiten erschöpfte, wäre es egal, was für ein Mensch der Amtsträger ist: Dem äußeren Habitus kann jeder Strolch genügen, so er nur Manieren hat.

Es liegt also nahe, unter der „Würde des

Spór o Thiersego

Wolfgang Thierse z zaangażowaniem walczy przeciw neonazistom: Jego sit-in nie jest czynem karalnym ani też nie uwłacza godności urzędu wiceprzewodniczącego Bundestagu.

Wiceprzewodniczącemu Bundestagu zarzuca się, że biorąc udział w sit-inie uwłaczył on godności pełnionego przez siebie urzędu. Opinie na temat tego, co stanowi o „godności urzędu", są podzielone. Dla niektórych są to czyste paznokcie, przyjemne ogólne wrażenie i pewne normy zachowaniaobycie. I faktycznie nie wypada, by minister w czasie oficjalnej wizyty państwowej pojawił się nieogolony, w szortach i czapeczce bejsbolowej. Nie wypada, by przewodniczący parlamentu żuł gumę, kiedy prowadzi posiedzenie.

Gdyby jednak godność miała się sprowadzać do takich powierzchowności, nie odgrywałoby większej roli, kto ten urząd piastuje: zewnętrzne wymogi może spełniać pierwszy lepszy nicpoń, wystarczy by miał maniery.

Oznacza to, że pod pojęciem „godność

Amtes" auch eine innere Haltung zu verstehen. Die kann man Thierse nicht absprechen. Er gehört zu den Politikern, die seit vielen Jahren den Rechtsextremismus engagiert bekämpfen. Er hat das schon zu einer Zeit getan, als die braune Gefahr noch abgetan wurde und der Staat noch keine Bündnisse gegen Neonazis initiiert hatte.

Wenn er sich also auf die Straße setzt, um gegen einen Neonazi-Aufmarsch zu protestieren, ist das erstens Ausdruck einer inneren Haltung und zweitens ein wirksamer Hinweis darauf, wie virulent der Rechtsextremismus ist. Thierses Gegner war ja nicht die Polizei, wie seine Kritiker glauben machen wollen, sein Gegner waren die Rechtsextremisten – und die sind Gegner des gesamten Parlaments, dessen Vizepräsident der widerborstige Thierse ist.

Sicherlich: Der Neonazi-Aufmarsch (eine Demokratie muss so etwas bisweilen ertragen) war von den Behörden genehmigt und musste daher von der Polizei geschützt werden. Das heißt aber nicht, dass man dagegen nicht gewaltlos protestieren dürfte. Es steht seit den Beschlüssen des Verfassungsgerichts vom 10. Januar 1995 fest, dass Sitzblockaden keine Gewalt darstellen und daher nicht mehr als Nötigung bestraft werden dürfen. […]

Natürlich ist eine Aktion nicht schon deswegen besonders wertvoll, weil sie nicht strafbar ist. Man darf auch heute noch darüber streiten, ob es richtig ist, wenn ein Ministerpräsident (wie einst Franz Josef Strauß) blockierenden Lastwagen-Fahrern Wurstsemmeln

urzędu" rozumieć należy również postawę wewnętrzną. Tej zaś Thiersemu odmówić nie można. Należy on do polityków, którzy od wielu lat z zaangażowaniem zwalczają prawicowy ekstremizm. Thierse czynił to już wówczas, gdy brunatne niebezpieczeństwo lekceważono i państwo nie inicjowało jeszcze sojuszów przeciw neonazistom.

Jeśli więc Thierse siada na ulicy, żeby protestować przeciw przemarszowi neonazistów, to po pierwsze daje on tym wyraz pewnej postawie wewnętrznej, a po drugie w sposób skuteczny wskazuje na to, jak poważnym problemem jest prawicowy ekstremizm. Przeciwnikiem Thiersego nie była przecież policja, jak utrzymują jego krytycy, jego przeciwnikiem byli prawicowi ekstremiści – a ci są przeciwnikiem całego parlamentu, którego wiceprzewodniczącym jest przekorny Thierse.

Zgadza się, że przemarsz neonazistów (czasami demokracja musi coś takiego wytrzymać) był przez władze zezwolony i że policja musiała go konwojować. Nie oznacza to jednak, że nie wolno przeciw niemu protestować bez użycia przemocy. 10 stycznia 1995 roku Trybunał Konstytucyjny orzekł, iż sit-iny nie oznaczają użycia siły i przestają podlegać karze jako wymuszenie. […]

Naturalnie akcje protestacyjne nie nabierają szczególnej wartości tylko dlatego, bo nie podlegają karze. Można jeszcze dziś spierać się o to, czy właściwie postępuje premier landu,

bringt. Man darf auch über Thierses Sitzblockade streiten. Aber man muss ihm zubilligen, dass er sich selbst an das hält, was er predigt: Dass man den öffentlichen Raum nicht den Extremisten überlassen darf.

Wer Zivilcourage zeigt, muss mit Unbill rechnen. Thierse teilt eine Erfahrung, die viele couragierte Bürger machen.

który zawozi kierowcom ciężarówek organizującym blokadę bułeczki z wędliną (jak robił to kiedyś Franz Josef Strauß). Można spierać się również o sit-in Thiersego. Ale trzeba mu przyznać, że trzyma się tego, co sam głosi – nie wolno dopuścić, by wpływ na życie publiczne przejęli ekstremiści. Kto wykazuje się odwagą cywilną, musi się liczyć z krzywdzącymi go skutkami. Thierse doświadcza obecnie tego samego, czego doświadcza wielu odważnych obywateli.

16.2   Übungen/Fehleranalysen

ÜBUNG 1

Korrekt sind die fett gedruckten Sätze.

A) Dem Bundestagsvizepräsidenten wird vorgeworfen, er habe die Würde seines Amtes verletzt, weil er sich an einer Sitzblockade gegen Neonazis beteiligt hat.

---

1. **Wiceprzewodniczącemu Bundestagu zarzuca się, że biorąc udział w sit-inie przeciw neonazistom uwłaczył on godności pełnionego przez siebie urzędu.**

2. Przewodniczącemu Bundestagu zarzuca się, że zakpił on sobie ze swojego stanowiska, bo wziął udział na siedząco w demonstracji przeciwko neonazistom.

   Die Übersetzung enthält mehrere lexikalische Mängel, die zu erheblichen inhaltlichen Abweichungen führen. Korrekt muss es heißen *wiceprzewodniczący* und nicht przewodniczący; *uwłaczył* und nicht zakpił, *urząd* und nicht stanowisko. Na siedząco w demonstracji ist inhaltlich unklar. Hier wird der falsche Eindruck vermittelt, als hätte sich der Politiker während einer Demonstration hingesetzt. Es wird nichts über den Charakter der Demonstration ausgesagt.

3. Wiceprzewodniczącemu Bundesratu zarzuca się, że udział w sit-inie przeciw neonazistom oznacza pogwałcenie honoru prezydenta.

   Falsch ist die Übersetzung von *Bundestag* als Bundesrat und von *Bundestagsvizepräsident* als prezydent.

B) Die Meinungen darüber, was die „Würde des Amtes" ausmacht, gehen auseinander.

1. Panują najróżniejsze opinie na temat „godności urzędowej" wiceprzewodniczącego Bundestagu.

Der Satz wurde komplett falsch wiedergegeben. Im AT geht es nicht darum, dass es unterschiedlichste Meinungen über die „Würde des Amtes des Bundestagsvizepräsidenten" gibt, sondern darum, dass Menschen verschiedene Ansichten darüber haben, wie sich die „Würde des Amtes" definieren lässt. Zum Beispiel, inwieweit ein adrettes Aussehen reicht, um der Würde eines solchen Amtes Genüge zu tun. Eine Meinung darüber, was eine Sache ausmacht, ist nicht eine Meinung über diese Sache.

2. Zdania na temat tego, co stanowi o „godności urzędu", są nieco różne.

Zdania są nieco różne ist ungenau. *Meinungen gehen auseinander* muss übersetzt werden als – *opinie są podzielone*.

3. **Opinie na temat tego, co stanowi o „godności urzędu", są podzielone.**

C) So manche denken an saubere Fingernägel, einen gepflegten Gesamteindruck und eine gewisse Etikette.

1. **Dla niektórych są to czyste paznokcie, przyjemne ogólne wrażenie i pewne normy zachowania. Auch: Mówiąc o godności urzędu, niektórzy mają na myśli […].**

2. Dla niektórych są to wypielęgnowane paznokcie, zadbane ubranie i doskonałe maniery.

3. Dla niektórych są to czyste paznokcie, przyjemne maniery, eleganckie ubranie i etykieta.

Die Sätze 2 und 3 wurden inhaltlich ungenau wiedergegeben. Richtig – vgl. C 1.

> D) Wenn sich die Würde aber in diesen Äußerlichkeiten erschöpfte, wäre es egal, was für ein Mensch der Amtsträger ist: Dem äußeren Habitus kann jeder Strolch genügen, so er nur Manieren hat.

1. Gdyby jednak godność miała się sprowadzać do takich powierzchowności, nie odgrywałoby większej roli, kto ten urząd piastuje; <u>odpowiednie</u> wymogi może spełniać pierwszy lepszy nicpoń, wystarczy by umiał się zachować.

   Nicht <u>odpowiednie,</u> sondern – *zewnętrzne wymogi.*

2. **Gdyby jednak godność miała sprowadzać się do takich powierzchowności, nie odgrywałoby większej roli, kto ten urząd piastuje; zewnętrzne wymogi może spełniać pierwszy lepszy nicpoń, wystarczy by posiadał maniery.**

3. Gdyby jednak godność miała się sprowadzać do takich powierzchowności, nie odgrywałoby większej roli, <u>kto na ten urząd zostanie wybrany</u>; zewnętrzne wymogi może spełniać pierwszy lepszy nicpoń, wystarczy, że będzie posiadał odpowiednie maniery.

   Amtsträger ist jemand, der das Amt ausübt – *kto piastuje urząd.*

> E) Es liegt also nahe, unter der „Würde des Amtes" auch eine innere Haltung zu verstehen. Die kann man Thierse nicht absprechen.

1. A zatem pod pojęciem „godność urzędu" należy rozumieć również postawę wewnętrzną. A tej u Thiersego nie można <u>wykluczyć</u>.

   Der Satz enthält einen lexikalischen Fehler. <u>Wykluczyć</u> ist ein falsches Verb. *Jdm. etw. absprechen* ist nicht *ausschließen.* Richtig – *a tej Thiersemu odmówić nie można.*

2. **Oznacza to, że pod pojęciem „godność urzędu" rozumieć należy również postawę wewnętrzną. Tej zaś Thiersemu odmówić nie można.**

3. A zatem pod pojęciem „godność urzędu" należy rozumieć również <u>wewnętrzne wartości. A tych</u> Thiersemu odmówić nie można.

   Innere Haltung heißt nicht *wewnętrzne wartości,* sondern – *postawa wewnętrzna.* <u>A tych</u> resultiert aus dem vorangegangenen Fehler.

> F) Thierses Gegner war ja nicht die Polizei, wie seine Kritiker glauben machen wollen, sein Gegner waren die Rechtsextremisten.

1. **Przeciwnikiem Thiersego nie była przecież policja, jak utrzymują jego krytycy, jego przeciwnikiem byli prawicowi ekstremiści.**

2. Przeciwnikiem Thiersego nie była przecież policja, w co <u>wierzą</u> jego krytycy, jego przeciwnikiem byli prawicowi ekstremiści.

   Glauben machen wollen muss als *utrzymują* oder *twierdzą* übersetzt werden.

3. <u>Wrogiem</u> Thiersego nie była policja, <u>jak uważają krytykujący go politycy</u>, jego przeciwnikiem byli prawicowi ekstremiści.

   <u>Wróg</u> ist ein falsches Wort; richtig – *przeciwnik*. <u>Jak uważają krytykujący go politycy</u> ist inhaltlich falsch; richtig – *krytycy*.

> G) Man darf auch über Thierses Sitzblockade streiten. Aber man muss ihm zubilligen, dass er sich selbst an das hält, was er predigt: Dass man den öffentlichen Raum nicht den Extremisten überlassen darf.

1. Można się też <u>z Thiersem</u> spierać o sit-in. Ale trzeba przyznać, że trzyma się on tego, co sam głosi – że życia publicznego nie wolno pozostawiać ekstremistom.

   Inhaltlich falsch ist <u>spierać się z Thiersem o sit-in</u>; richtig – *spierać się o sit-in Thiersego.*

2. <u>Można dyskutować</u> na temat sit-inu Thiersego. Ale trzeba przyznać, że trzyma się on tego, czego sam <u>się domaga</u> – życia publicznego nie wolno pozostawiać ekstremistom.

   In <u>można dyskutować</u> fehlt – *również* (Auslassung); *predigen* ist nicht <u>domaga się,</u> sondern – *głosi.*

3. **Można spierać się również o sit-in Thiersego. Ale trzeba mu przyznać, że trzyma się tego, co sam głosi – nie wolno dopuścić, by wpływ na życie publiczne przejęli ekstremiści.**

H) Wer Zivilcourage zeigt, muss mit Unbill rechnen. Thierse teilt eine Erfahrung, die viele couragierte Bürger machen.

1. **Kto wykazuje się odwagą cywilną, musi liczyć się z krzywdzącymi go skutkami. Thierse doświadcza obecnie tego samego, czego doświadcza wielu odważnych obywateli.**

2. Kto <u>pokazuje, jak być odważnym</u>, musi się liczyć z krzywdzącymi go skutkami. Thierse doświadcza obecnie tego samego, czego doświadcza wielu <u>dzielnych</u> obywateli.

   <u>Kto pokazuje, jak być odważnym</u> ist etwas anderes als – *kto wykazuje się odwagą cywilną*; <u>dzielnych</u> ist ein falsches Wort; richtig – *odważnych*.

3. <u>Odważni ludzie</u> muszą się liczyć z <u>nieprzyjemnościami z policją</u>. Thierse doświadcza tego samego, czego doświadcza wielu odważnych obywateli.

   <u>Odważni ludzie</u> ist keine korrekte Übersetzung von *Zivilcourage zeigen*. <u>Nieprzyjemności z policją</u> steht nicht im AT (Inhalt verändert).

ÜBUNG 2

ÜBERSETZUNG

Czy biorąc udział w blokadzie przeciw skrajnie prawicowym demonstrantom uwłaczył pan godności pełnionego przez siebie urzędu?

Mam nadzieję, że nie. Protestowałem, bo czułem się zobowiązany dać wyraźne świadectwo, że jestem przeciwnikiem przeciwników demokracji.

Co wolno obywatelowi Wolfgangowi Thiersemu/Thierse, czego nie wolno jest wiceprzewodniczącemu Bundestagu?

Jako wiceprzewodniczący Bundestagu mam te same obywatelskie prawa i obowiązki jak wszyscy inni obywatele. Jako obywatel państwa nie jestem ani bardziej ani mniej uprzywilejowany.

Jak tłumaczy pan fakt, że krytyka dotycząca pana akcji rozbrzmiewała niezależnie od przynależności partyjnej? Również pana koledzy partyjni uznali pana zachowanie za niewłaściwe.

Nie krytykuję tego, że mnie krytykują. Ale jestem dotknięty, że pomawia się mnie o wstrętne motywy, co zrobili Anja Hertel i Tom Schreiber – a co jest przykładem osławionej socjaldemokratycznej solidarności.

Jakie motywy?

Chorobliwą chęć bycia w centrum zainteresowania publicznego i postępowanie pozbawione godności. Tak naprawdę pozbawione godności byłoby, gdybym wezwał innych do wykazania się odwagą a sam stchórzył.

Można by również powiedzieć, że demonstracja skrajnych prawicowców była rytuałem prowokacyjnym a blokada czymś w rodzaju jego rytualnego odpowiednika. Teraz jest spór na temat pana udziału w tej blokadzie. Czy spieramy się za dużo o rytuały?

Dziwi mnie, że opinia publiczna nie jest oburzona faktem, że tysiąc neonazistów przemaszerowało przez Prenzlauer Berg i Ku'damm, tylko małą, absolutnie pokojową akcją, która odbyła się w przyjaznej atmosferze. Tu chyba poprzesuwały się punkty ciężkości.

Czy czasami nie byłoby rozsądniej zostawić neonazistów po prostu policji?

Wydaje mi się, że tak dobitne milczenie wobec aktywności neonazistów mogłoby zostać odebrane jako skryte poparcie. Nie wolno nam na to pozwolić.

Z Wolfgangiem Thiersem rozmawiał Werner van Bebber.

---

1. Herr Thierse, haben Sie als Teilnehmer an einer Blockade gegen rechtsextreme Demonstranten Ihr Amt beschädigt?

    Czy biorąc udział w blokadzie przeciw skrajnie prawicowym demonstrantom uwłaczył pan godności pełnionego przez siebie urzędu?

2. Ich hoffe nicht, denn ich habe gegen Antidemokraten demonstriert, weil ich mich verpflichtet fühlte, ein Zeichen zu setzen.

    Mam nadzieję, że nie. Protestowałem, bo czułem się zobowiązany dać wyraźne świadectwo, że jestem przeciwnikiem antydemokratów/przeciwników demokracji.

    Protestowałem, bo czułem się zobowiązany zasygnalizować opinii publicznej, że trzeba protestować przeciw antydemokratom.

3. Was darf der Staatsbürger Wolfgang Thierse, das der Bundestagvizepräsident nicht darf?

    Co wolno obywatelowi Wolfgangowi Thiersemu/Thierse, czego nie wolno jest wiceprzewodniczącemu Bundestagu?

    zur Deklination von *Thierse* – vgl. 6.2

4. Ich habe als Bundestagsvizepräsident die gleichen staatsbürgerlichen Rechte und Pflichten wie alle anderen Bürger auch. Ich bin in staatsbürgerlicher Hinsicht weder überprivilegiert noch unterprivilegiert.

Jako wiceprzewodniczący Bundestagu mam te same obywatelskie prawa i obowiązki jak wszyscy inni obywatele. Jako obywatel państwa nie jestem ani bardziej ani mniej uprzywilejowany.

5. Wie erklären Sie sich, dass die Kritik an Ihrer Aktion nicht entlang der Parteigrenzen verläuft? Auch Parteifreunde fanden Ihr Verhalten falsch.

Jak tłumaczy pan fakt, że krytyka dotycząca pana akcji rozbrzmiewała niezależnie od przynależności partyjnej? Również pana koledzy partyjni uznali pana zachowanie za niewłaściwe.

Jak tłumaczy pan fakt, że krytycy pana akcji nie wywodzą się wyłącznie z pewnych określonych partii politycznych? Również pana koledzy partyjni uznali pana zachowanie za niewłaściwe.

6. Ich kritisiere nicht, dass ich kritisiert werde. Aber ich bin betroffen darüber, dass mir schäbige Motive unterstellt werden, wie es Anja Hertel und Tom Schreiber getan haben – ein Beispiel der berühmt-berüchtigten sozialdemokratischen Solidarität.

Nie krytykuję tego, że mnie krytykują. Ale jestem dotknięty, że pomawia się mnie o wstrętne motywy, co zrobili Anja Hertel i Tom Schreiber – a co jest przykładem osławionej socjaldemokratycznej solidarności.

7. Welche Motive?

Jakie motywy?

8. Öffentlichkeitssucht und würdeloses Verhalten. Aber würdelos wäre gewesen, andere zu Courage aufzufordern und sich selbst bei Gelegenheit in die Büsche zu schlagen.

Chorobliwą chęć bycia w centrum zainteresowania publicznego i postępowanie pozbawione godności. Tak naprawdę pozbawione godności byłoby, gdybym wezwał innych do wykazania się odwagą a sam stchórzył.

9. Man könnte auch sagen: Die Demo der Rechtsextremen war ein Provokationsritual. Die Blockade war das ritualhafte Gegenstück. Nun gibt es Streit über Ihre Teilnahme daran. Streiten wir zu viel über Rituale?

Można by również powiedzieć, że demonstracja skrajnych prawicowców była rytuałem prowokacyjnym a blokada czymś w rodzaju jego rytualnego odpowiednika. Teraz jest spór na temat pana udziału w tej blokadzie. Czy spieramy się za dużo o rytuały?

ritualhaftes Gegenstück – ritualhaft ist nicht *rituell*; *ritualhaft* ist nach der Art eines Rituals, wie ein Ritual – *coś w rodzaju rytuału*

10. Ich wundere mich darüber, dass die öffentliche Betroffenheit sich nicht darauf richtet, dass tausend Neonazis durch den Prenzlauer Berg und über den Ku'-damm marschiert sind, sondern dass sie sich auf eine kleine, absolut gewaltfreie Aktion in freundlicher Atmosphäre richtet. Da scheinen mir die Gewichte verschoben.

Dziwi mnie, że opinia publiczna nie jest oburzona faktem, że tysiąc neonazistów przemaszerowało przez Prenzlauer Berg i Ku'damm, tylko małą, absolutnie pokojową akcją, która odbyła się w przyjaznej atmosferze. Tu chyba poprzesuwały się punkty ciężkości.

11. Wäre es manchmal nicht sinnvoller, die Rechtsextremen einfach der Polizei zu überlassen?

Czy czasami nie byłoby rozsądniej zostawić neonazistów po prostu policji?

12. Ich glaube, dass unüberhörbares Beschweigen von Neonazi-Aktivitäten als klammheimliche Zustimmung missverstanden werden könnte. Das dürfen wir nicht zulassen.

Jestem zdania, że tak dobitne milczenie wobec aktywności neonazistów mogłoby zostać odebrane jako skryte poparcie. Nie wolno nam na to pozwolić.

Vgl. MARKOWSKI/PAWELEC: *poparcie* und nicht *akceptacja* (wyraz błędnie używany w znaczeniu *poparcie)*

13. Das Interview führte Werner van Bebber.

Z Wolfgangiem Thiersem rozmawiał Werner van Bebber.

ÜBUNG 3

ÜBERSETZUNG

Ein Politiker, der am Wochenende gegen das Gesetz verstößt

Bundestagsvizepräsident Wolfgang Thierse hat den Umzug der rechtsextremen NPD verhindert und damit gegen das Gesetz verstoßen. Er muss sich dafür höchstwahrscheinlich vor Gericht verantworten und vielleicht sogar zurücktreten.

Das Bild des auf der Straße inmitten von Hunderten anderer Demonstranten sitzenden Thierse ging durch die deutsche Presse. Die Demonstranten hielten Plakate mit der Aufschrift „Berlin gegen Nazis" in der Hand.

Am 1. Mai verhinderte dieser bekannte SPD-Politiker und ehemalige DDR-Bürgerrechtler, bekleidet mit einem Sportblouson, den Aufmarsch von 700 NPD-Mitgliedern, die einen Umzug durch den Berliner Bezirk Prenzlauer Berg planten, der übrigens Thierses Wahlbezirk ist. Die Aktion war erfolgreich. Tausende auf der Straße sitzende Aktivisten antifaschistischer Organisationen, auch Einwohner von Prenzlauer Berg, konnten die Neonazis schon nach wenigen Hundert Metern stoppen. Die den NPD-Umzug begleitende Polizei war nicht in der Lage, den Demonstranten den Weg zu bahnen. Die Menschen reagierten nicht auf die Aufforderungen der Polizei, und wenn die Uniformierten versuchten, sie von der Straße wegzuziehen, nahmen Andere ihren Platz ein. Thierse saß völlig unbeeindruckt in der Mitte. [...]

Und doch wird Thierse jetzt heftig angegriffen, [...] die Staatsanwaltschaft prüft, ob man dem Politiker vorwerfen kann, er habe gegen das Versammlungsgesetz verstoßen. Sollten die Staatsanwälte tatsächlich zu dem Schluss kommen, Thierse habe eine Straftat begangen, werden sie beim Bundestag beantragen, seine Immunität aufzuheben. „Thierse sollte auch als Bundestagsvizepräsident zurücktreten. Man kann nicht unter der Woche ein Staatsmann sein und an den Wochenenden zu einem Revoluzzer mutieren. Das schadet dem Image des Parlaments", meinen Polizeigewerkschafter und Berliner FDP-Politiker. [...]

1. Polityk, który w weekend łamie prawo

   Ein Politiker, der am Wochenende gegen das Gesetz verstößt

2. Wiceprzewodniczący Bundestagu Wolfgang Thierse złamał prawo, blokując demonstrację neonazistowskiej NPD. Najprawdopodobniej czeka go za to sąd, a może i dymisja.

   Bundestagsvizepräsident Wolfgang Thierse verhinderte den Umzug der rechtsextremen NPD und verstieß damit gegen das Gesetz. Er muss sich wahrscheinlich vor Gericht verantworten, vielleicht sogar zurücktreten.

3. Zdjęcie siedzącego na środku ulicy Thiersego w otoczeniu kilkuset innych demonstrantów trzymających tablice z napisem „Berlin przeciwko nazistom" obiegło całą niemiecką prasę.

   Das Bild des auf der Straße inmitten von Hunderten anderer Demonstranten sitzenden Thierse ging durch die deutsche Presse. Die Demonstranten hielten Plakate mit der Aufschrift „Berlin gegen Nazis" in der Hand.

4. 1 maja ten znany polityk SPD, były enerdowski opozycjonista ubrany w sportową kurtkę blokował marsz 700 członków NPD, którzy planowali przejście przez berlińską dzielnicę Prenzlauer Berg, notabene okręg wyborczy Thiersego.

Am 1. Mai verhinderte dieser bekannte SPD-Politiker und ehemalige DDR-Bürgerrechtler, bekleidet mit einem Sportblouson, den Aufmarsch von 700 NPD-Mitgliedern, die einen Umzug durch den Berliner Bezirk Prenzlauer Berg planten. Es ist im Übrigen Thierses Wahlbezirk.

5. Akcja przyniosła efekty. Tysiące siedzących na ulicy działaczy antyfaszystowskich organizacji, a także mieszkańców Prenzlauer Bergu zatrzymało brunatnych już po kilkuset metrach.

   Die Aktion war erfolgreich. Tausende auf der Straße sitzende Aktivisten antifaschistischer Organisationen, auch Einwohner von Prenzlauer Berg, konnten die Neonazis schon nach wenigen Hundert Metern stoppen.

6. Policja, która konwojowała enpedowców, nie była w stanie utorować im drogi.

   Die den NPD-Umzug begleitende Polizei war nicht in der Lage, den Demonstranten den Weg zu bahnen.

7. Ludzie nie reagowali na polecenia funkcjonariuszy, a gdy mundurowi próbowali ściągać ich z jezdni, na ich miejsce wskakiwali kolejni. Thierse niewzruszony siedział w samym środku. […]

   Die Menschen reagierten nicht auf die Aufforderungen der Polizei, und wenn die Uniformierten versuchten, sie von der Straße wegzuziehen, nahmen sofort Andere ihren Platz ein. Thierse saß völlig unbeeindruckt in der Mitte. [...]

8. Jednak na Thiersego spadają teraz gromy, [...] prokuratura sprawdza, czy politykowi można postawić zarzut łamania ustawy o zgromadzeniach publicznych. Jeśli prokuratorzy uznają, że polityk faktycznie popełnił przestępstwo, będą wnioskować, by Bundestag pozbawił go immunitetu.

   Und doch wird Thierse heftig angegriffen, [...] die Staatsanwaltschaft prüft, ob man dem Politiker vorwerfen kann, er habe gegen das Versammlungsgesetz verstoßen. Sollten die Staatsanwälte tatsächlich zu dem Schluss kommen, Thierse habe eine Straftat begangen, werden sie beim Bundestag beantragen, seine Immunität aufzuheben.

9. Thierse powinien też zrezygnować ze stanowiska wiceprzewodniczącego parlamentu. Nie można w tygodniu być mężem stanu, a w weekendy zamieniać się w rewolucjonistę. To szkodzi wizerunkowi parlamentu – uważają policyjni związkowcy i berlińscy politycy FDP. [...]

   „Thierse sollte auch auf sein Amt als Bundestagsvizepräsident verzichten. Man kann nicht unter der Woche ein Staatsmann sein und an den Wochenenden zu einem Revoluzer mutieren. Das schadet dem Image des Parlaments", meinen Polizeigewerkschafter und Berliner FDP-Politiker. [...]

17 Köhler/Lösungen

17.1 Haupttext/Übersetzung

Bundespräsident Köhler erklärt Rücktritt

Bundespräsident Horst Köhler ist mit sofortiger Wirkung zurückgetreten. Als Grund nannte er seine umstrittenen Aussagen zum Bundeswehreinsatz in Afghanistan.

[…]

Köhler teilte seinen historisch einmaligen Entschluss auch Bundeskanzlerin Angela Merkel (CDU), dem Vizekanzler Guido Westerwelle (FDP) und dem Präsidenten des Bundesverfassungsgerichts, Andreas Voßkuhle, mit. Bundesratspräsident Jens Böhrnsen (SPD) übernimmt vorübergehend die Amtsgeschäfte.

„Ich habe ihm meinen Respekt für seine Entscheidung ausgedrückt", sagte Bremens Bürgermeister Böhrnsen. Als Bürger sei er „traurig" über Köhlers Schritt.

Die Unterstellung, er habe einen grundgesetzwidrigen Einsatz der Bundeswehr zur Sicherung von Wirtschaftsinteressen befürwortet, entbehre jeder Rechtfertigung, sagte Köhler in seiner Rücktritts-

Prezydent Niemiec Horst Köhler ustąpił ze stanowiska.

Prezydent Niemiec Horst Köhler podał się w trybie natychmiastowym do dymisji. Oświadczył, że powodem decyzji były jego kontrowersyjne wypowiedzi na temat misji Bundeswehry w Afganistanie.

[…]

O swojej bezprecedensowej w historii Niemiec decyzji Köhler poinformował również kanclerz Angelę Merkel (CDU), wicekanclerza Guida Westerwellego (FDP) i Prezesa Federalnego Trybunału Konstytucyjnego Andreasa Voßkuhlego. Przewodniczący Bundesratu socjaldemokrata Jens Böhrnsen przejął tymczasowo obowiązki głowy państwa.

„Powiedziałem mu, że mam respekt dla jego decyzji", oświadczył burmistrz Bremy Böhrnsen. Dodał, dymisja Köhlera napawa go, zwykłego obywatela, „smutkiem".

W swoim oświadczeniu o ustąpieniu Köhler powiedział, iż insynuacje, jakoby popierał on sprzeczne z konstytucją misje Bundeswehry dla zabezpieczenia

erklärung. Das lasse den notwendigen Respekt vor dem höchsten Staatsamt vermissen. Er bedauerte in seiner Erklärung, dass es in seinen Äußerungen zur Rolle der Bundeswehr „in wichtigen und schwierigen Fragen zu Missverständnissen kommen konnte".

Köhler sprach seine etwa dreiminütige Erklärung in seinem Amtssitz Schloss Bellevue. An seiner Seite stand Ehefrau Eva Luise. Er bedankte sich bei jenen, die ihm Vertrauen entgegengebracht hätten. Streckenweise versagte ihm die Stimme, er hatte Tränen in den Augen. „Es war mir eine Ehre, Deutschland als Bundespräsident zu dienen", sagte Köhler zum Abschluss sichtlich berührt. Nach Berichten von Augenzeugen verließ er sofort nach seiner Stellungnahme Schloss Bellevue in einem Wagen.

Mit dem Interview hatte Köhler eine heftige Debatte ausgelöst. Später ließ er seine Äußerungen präzisieren. Ein Sprecher sagte in der vergangenen Woche, die Afghanistan-Mission sei nicht gemeint gewesen. Bundeskanzlerin Merkel hatte am Freitag über eine Sprecherin deutlich gemacht, dass sie zu den Äußerungen Köhlers keine Stellung nehmen will. Im Übrigen habe Köhler seine Äußerungen präzisieren lassen. „Und dem ist nichts hinzuzufügen.

gospodarczych interesów Niemiec, pozbawione są jakichkolwiek podstaw i że wyraża się w nich brak respektu wobec najwyższego urzędu w państwie. Köhler wyraził jednocześnie ubolewanie, że jego wypowiedzi na temat roli Bundeswehry „w tak ważnych i trudnych kwestiach zostały źle zrozumiane".

Swoje około trzyminutowe oświadczenie Köhler złożył na Zamku Bellevue – oficjalnej rezydencji głowy państwa. U boku prezydenta stała jego małżonka Eva Luise. Köhler podziękował wszystkim, którzy okazali mu zaufanie. W niektórych momentach zawodził go głos i miał łzy w oczach. „Było dla mnie zaszczytem, że mogłem służyć państwu niemieckiemu jako prezydent", powiedział na zakończenie wyraźnie poruszony. Według informacji naocznych świadków Köhler natychmiast po złożeniu oświadczenia opuścił samochodem Zamek Bellevue.

Swoim wywiadem Köhler wywołał ostrą polemikę. Później sprecyzował swoje wypowiedzi. Rzecznik Köhlera oświadczył w ubiegłym tygodniu, że prezydent nie miał na myśli zaangażowania militarnego w Afganistanie. Kanclerz Merkel oznajmiła w piątek za pośrednictwem swojej rzeczniczki, że nie zamierza zabierać stanowiska w kwestii wypowiedzi prezydenta, który – jak uzupełniła – ponadto swoje wypowiedzi sprecyzował. „Nie ma nic do dodania."

17.2   Übungen/Fehleranalysen

ÜBUNG 1

Nur der fett gedruckte Satz gibt den Inhalt des Originalsatzes richtig wieder.

A) Bundespräsident Horst Köhler ist mit sofortiger Wirkung zurückgetreten.

1. **Prezydent Niemiec Horst Köhler podał się w trybie natychmiastowym do dymisji.**

2. Prezydent Niemiec Horst Köhler podał się <u>natychmiast</u> do dymisji.

   Mit sofortiger Wirkung bedeutet nicht <u>natychmiast</u>, sondern – *w trybie natychmiastowym.*

B) Als Grund nannte er seine umstrittenen Aussagen zum Bundeswehreinsatz in Afghanistan.

1. Oświadczył, że powodem decyzji są <u>kontrowersje spowodowane jego wypowiedziami</u> na temat misji Bundewehry w Afganistanie.

   Der Inhalt wurde falsch wiedergegeben. *Umstritten* bezieht sich auf *die Aussagen.* Es geht um umstrittene Aussagen – *kontrowersyjne wypowiedzi,* und nicht um durch die Aussagen hervorgerufene Kontroversen.

2. **Oświadczył, że powodem decyzji były jego kontrowersyjne wypowiedzi na temat misji Bundewehry w Afganistanie.**

C) Bundesratspräsident   Jens   Böhrnsen   (SPD) übernimmt   vorübergehend die Amtsgeschäfte.

1. **Przewodniczący Bundesratu socjaldemokrata Jens Böhrnsen przejął tymczasowo obowiązki głowy państwa.**

2. Przewodniczący Bundesratu socjaldemokrata Jens Böhrnsen <u>został tymczasowo głową państwa.</u>

   Vorübergehend die Amtsgeschäfte übernehmen muss als *przejąć tymczasowo obowiązki głowy państwa* übersetzt werden.

D) „Ich habe ihm meinen Respekt für seine Entscheidung ausgedrückt", sagte Bremens Bürgermeister Böhrnsen.

1. **„Powiedziałem prezydentowi, że mam respekt dla jego decyzji", oświadczył burmistrz Bremy Böhrnsen.**

2. „Respektowałem jego decyzję", oświadczył burmistrz Bremy Böhrnsen.

Die Übersetzung ist inhaltlich falsch. In respektowałem jego decyzję wird nur gesagt, dass der Bürgermeister die Entscheidung des Präsidenten respektiere. Im AT heißt es aber, dass er dem Präsidenten sagt, dass er Respekt für dessen Entscheidung habe.

E) Die Unterstellung, er habe einen grundgesetzwidrigen Einsatz der Bundeswehr zur Sicherung von Wirtschaftsinteressen befürwortet, entbehre jeder Rechtfertigung, sagte Köhler in seiner Rücktrittserklärung.

1. **W swoim oświadczeniu o ustąpieniu Köhler powiedział, iż insynuacje, jakoby popierał on sprzeczne z konstytucją misje Bundeswehry dla zabezpieczenia gospodarczych interesów Niemiec, pozbawione są jakichkolwiek podstaw.**

2. W swoim wystąpieniu Köhler powiedział, iż insynuacje, jakoby sprzeczne z konstytucją misje Bundeswehry były uzasadnione obroną gospodarczych interesów Niemiec pozbawione są jakichkolwiek podstaw.

Die folgende Rückübersetzung veranschaulicht, welche inhaltlichen Folgen die Auslassung von *er habe befürwortet – jakoby popierał* nach sich zieht:

In seiner Rücktrittserklärung sagte Köhler, die Unterstellungen, die verfassungswidrigen Bundeswehr-Einsätze seien durch die Sicherung von deutschen Wirtschaftsinteressen gerechtfertigt, entbehrten jeder Rechtfertigung.

F) Er bedauerte in seiner Erklärung, dass es in seinen Äußerungen zur Rolle der Bundeswehr „in wichtigen und schwierigen Fragen zu Missverständnissen kommen konnte".

1. W swoim oświadczeniu wyraził on ubolewanie, że w jego wypowiedziach na temat roli Bundeswehry „zawarte były trudne pytania i nieporozumienia".

Der Satz ist inhaltlich vollständig misslungen. *Schwierige Fragen* muss als *trudne kwestie* und nicht *trudne pytania* übersetzt werden.

2. **W swoim oświadczeniu wyraził on również ubolewanie, że jego wypowiedzi na temat roli Bundeswehry „dotyczące tak ważnych i trudnych kwestii zostały źle zrozumiane".**

G) Köhler sprach seine etwa dreiminütige Erklärung in seinem Amtssitz Schloss Bellevue. An seiner Seite stand Ehefrau Eva Luise.

---

1. **Swoje około trzyminutowe oświadczenie Köhler złożył na Zamku Bellevue – oficjalnej rezydencji głowy państwa. U boku Köhlera stała jego małżonka Eva Luise.**

2. Wystąpienie Köhlera trwające około trzech minut odbyło się na Zamku Bellevue – <u>oficjalnej siedzibie rządowej</u>. <u>Köhler był w towarzystwie żony</u>.

   Sein Amtssitz ist nicht <u>oficjalna siedziba rządowa</u>, sondern – *oficjalna rezydencja głowy państwa/prezydenta*; <u>Köhler był w towarzystwie żony</u> – ist inhaltlich ungenau; richtig *u boku/obok Köhlera stała jego żona*; Auslassung – *Eva Luise*.

H) „Es war mir eine Ehre, Deutschland als Bundespräsident zu dienen", sagte Köhler zum Abschluss sichtlich berührt.

---

1. **„Zaszczytem było dla mnie, iż mogłem służyć państwu niemieckiemu jako prezydent", powiedział na zakończenie wyraźnie wzruszony.**

2. „Było dla mnie ogromnym <u>wyróżnieniem</u>, że mogłem służyć państwu niemieckiemu jako prezydent", powiedział na zakończenie wyraźnie wzruszony.

   <u>Wyróżnienie</u> ist eine falsche Übersetzung von *Ehre*; richtig – *zaszczyt*.

I) Mit dem Interview hatte Köhler eine heftige Debatte ausgelöst.

---

1. Wywiad udzielony przez Köhlera był początkiem <u>długiej</u> polemiki.

   Nicht <u>długa</u>, sondern – *ostra polemika*. Besser wie in der Lösung 2 – *wywołał ostrą polemikę*.

2. **Swoim wywiadem Köhler wywołał ostrą polemikę.**

> J) Später ließ er seine Äußerungen präzisieren. Ein Sprecher sagte in der vergangenen Woche, die Afghanistan-Mission sei nicht gemeint gewesen.

1. Potem sprecyzował swoje wypowiedzi. Rzecznik Köhlera oświadczył w ubiegłym tygodniu, że prezydentowi nie chodziło o <u>walki</u> w Afganistanie.

   <u>Walki</u> ist ein falsches Wort mit erheblichen inhaltlichen Folgen. *Afgha-nistan-Mission* kann man nicht als <u>Kämpfe</u> in Afghanistan übersetzen.

2. **Potem sprecyzował swoje wypowiedzi. Rzecznik Köhlera oświadczył w ubiegłym tygodniu, że prezydent nie miał na myśli misji w Afganistanie.**

ÜBUNG 2

ÜBERSETZUNG

> ## Bundespräsident Köhler ist mit sofortiger Wirkung zurückgetreten
>
> Der deutsche Bundespräsident Horst Köhler hat seinen sofortigen Rücktritt erklärt.
>
> Als Rücktrittsgrund nannte er die Kontroverse um die von ihm kürzlich gemachte Äußerung über die Militärintervention in Afghanistan.
>
> Der Präsident gab eine kurze Erklärung über seinen sofortigen Rücktritt ab. Köhler erklärte, seine Entscheidung sei die Folge eines mangelnden Respekts gegenüber seinem Amt.
>
> Der Präsident unterstrich, die Unterstellungen, er würde in der Sicherung deutscher Wirtschaftsinteressen das Ziel der Bundeswehr-Auslandseinsätze sehen, seien völlig unbegründet.
>
> Köhler war Ende vergangener Woche wegen seiner Äußerung scharf kritisiert worden, in der er die Bundeswehrmission mit dem Schutz deutscher Interessen in Verbindung brachte.
>
> Nach einem Besuch in der Bundeswehrbasis in Afghanistan sagte der Präsident in einem Rundfunkinterview, Militäreinsätze könnten im äußersten Fall notwendig sein, wenn es darum ginge, die deutschen Interessen – zum Beispiel freie Handelswege – zu schützen.
>
> Das Präsidialbüro dementierte später, der Präsident habe nicht die Situation in Afghanistan gemeint sondern andere Missionen, darunter die Operation vor den Küsten Somalias, deren Ziel es sei, die Handelswege vor Piraten zu sichern.
>
> Horst Köhler ist der erste Bundespräsident, der während seiner Amtszeit zurückgetreten ist.

1. Prezydent Köhler ustąpił w trybie natychmiastowym ze stanowiska

   Bundespräsident Köhler ist mit sofortiger Wirkung zurückgetreten/auch: … tritt mit sofortiger Wirkung zurück

2. Prezydent Republiki Federalnej Niemiec Horst Köhler oświadczył, że ustępuje w trybie natychmiastowym ze stanowiska.

   Der deutsche Bundespräsident Horst Köhler hat seinen sofortigen Rücktritt erklärt.

3. Jako powód rezygnacji podał kontrowersje wokół swej niedawnej wypowiedzi na temat interwencji wojskowej w Afganistanie.

   Als Rücktrittsgrund nannte er die Kontroverse um die von ihm kürzlich gemachte Äußerung über die Militärintervention in Afghanistan.

4. Prezydent wygłosił krótkie oświadczenie, w którym zapowiedział natychmiastowe ustąpienie ze stanowiska.

   Der Präsident gab eine kurze Erklärung über seinen sofortigen Rücktritt ab.

5. Köhler oświadczył, że jego decyzja jest konsekwencją braku respektu dla pełnionego przez niego urzędu.

   Köhler erklärte, seine Entscheidung sei die Folge eines mangelnden Respekts gegenüber seinem Amt.

   Stilistisch umständlich:

   Köhler erklärte, seine Entscheidung sei die Folge des mangelnden Respekts gegenüber dem von ihm ausgeübten Amt.

   Köhler erklärte, dass seine Entscheidung die Folge des mangelnden Respekts gegenüber dem von ihm ausgeübten Amt sei.

6. Prezydent podkreślił, że przypisywanie mu doszukiwania się celu zagranicznych misji Bundeswehry w zabezpieczeniu gospodarczych interesów Niemiec, pozbawione jest jakiegokolwiek uzasadnienia.

   Der Präsident unterstrich, die Unterstellungen, er würde in der Sicherung deutscher Wirtschaftsinteressen das Ziel der Bundeswehr-Auslandseinsätze sehen, seien völlig unbegründet.

7. Pod koniec ubiegłego tygodnia Köhler został ostro skrytykowany za swoją wypowiedź, w której powiązał misję armii z ochroną niemieckich interesów.

   Köhler war Ende vergangener Woche wegen seiner Äußerung scharf kritisiert worden, in der er die Bundeswehrmission mit dem Schutz deutscher Interessen in Verbindung brachte.

8. Po wizycie w bazie niemieckich sił w Afganistanie prezydent powiedział w wywiadzie radiowym, że w ostateczności zaangażowanie militarne może być konieczne, aby chronić niemieckie interesy, na przykład wolne drogi handlowe.

Nach einem Besuch in der Bundeswehrbasis in Afghanistan sagte der Präsident in einem Rundfunkinterview, Militäreinsätze könnten im äußersten Fall notwendig sein, wenn es darum ginge, die deutschen Interessen – zum Beispiel freie Handelswege – zu schützen.

9. Biuro prezydenta dementowało, że nie miał on na myśli sytuacji w Afganistanie, a inne misje, w tym operację u wybrzeży Somalii zapewniającej ochronę dróg handlowych przed piratami.

Das Präsidialbüro dementierte später, er habe nicht die Situation in Afghanistan gemeint sondern andere Missionen, darunter die Operation vor den Küsten Somalias, deren Ziel es sei, die Handelswege vor Piraten zu sichern.

10. Horst Köhler jest pierwszym prezydentem RFN, który ustąpił ze stanowiska w trakcie kadencji.

Horst Köhler ist der erste Bundespräsident, der während seiner Amtszeit zurückgetreten ist.

ÜBUNG 3

ÜBERSETZUNG

„Nie zamierzał głosić nowej doktryny militarnej Niemiec"

Polityk CDU Polenz mówi na temat wypowiedzi prezydenta Niemiec Köhlera w sprawie misji wojskowej w Afganistanie

Z Ruprechtem Polenzem rozmawia Tobias Armbrüster

Po wypowiedziach prezydenta Niemiec Horsta Köhlera na temat misji wojskowej Bundeswehry w Afganistanie polityk CDU Ruprecht Polenz wyjaśnił, że mandat nie jest podyktowany interesami gospodarczymi. W wywiadzie radiowym dla Deutsch-landfunk przewodniczący Komisji Spraw Zagranicznych Bundestagu powiedział, że w Afganistanie chodzi o bezpieczeństwo w regionie i na świecie.

Armbrüster: Czy wypowiedzi Horsta Köhlera o miejscach pracy i szlakach handlowych, których broni się w Afganistanie, zgodne są z oficjalnym kierunkiem polityki zagranicznej Niemiec?

Polenz: Myślę, że prezydent nie wyraził się całkiem jasno. Nie zamierzał ogłosić nowej doktryny militarnej Niemiec, chciał jedynie podkreślić, że misja wojskowa w Afganistanie jest wkładem Niemiec do bezpieczeństwa i stabilności na świecie. […]

Armbrüster: […] Co prezydent ma na przykład na myśli mówiąc w związku z Afganistanem, że musimy bronić wolnych szlaków handlowych?

Polenz: Nie! Ja bym tego nie ujmował w kontekście Afganistanu. […]

Armbrüster: Przecież Horst Köhler wszystko to powiedział w kontekście misji Bundeswehry w Afganistanie.

Polenz: […] Chciałbym jeszcze raz podkreślić, jaką pozycję przyjmuje w tej kwestii Niemiecki Bundestag. Mandat, który ustanowiliśmy na wniosek rządu Niemiec, jest mandatem mającym na celu stabilizację Afganistanu, a głównym powodem tego jest chęć zapewnienia bezpieczeństwa w regionie i na świecie, w tym również bezpieczeństwa Niemiec, natomiast nie zainteresowanie Niemiec szlakami handlowymi czy surowcami.

Armbrüster: Możemy zatem stwierdzić, iż istnieje wyraźna rozbieżność pomiędzy panem, przewodniczącym Komisji Spraw Zagranicznych a prezydentem Niemiec?

Polenz: Pan wie, że najlepiej nie krytykować prezydenta za sposób sprawowania urzędu, ale żeby nie było żadnych niejasności, trzeba faktycznie powiedzieć, że misja Bundeswehry służy bezpieczeństwu. Z tego powodu jesteśmy w Afganistanie.

Armbrüster: Ruprecht Polenz (CDU), przewodniczący Komisji Spraw Zagranicznych Bundestagu na żywo u nas w Deutschlandfunk. Dziękuję panu za rozmowę.

1. „Er wollte keine neue Militärdoktrin für Deutschland verkünden"

   „Nie zamierzał głosić nowej doktryny militarnej Niemiec"

2. CDU-Politiker Polenz zu Äußerungen von Bundespräsident Köhler zum Afghanistan-Einsatz

   Polityk CDU Polenz mówi na temat wypowiedzi prezydenta Niemiec Köhlera w sprawie misji wojskowej w Afganistanie

3. Ruprecht Polenz im Gespräch mit Tobias Armbrüster

   Z Ruprechtem Polenzem rozmawia Tobias Armbrüster

4. Nach den Äußerungen von Bundespräsident Horst Köhler zum Afghanistan-Einsatz hat der CDU-Politiker Ruprecht Polenz klargestellt, dass das Mandat keinen wirtschaftlichen Hintergrund habe.

Po wypowiedziach prezydenta Niemiec Horsta Köhlera na temat misji wojskowej Bundeswehry w Afganistanie polityk CDU Ruprecht Polenz wyjaśnił, że mandat nie jest podyktowany interesami gospodarczymi.

5. In Afghanistan gehe es um die regionale und internationale Sicherheit, sagte der Vorsitzende des Auswärtigen Ausschusses des Bundestages im Deutschlandfunk.

W wywiadzie radiowym dla Deutschlandfunk przewodniczący Komisji Spraw Zagranicznych Bundestagu powiedział, że w Afganistanie chodzi o bezpieczeństwo w regionie i na świecie.

6. Armbrüster: Wenn Horst Köhler von Arbeitsplätzen und Handelsrouten spricht, die in Afghanistan verteidigt werden, ist das dann die offizielle Linie der deutschen Außenpolitik?

Armbrüster: Czy wypowiedzi Horsta Köhlera o miejscach pracy i szlakach handlowych, których broni się w Afganistanie, zgodne są z oficjalnym kierunkiem polityki zagranicznej Niemiec?

7. Polenz: Ich glaube, der Bundespräsident hat sich hier etwas missverständlich ausgedrückt. Er wollte keine neue Militärdoktrin für Deutschland verkünden, sondern nur deutlich machen, dass Deutschland mit seinem Einsatz in Afghanistan einen Beitrag zur internationalen Sicherheit und Stabilität leiste. […]

Polenz: Myślę, że prezydent nie wyraził się całkiem jasno. Nie zamierzał głosić nowej doktryny militarnej Niemiec, chciał jedynie podkreślić, że misja wojskowa w Afganistanie jest wkładem Niemiec do międzynarodowego bezpieczeństwa i stabilności.

8. Armbrüster: […] Was meint er denn zum Beispiel, wenn er im Zusammenhang mit Afghanistan davon spricht, dass wir freie Handelswege wahren müssen?

Armbrüster: […] Co prezydent ma na przykład na myśli, jeśli w związku z Afganistanem mówi, że musimy bronić wolnych szlaków handlowych?

9. Polenz: Nein! Ich würde den Zusammenhang mit Afghanistan hier nicht herstellen. […]

Polenz: Nie! Ja bym tego nie ujmował w kontekście Afganistanu. […]

10. Armbrüster: Aber Horst Köhler hat das Ganze ja im Zusammenhang mit dem Bundeswehreinsatz in Afghanistan gesagt!

Armbrüster: Przecież Horst Köhler wszystko to powiedział w kontekście misji Bundeswehry w Afganistanie.

11. Polenz: [...] Ich möchte hier noch mal die Position deutlich machen, die der Deutsche Bundestag in dieser Frage einnimmt. Das Mandat, das wir auf Antrag der Bundesregierung beschlossen haben, ist ein Mandat zur Stabilisierung Afghanistans, und der Hauptgrund dafür ist regionale und internationale Sicherheit, auch deutsche Sicherheitsinteressen, aber nicht deutsche Handels- und Rohstoffinteressen. [...]

Polenz: [...] Chciałbym jeszcze raz podkreślić, jaką pozycję przyjmuje w tej kwestii Niemiecki Bundestag. Mandat, który ustanowiliśmy na wniosek rządu Niemiec, jest mandatem mającym na celu stabilizację Afganistanu, a głównym powodem tego jest zapewnienie bezpieczeństwa regionu i na świecie, w tym również bezpieczeństwa Niemiec, natomiast nie niemieckie zainteresowanie szlakami handlowymi czy surowcami.

12. Armbrüster: Das heißt, wir können hier festhalten: Da gibt es eine deutliche Differenz zwischen Ihnen, Herr Polenz, dem Vorsitzenden des Auswärtigen Ausschusses, und dem Bundespräsidenten?

Armbrüster: Czy możemy zatem stwierdzić, iż istnieje wyraźna rozbieżność pomiędzy panem, przewodniczącym Komisji Spraw Zagranicznych i prezydentem Niemiec?

13. Armbrüster: Ruprecht Polenz (CDU), der Vorsitzende des Auswärtigen Ausschusses im Deutschen Bundestag, live hier bei uns im Deutschlandfunk. Vielen Dank für das Gespräch, Herr Polenz.

Armbrüster: Była to rozmowa z Ruprechtem Polenzem (CDU), przewodniczącym Komisji Spraw Zagranicznych Niemieckiego Bundestagu na żywo u nas w Deutschlandfunk. Dziekuję panu za rozmowę.

18   Drogencocktail/Lösungen

18.1   Haupttext/Übersetzung

Tödlicher Drogencocktail

Mehrjährige Haft und Berufsverbot für Arzt

Ein 51-jähriger Mediziner, der in einer Therapiesitzung Patienten einen tödlichen Drogencocktail verabreicht hatte, ist zu vier Jahren und neun Monaten Haft verurteilt worden. Zwei Männer waren an den Folgen einer Überdosis Ecstasy gestorben.

Das Landgericht verurteilte den 51-Jährigen am Montag wegen Körperverletzung mit Todesfolge, sowie gefährlicher Körperverletzung. Der Vorwurf des versuchten Mordes wurde in dem Prozess fallengelassen.

Der Allgemeinmediziner und Facharzt für Psychotherapie hat den Drogencocktail sieben Patienten während einer sogenannten psycholytischen Intensivsitzung im September vergangenen Jahres in seiner Praxis verabreicht. Zwei Patienten sind an den Folgen einer Überdosis Ecstasy gestorben. Fünf weitere Sitzungsteilnehmer mussten mit zum Teil schwere Vergiftungserscheinungen im Krankenhaus behandelt werden.

Śmiertelny koktajl z narkotyków

Wieloletnia kara więzienia oraz zakaz wykonywania zawodu dla lekarza

51-letni lekarz, który w czasie seansu terapeutycznego zaaplikował pacjentom śmiertelny koktajl z narkotyków, skazany został na cztery lata i dziewięć miesięcy pozbawienia wolności. Dwóch mężczyzn zmarło wskutek przedawkowania ecstasy.

W poniedziałek Sąd Krajowy skazał 51-mężczyznę za spowodowanie uszkodzenia ciała ze skutkiem śmiertelnym, jak również ciężkie uszkodzenie ciała. Podczas procesu oddalono zarzut usiłowania zabójstwa umyślnego.

Mężczyzna będący lekarzem ogólnym i lekarzem specjalistą psychoterapeutą zaaplikował siedmiu pacjentom koktajl z narkotyków w trakcie tak zwanego intensywnego seansu psycholitycznego, który odbywał się we wrześniu ubiegłego roku w jego prywatnym gabinecie lekarskim. Dwóch pacjentów zmarło wskutek przedawkowania ecstasy. Pięciu innych uczestników

Mit dem Urteil blieb das Gericht deutlich unter der Forderung der Staatsanwaltschaft, die eine Haftstrafe von acht Jahren beantragt hatte. Die Verteidigung ging von einem „tragischen Unglücksfall" aus und beantragte eine Haftstrafe von nicht mehr als drei Jahren wegen fahrlässiger Tötung sowie fahrlässiger Körperverletzung. Zu Prozessbeginn im März hatte der Therapeut die Verantwortung für den Tod der Patienten übernommen und eingeräumt, den Umgang mit den illegalen Substanzen „völlig falsch eingeschätzt" zu haben.

Der wohl einmalige Fall hatte bundesweit schockiert. Das 59 Jahre alte Todesopfer war trockener Alkoholiker, bei dem es laut einem Gutachten schon bei einer früheren Sitzung Komplikationen gab. Versuche, das zweite Opfer, einen 26-jährigen Studenten noch zu retten, schlugen fehl. Er starb dann im Krankenhaus.

seansu trafiło z objawami częściowo ciężkiego zatrucia do szpitala.

Sąd orzekł karę znacznie niższą od ośmiu lat pozbawienia wolności, których żądała prokuratura. Obrona wyszła z założenia, że zdarzenie było jedynie „tragicznym nieszczęśliwym wypadkiem" i złożyła wniosek o maksymalnie trzyletnią karę pozbawienia wolności za nieumyślne spowodowanie śmierci oraz nieumyślne uszkodzenie ciała.

W marcu, na początku procesu, lekarz oświadczył, że przejmuje odpowiedzialność za spowodowanie śmierci pacjentów oraz przyznał, że „całkowicie błędnie ocenił" własne umiejętności w stosowaniu nielegalnych substancji.

Ten bezprecedensowy przypadek zaszokował całe Niemcy. 59-letni mężczyzna, który zmarł podczas seansu, był „niepijącym alkoholikiem", u którego, jak wynika z ekspertyzy, już w czasie jednego z wcześniejszych seansów wystąpiły komplikacje. Nie powiodły się próby ratownia drugiej ofiary, 26-letniego studenta. Zmarł on w szpitalu.

18.2   Übungen/Fehleranalysen

ÜBUNG 1

Der korrekte Satz ist fett gedruckt.

> A) Ein 51-jähriger Mediziner, der in einer Therapiesitzung Patienten einen tödlichen Drogencocktail verabreicht hatte, ist zu vier Jahren und neun Monaten Haft verurteilt worden.

1. 51-letni lekarz, który w czasie seansu terapeutycznego zaaplikował pacjentom śmiertelne <u>narkotyki</u>, skazany został na cztery lata i dziewięć miesięcy pozbawienia wolności.

    <u>Narkotyki</u> ist ungenau, es muss heißen – *koktajl z narkotyków.*

2. **51-letni lekarz, który w czasie seansu terapeutycznego zaaplikował pacjentom śmiertelny koktajl narkotykowy, skazany został na cztery lata i dziewięć miesięcy pozbawienia wolności.**

3. 51-letni lekarz, który w czasie seansu terapeutycznego podał pacjentom śmiertelny koktajl narkotykowy, skazany został na cztery lata i <u>dziesięć</u> miesięcy pozbawienia wolności.

    <u>Dziesięć</u> ist eine falsche Angabe; richtig – *dziewięć.*

> B) Zwei Männer waren an den Folgen einer Überdosis Ecstasy gestorben.

1. Dwie <u>osoby</u> zmarły wskutek przedawkowania ecstasy.

    <u>Osoby</u> ist ungenau; richtig – *dwóch mężczyzn.*

2. **Dwóch mężczyzn zmarło wskutek przedawkowania ecstasy.**

3. Dwóch mężczyzn zmarło wskutek przedawkowania <u>narkotyków</u>.

    <u>Narkotyki</u> ist ungenau; richtig – *ecstasy.*

C) Das Landgericht verurteilte den 51-jährigen am Montag wegen Körperverletzung mit Todesfolge, sowie gefährlicher Körperverletzung. Der Vorwurf des versuchten Mordes wurde in dem Prozess fallengelassen.

1. Sąd Krajowy skazał w poniedziałek 51-letniego mężczyznę za spowodowanie uszkodzenia ciała ze skutkiem śmiertelnym oraz uszkodzenie ciała. Zarzut usiłowania zabójstwa umyślnego został oddalony w czasie procesu.

   Uszkodzenie ciała ist ungenau. *Gefährliche Körperverletzung* heißt – *ciężkie uszkodzenie ciała.*

2. **Sąd Krajowy skazał w poniedziałek 51-letniego mężczyznę za spowodowanie uszkodzenia ciała ze skutkiem śmiertelnym, jak również ciężkie uszkodzenie ciała. Zarzut usiłowania zabójstwa umyślnego został oddalony w czasie procesu.**

3. Sąd Krajowy skazał w poniedziałek 51-letniego mężczyznę za usiłowanie uszkodzenia ciała ze skutkiem śmiertelnym, jak również ciężkie uszkodzenie ciała. Zarzut usiłowania zabójstwa umyślnego został oddalony w czasie procesu.

   Usiłowanie ist inhaltlich falsch. Im AT ist an dieser Stelle keine Rede von einem Versuch.

D) Der Allgemeinmediziner und Facharzt für Psychotherapie hat den Drogencocktail sieben Patienten während einer sogenannten psycholytischen Intensivsitzung im September vergangenen Jahres in seiner Praxis verabreicht.

1. **Mężczyzna będący lekarzem ogólnym i lekarzem specjalistą psychoterapeutą zaaplikował siedmiu pacjentom koktajl z narkotyków podczas tak zwanego intensywnego seansu psycholitycznego, który odbył się we wrześniu ubiegłego roku w jego gabinecie lekarskim.**

2. Mężczyzna będący lekarzem rodzinnym i lekarzem specjalistą psychoterapeutą podał siedmiu pacjentom koktajl narkotykowy podczas tak zwanego intensywnego seansu psychedelicznego, który odbył się we wrześniu w jego prywatnym gabinecie lekarskim.

   Psychedeliczny ist ein falsches Wort; richtig *psycholitycznego*; we wrześniu ist eine ungenaue Zeitangabe, Auslassung – *ubiegłego roku.*

3. Mężczyzna będący lekarzem pierwszego kontaktu i specjalistą psychologiem podał pacjentom koktajl z narkotyków we wrześniu ubiegłego roku w swoim gabinecie.

   Specjalista psycholog ist eine ungenaue Angabe; richtig – vgl. D 1. Podał pacjentom – ungenau, Auslassung – *siedmiu.*

E) Zwei Patienten sind an den Folgen einer Überdosis Ecstasy gestorben. Fünf weitere Sitzungsteilnehmer mussten mit zum Teil schweren Vergiftungserscheinungen im Krankenhaus behandelt werden.

1. Dwie osoby zmarły wskutek przedawkowania ecstasy. Pięć innych osób trafiło z objawami częściowo ciężkiego zatrucia do szpitala.

   Dwie osoby – ist inhaltlich ungenau; richtig – *dwóch pacjentów*.

2. **Dwóch pacjentów zmarło wskutek przedawkowania ecstasy. Pięciu pozostałych uczestników seansu trafiło z częściowo ciężkimi objawami zatrucia do szpitala.**

3. Dwóch pacjentów zmarło wskutek przedawkowania lekarstw. Pięciu innych uczestników seansu trafiło z objawami ciężkiego zatrucia do szpitala.

   Z objawami ciężkiego zatrucia – inhaltlich ungenau wiedergegeben, Auslassung – *częściowo*.

F) Mit dem Urteil blieb das Gericht deutlich unter der Forderung der Staatsanwaltschaft, die eine Haftstrafe von acht Jahren beantragt hatte.

1. Sąd orzekł karę znacznie niższą od siedmiu lat pozbawienia wolności, których żądała prokuratura.

   Siedem lat – Angabe falsch; richtig – *osiem lat.*

2. Wyrok jest znacznie wyższy od ośmiu lat pozbawienia wolności, których żądali obrońcy.

   Wyższy – Inhalt falsch; richtig – *niższy;* obrońcy – ist inhaltlich falsch; richtig – *prokuratura.*

3. **Sąd orzekł karę znacznie niższą od ośmiu lat pozbawienia wolności, których żądała prokuratura.**

G) Die Verteidigung ging von einem „tragischen Unglücksfall" aus und beantragte eine Haftstrafe von nicht mehr als drei Jahren wegen fahrlässiger Tötung sowie fahrlässiger Körperverletzung.

1. **Obrona wyszła z założenia, że zdarzenie było jedynie „tragicznym nieszczęśliwym wypadkiem" i złożyła wniosek o maksymalnie trzyletnią karę pozbawienia wolności za nieumyślne spowodowanie śmierci oraz nieumyślne uszkodzenie ciała.**

2. Obrona wyszła z założenia, że to „tragiczne zdarzenie" było jedynie „nieszczęśliwym wypadkiem" i wnioskowała o maksymalnie trzyletnią karę wolności za nieumyślne spowodowanie śmierci oraz nieumyślne uszkodzenie ciała.

   Mit den Attributen *tragisch* und *Unglücks-* ist der *Unfall* belegt. Es gibt keinen Grund, das in *„tragisches Ereignis"* und *„Unglücksfall"* zu trennen.

   Kara wolności – ist ein völlig falscher Ausdruck; richtig – *kara pozbawienia wolności*.

3. Obrona była zdania, że zdarzenie było jedynie „tragicznym nieszczęśliwym wypadkiem" i wnioskowała o maksymalnie trzyletnią karę pozbawienia wolności za nieumyślne spowodowanie śmierci oraz umyślne uszkodzenie ciała.

   Umyślne uszkodzenie ciała ist inhaltlich falsch; richtig – *nieumyślne uszkodzenie ciała*.

H) Zu Prozessbeginn im März hatte der Therapeut die Verantwortung für den Tod der Patienten übernommen und eingeräumt, den Umgang mit den illegalen Substanzen „völlig falsch eingeschätzt" zu haben.

1. Na początku procesu terapeuta oświadczył, że ponosi odpowiedzialność za spowodowanie śmierci pacjentów i za to, że „całkowicie błędnie ocenił" własne umiejętności w użyciu narkotyków.

   Na początku procesu ist eine ungenaue Angabe; Auslassung – *w marcu*. Narkotyki ist ungenau; richtig – *nielegalne substancje*.

2. W marcu, na początku procesu, lekarz przejął na siebie odpowiedzialność za spowodowanie śmierci pacjentów i za to, że „niezbyt dobrze" zastosował koktajl z nielegalnych substancji.

„Niezbyt dobrze" zastosował koktajl z nielegalnych substancji ist eine erhebliche inhaltliche Abweichung; richtig – *„całkowicie błędnie ocenił" swoje umiejętności w stosowaniu nielegalnych substancji.*

3. **W marcu, na początku procesu, terapeuta oświadczył, że przejmuje odpowiedzialność za spowodowanie śmierci pacjentów i przyznał, że „całkowicie błędnie ocenił" swoje umiejętności w stosowaniu nielegalnych substancji.**

ÜBUNG 2

Die falsch übersetzten Satzteile sind unterstrichen.

1. Mehrjährige Haft und Berufsverbot für Arzt

   Lekarza skazano na więzienie i zakaz wykonywania zawodu

   Die Übersetzung ist nicht vollständig; Auslassung *mehrjährige* – lekarza skazano na *wieloletnie* więzienie; auch – *wieloletnią karę pozbawienia wolności.*

2. Ein 51-jähriger Mediziner, der in einer Therapiesitzung Patienten einen tödlichen Drogencocktail verabreicht hatte, ist zu vier Jahren und neun Monaten Haft verurteilt worden.

   51-letni lekarz, który w czasie seansu terapeutycznego wstrzykiwał pacjentom śmiertelny koktail narkotykowy, skazany został na cztery lata i dziewięć miesięcy pozbawienia wolności.

   Hatte verabreicht wurde falsch als wstrzykiwał übersetzt. Die Information, dass die Substanz intravenös verabreicht wurde, erscheint im Text erst später. Korrekt *podał/zaaplikował.*

3. Zwei Männer waren an den Folgen einer Überdosis Ecstasy gestorben.

   Dwóch mężczyzn zmarło wskutek przedawkowania narkotyków.

   Ecstasy muss als *ecstasy* wiedergegeben werden, narkotyki ist zu allgemein.

4. Das Landgericht verurteilte den 51-Jährigen am Montag wegen Körperverletzung mit Todesfolge.

   Sąd Krajowy skazał w poniedziałek 51-letniego mężczyznę za nieumyślne spowodowanie uszkodzenia ciała ze skutkiem śmiertelnym.

   Im Originaltext ist keine Rede von nieumyślne *spowodowanie uszkodzenia ciała*; korrekt *za spowodowanie uszkodzenia ciała ze skutkiem śmiertelnym.*

5. Der Allgemeinmediziner und Facharzt für Psychotherapie hat den Drogencocktail sieben Patienten während einer sogenannten psycholytischen Intensivsitzung [...] verabreicht.

Lekarz medycyny ogólnej i lekarz specjalista psychoterapeuta podał siedmiu pacjentom koktajl narkotykowy w czasie tak zwanego intensywnego seansu psychedelicznego [...].

Psycholytisch muss als *psycholityczny* und nicht psychedeliczny übersetzt werden. (vgl. 8.2)

6. Die Verteidigung ging von einem „tragischen Unglücksfall" aus.

Obrona wyszła z założenia, że zdarzenie było jedynie „nieszczęśliwym zbiegiem okoliczności".

nieszczęśliwy zbieg okoliczności – falscher Ausdruck; korrekt *tragiczny nieszczęśliwy wypadek*

7. Zu Prozessbeginn im März hatte der Therapeut die Verantwortung für den Tod der Patienten übernommen und eingeräumt, den Umgang mit den illegalen Substanzen „völlig falsch eingeschätzt" zu haben.

W marcu, na początku procesu, lekarz oświadczył, że przejmuje odpowiedzialność za spowodowanie śmierci pacjentów i przyznał, że „całkowicie zawiodły" go umiejętności w stosowaniu nielegalnych substancji.

zawiodły go umiejętności ist inhaltlich falsch; richtig *„całkowicie błędnie ocenił" swoje umiejętności*

8. Der einmalige Fall hatte bundesweit schockiert.

Ten bezprecedensowy przypadek oburzył całe Niemcy.

oburzył – Verb falsch; richtig *zaszokował*

ÜBUNG 3

ÜBERSETZUNG

> Zwei Personen starben und zehn weitere erlitten eine Vergiftung während einer in Berlin von einem Psychologen geleiteten Gruppentherapiesitzung.
>
> Zu der Tragödie kam es wahrscheinlich, nachdem der Arzt seinen Patienten eine bis jetzt unbekannte Substanz verabreicht hatte. Einer der Teilnehmer der Gruppensitzung starb gestern Abend.

Heute Morgen starb der zweite Mann, der gestern klinisch tot war. Die übrigen Patienten konnten das Krankenhaus inzwischen verlassen. Aber auch ihr Zustand war ernst gewesen. Infolge der Vergiftung hatten sie einen momentanen Herzstillstand erlitten.

Nach Informationen der Polizei hat der die Sitzung leitende Psychologe den Patienten eine unbekannte Substanz verabreicht. Es kann sich um Drogen oder eine Mischung starker Medikamente gehandelt haben. Nach Ansicht einiger Medien haben die Sitzungsteilnehmer die Substanz intravenös als Injektion verabreicht bekommen.

Der Arzt wurde von der Polizei festgenommen, die aber ein vorsätzliches Handeln ausschließt. Der 50-jährige Arzt ist auf psychotherapeutische Sitzungen für Einzelpersonen und Gruppen und Hilfe in psychischen Krisensituationen spezialisiert.

1. Dwie osoby zmarły, a dziesięć innych zatruło się podczas seansu terapii grupowej prowadzonej przez psychologa w Berlinie.

   Zwei Personen starben und zehn weitere erlitten eine Vergiftung während einer in Berlin von einem Psychologen geleiteten Gruppentherapiesitzung.

2. Prawdopodobnie do tragedii doszło po tym, jak lekarz podał pacjentom niezidentyfikowaną do tej pory substancję.

   Die Tragödie ereignete sich wahrscheinlich, nachdem der Arzt seinen Patienten eine bis jetzt unbekannte Substanz verabreicht hatte.

3. Jeden z pacjentów, którzy wzięli udział w grupowym spotkaniu, zmarł wczoraj wieczorem.

   Einer der Teilnehmer der Gruppensitzung starb gestern Abend.

4. Dziś rano zmarł drugi mężczyzna, który od wczoraj przebywał w stanie śmierci klinicznej.

   Heute Morgen starb der zweite Mann, der seit gestern klinisch tot war.

5. Pozostali pacjenci opuścili już szpital.

   Die übrigen Patienten konnten das Krankenhaus inzwischen verlassen.

6. Jednak ich stan również był poważny.

   Aber auch ihr Zustand war ernst gewesen.

7. W wyniku zatrucia przeżyli chwilowe zatrzymanie akcji serca.

Infolge der Vergiftung hatten sie einen momentanen Herzstillstand erlitten.

8. Według informacji policji, prowadzący zajęcia psycholog podał pacjentom nieznaną substancję.

   Nach Informationen der Polizei hat der die Sitzung leitende Psychologe den Patienten eine unbekannte Substanz verabreicht/gegeben.

9. Mogły być to narkotyki lub mieszanka silnych leków.

   Es kann sich um Drogen oder eine Mischung starker Medikamente gehandelt haben.

10. Zdaniem niektórych mediów, uczestnicy spotkania przyjęli je dożylnie za pomocą zastrzyków.

    Nach Information einiger Medien haben die Sitzungsteilnehmer die Substanz intravenös als Injektion verabreicht bekommen.

11. Lekarz został zatrzymany przez policję, która wyklucza jednak jego celowe działanie.

    Der Arzt wurde von der Polizei festgenommen, die aber ein vorsätzliches Handeln ausschließt.

12. 50-letni lekarz specjalizuje się w organizowaniu indywidualnych i grupowych seansów psychoterapeutycznych i pomocy w kryzysach psychicznych.

    Der 50-jährige Arzt ist auf psychotherapeutische Sitzungen für Einzelpersonen und Gruppen und Hilfe in psychischen Krisensituationen spezialisiert.

19 Hosenverbot/Lösungen

19.1 Haupttext/Übersetzung

Hosenverbot für Frauen

In Frankreich ist ein altes Gesetz aufgetaucht, das den Frauen das Tragen von Hosen verbietet. Das Hosenverbot ist nicht nur verfassungswidrig – sondern auch immer noch gültig.

Zugegeben, das Gesetz ist alt. In der Amtssprache der Französischen Revolution ausgedrückt, datiert es vom „26. Brumaire an IX", wobei mit dem Nebelmonat der November gemeint ist und das neunte Jahr des neuen Kalenders der 1. Republik 1801 meint. So antiquiert wie das Datum ist auch der Inhalt: „Jedwede Frau, die sich wie ein Mann zu kleiden wünscht, ist gehalten, sich bei der Polizeipräfektur zu melden und eine Bewilligung zu beantragen, die nur aufgrund eines Zertifikats eines Beamten der Gesundheitsdienste ausgestellt werden kann."

Damals sollte verhindert werden, dass revolutionäre Amazonen als Männer verkleidet mit in den Krieg zogen. Nach Napoleons Schlachten und dem Untergang seines Kaiserreichs blieb das frauenfeindliche Hosen-Gesetz in Kraft. Im Archiv der Hauptstadt fand sich ein Do-

Zakaz noszenia spodni przez kobiety

We Francji pojawiła się stara ustawa zakazująca kobietom noszenia spodni. Zakaz noszenia spodni jest nie tylko sprzeczny z konstytucją, ale też nadal obowiązuje.

Przyznać trzeba, że ustawa jest stara. Mówiąc językiem urzędowym Rewolucji Francuskiej, pochodzi ona z „26 Brumaire'a an IX", przy czym miesiąc mgły oznacza listopad, zaś dziewiąty rok nowego kalendarza Pierwszej Republiki to rok 1801. Treść ustawy jest tak samo przestarzała jak jej data: „Każda kobieta, której życzeniem jest ubierać się jak mężczyzna, jest zobligowana zgłosić się do prefektury policji celem złożenia wniosku o zezwolenie, które może zostać udzielone jedynie na podstawie certyfikatu wystawionego przez urzędnika służby zdrowia."

Wówczas chciano zapobiec, żeby amazonki-rewolucjonistki poprzebierane za mężczyzn szły razem z mężczyznami na wojnę. Po napoleońskich bitwach i upadku Cesarstwa wroga kobietom ustawa

kument, mit dem der Präfekt von Paris der bekannten Malerin und Nonkonformistin Rosa Bonheur die alle sechs Monate zu erneuernde Erlaubnis erteilte, „sich als Mann zu verkleiden, um dergestalt bei Schauspielen, Bällen und in anderen öffentlichen Örtlichkeiten mit Publikum aufzutreten". Auch die Schriftstellerin George Sand musste einen solchen Antrag stellen, damit sie Hosen tragen durfte.

Das Gesetz blieb in Kraft und wurde sogar zwei Mal leicht revidiert, da 1892 und 1909 die Hosen ausnahmsweise für tolerierbar erklärt wurden, wenn die Frau mit einem „Bicyclette" fahren oder ein Pferd am Zügel führen musste... Wer darüber lächelt, dass der Gesetzgeber derartige Kleidervorschriften macht, sollte vielleicht überlegen, was man wohl in ein paar Dutzend Jahren vom Burka-Verbot denken wird, das in Frankreich in Planung und im Nachbarland Belgien bald Gesetz ist.

Und da nie jemand daran gedacht hatte, dieses „nebulöse" Gesetz des Jahres 9 endgültig außer Kraft zu setzen und zu streichen, ist es im Prinzip immer noch gültig! [...]

Als ausgerechnet am 1. April 2010 eine Gruppe von Abgeordneten einen Antrag einreichte, um diesen alten Zopf zu kappen, der es eigentlich auch heute noch den französischen Frauen bei Strafe verbieten würde, Hosen zu tragen, glaubte einige in der Nationalversammlung an einen schlechten Aprilscherz.

Dabei ist es den Antragstellern sehr ernst. Das Hosenverbot ist nicht nur verfassungswidrig, da die Gleichberech-

dotycząca spodni utrzymała moc prawną. W archiwum stolicy znaleziono dokument, w którym prefekt Paryża znanej malarce i nonkonformistce Róży Bonheur udzielił zezwolenia „na przebieranie się za mężczyznę w celu występów na przedstawieniach, balach i w różnych publicznych miejscach przed widownią." Po upływie sześciu miesięcy pozwolenie to traciło ważność i musiało zostać wystawione ponownie. Również pisarka George Sand musiała złożyć podobny wniosek, żeby móc nosić spodnie.

Ustawa pozostała w mocy a nawet była dwukrotnie poddawana nieznacznej rewizji, gdyż w roku 1892 i 1909 spodnie wyjątkowo uznano za dopuszczalne, kiedy kobieta musiała jechać „bicykletem" albo prowadzić konia za lejce ... Jeśli komuś wydaje się zabawne, że ustawodawca wydaje takiego rodzaju przepisy dotyczące stroju, niech się może zastanowi, co będzie się za kilkadziesiąt lat mówiło o zakazie noszenia burki, który planowany jest obecnie we Francji, a w sąsiedniej Belgii będzie niedługo ustawą.

A ponieważ nikt nie pomyślał o tym, żeby tę „mglistą" ustawę z roku dziewiątego raz na zawsze unieważnić i anulować, ona właściwie nadal obowiązuje! [...] Kiedy akurat 1 kwietnia 2010 r. grupa deputowanych wystąpiła z wnioskiem o zniesienie tej przestarzałej ustawy, która właściwie to nadal pod groźbą kary zabrania Francuzkom noszenia spodni, niektórzy w Zgromadzeniu Narodowym sądzili, że chodzi o jakiś głupi żart primaaprilisowy.

Wnioskodawcy mają jednak jak

tigung im Grundgesetz garantiert wird, sondern auch ein Paradebeispiel für die von der Geschichte überholten und überladenen Gesetzbücher.

Die Inflation an Gesetzen ist ein typisch französisches Phänomen, das schon der Renaissance-Philosoph Montaigne in seinen Essays kritisierte. Nach seiner Wahl versprach 2007 Präsident Nicolas Sarkozy, dem mit einem großen Frühlingsputz in den Gesetzessammlungen abzuhelfen. Dazu ließ er als Erstes ein Gesetz verabschieden. Und damit hat sichs.

najbardziej poważne zamiary. Zakaz noszenia spodni jest nie tylko sprzeczny z konstytucją – równouprawnienie jest mianowicie zagwarantowane w konstytucji –, ale jest także najlepszym przykładem na to, jak nieaktualne z biegiem lat stały się kodeksy, i jak bardzo są przeładowane.

Inflacja ustaw to typowo francuskie zjawisko. Już renesansowy filozof Montaigne krytykował je w swoich Esejach. Nicolas Sarkozy, po objęciu w 2007 roku urzędu prezydenta, obiecał zrobić wiosenne porządki w zbiorach ustaw. W tym celu wydał najpierw ustawę. I na tym się skończyło.

19.2   Übungen/Fehleranalysen

ÜBUNG 1

Die inhaltlich richtigen Sätze sind fett gedruckt.

> A) Das Hosenverbot ist nicht nur verfassungswidrig – sondern auch immer noch gültig.

1. **Zakaz noszenia spodni jest nie tylko sprzeczny z konstytucją – ale też nadal obowiązuje.**

2. Zakaz noszenia spodni jest nie tylko sprzeczny z konstytucją – ale też nadal uważany za obowiązujący.

   Jest uważany za obowiązujący – Inhalt falsch. *Ist gültig* heißt nicht *wird für gültig gehalten*, sondern – *nadal obowiązuje.*

3. Zakaz pokazywania się na ulicy w spodniach jest nie tylko sprzeczny z konstytucją – ale też nadal obowiązuje.

   Zakaz pokazywania się na ulicy w spodniach ist inhaltlich falsch, es geht um – *zakaz noszenia spodni.*

B) In der Amtssprache der Französischen Revolution ausgedrückt, datiert das Gesetz vom „26. Brumaire an IX", wobei mit dem Nebelmonat der November gemeint ist und das neunte Jahr des neuen Kalenders der 1. Republik 1801 meint.

1. Mówiąc językiem urzędowym Rewolucji Francuskiej, ustawa pochodzi z „26 Brumaire'a roku IX", co oznacza mglisty listopad dziewiątego roku nowego kalendarza Pierwszej Republiki czyli roku 1801.

   Co oznacza mglisty listopad – Inhalt falsch; richtig – *mglisty miesiąc/ miesiąc mgły to listopad,* und weiter – *zaś dziewiąty rok nowego kalendarza Pierwszej Republiki to rok 1801* (vgl. B 2).

2. **Mówiąc językiem urzędowym Rewolucji Francuskiej, ustawa datowana jest na „26 Brumaire'a roku IX", przy czym miesiąc mgły to listopad, zaś dziewiąty rok nowego kalendarza Pierwszej Republiki to rok 1801.**

3. Mówiąc językiem urzędowym Rewolucji Francuskiej, ustawa pochodzi z „26 Brumaire'a an IX", przy czym miesiąc mgły to listopad, zaś dziewiąty rok to rok 1801 nowego kalendarza Pierwszej Republiki.

   Zaś dziewiąty rok to rok 1801 nowego kalendarza Pierwszej Republiki ist inhaltlich falsch; richtig – *zaś dziewiąty rok nowego kalendarza Pierwszej Republiki to rok 1801.*

C) „Jedwede Frau, die sich wie ein Mann zu kleiden wünscht, ist gehalten, sich bei der Polizeipräfektur zu melden und eine Bewilligung zu beantragen, die nur aufgrund eines Zertifikats eines Beamten der Gesundheitsdienste ausgestellt werden kann."

1. **„Każda kobieta, której życzeniem jest ubierać się jak mężczyzna, jest zobligowana zgłosić się do prefektury policji celem złożenia wniosku o pozwolenie, które może zostać udzielone jedynie na podstawie certyfikatu wystawionego przez urzędnika służby zdrowia."**

2. „Każda kobieta, której życzeniem jest ubierać się jak mężczyzna, jest zobligowana złożyć wizytę prefektowi policji celem postawienia wniosku o pozwolenie, które może zostać udzielone jedynie na podstawie certyfikatu wystawionego przez urzędnika służby zdrowia."

   Złożyć wizytę prefektowi policji ist ein falscher Ausdruck, der Inhalt wurde nicht eindeutig wiedergegeben; richtig – *zgłosić się do prefektury policji.*

3. „Każda kobieta, której życzeniem jest ubierać się jak mężczyzna, jest zobligowana zgłosić się do prefektury policji i złożyć wniosek o pozwolenie, <u>które może zostać udzielone jedynie</u> przez urzędnika służby zdrowia."

Der Inhalt wurde falsch wiedergegeben. Richtig – *pozwolenie, które może zostać udzielone jedynie na podstawie certyfikatu wystawionego przez ...*

D) Das Gesetz blieb in Kraft und wurde sogar zwei Mal leicht revidiert, da 1892 und 1909 die Hosen ausnahmsweise für tolerierbar erklärt wurden, wenn die Frau mit einem „Bicyclette" fahren oder ein Pferd am Zügel führen musste ...

---

1. Ustawa utrzymała moc prawną a nawet była dwukrotnie poddawana niewielkiej rewizji, gdyż w roku <u>1892 i 1919</u> spodnie wyjątkowo uznano za dopuszczalne, kiedy kobieta musiała jechać na rowerze albo <u>konno</u> ...

   Das Jahr <u>1919</u> ist falsch; richtig – 1909; <u>konno</u> ist ungenau; richtig *prowadzić konia za lejce.*

2. Ustawa utrzymała moc prawną a nawet była dwukrotnie poddawana nieznacznej rewizji, gdyż w roku 1892 i 1909 spodnie wyjątkowo uznano za dopuszczalne, kiedy to kobieta musiała jechać „bicykletem" albo prowadzić konia za lejce ...

3. Ustawa utrzymała moc prawną a nawet była dwukrotnie poddawana nieznacznej rewizji, gdyż w <u>latach 1892-1909</u> spodnie wyjątkowo uznano za dopuszczalne, kiedy kobieta musiała jechać na „bicyklecie" albo prowadzić konia za lejce ...

   Im AT geht es nicht um einen Zeitraum <u>w latach 1892-1909,</u> sondern – *w roku 1892 i 1909.*

E) Als ausgerechnet am 1. April 2010 eine Gruppe von Abgeordneten einen Antrag einreichte, um diesen alten Zopf zu kappen, der es eigentlich auch heute noch den französischen Frauen bei Strafe verbieten würde, Hosen zu tragen, glaubten einige in der Nationalversammlung an einen schlechten Aprilscherz.

---

1. Kiedy akurat 1 kwietnia 2010 r. grupa deputowanych wystąpiła z wnioskiem o zniesienie tej starej jak świat ustawy, która tak naprawdę to po dzień dzisiejszy pod groźbą kary zabrania <u>kobietom</u> nosić spodnie, niektórzy w Zgromadzeniu Narodowym sądzili, że chodzi o jakiś głupi żart prima-aprilisowy.

   <u>Kobietom</u> ist ungenau; richtig – *Francuzkom.*

2. **Kiedy akurat 1 kwietnia 2010 r. grupa deputowanych wystąpiła z wnioskiem o zniesienie tej przestarzałej ustawy, która właściwie to nadal pod groźbą kary zabrania Francuzkom noszenia spodni, niektórzy w Zgromadzeniu Narodowym sądzili, że chodzi o jakiś głupi żart prima-aprilisowy.**

3. Kiedy akurat 1 kwietnia 2010 r. <u>grupa polityków</u> wystąpiła z wnioskiem o zniesienie tej ustawy-przeżytku, która właściwie nadal pod groźbą kary zabrania <u>kobietom we Francji</u> nosić spodnie, niektórzy w Zgromadzeniu Narodowym sądzili, że chodzi o jakiś głupi żart prima-aprilisowy.

   <u>Grupa polityków</u> ist falsch; richtig – *grupa deputowanych*; <u>kobietom we Francji</u> ist ungenau, im AT ist die Rede von *französichen Frauen* – *Francuzkom*.

F) Dabei ist es den Antragstellern sehr ernst.

1. <u>Wnioskodawcy byli jednak poważni</u>.

   Die Übersetzung gibt den Inhalt des AT falsch wieder. Den Antragstellern ist es ernst, heißt nicht, dass sie ernst sind, sondern dass sie ernste Absichten haben. Richtig – vgl. F 3.

2. Tymczasem wnioskodawcy <u>nie mieli zamiaru robić sobie żartów</u>.

   Es handelt sich um einen umgangssprachlichen Ausdruck, der stilistisch und lexikalisch ungeeignet ist. Richtig – vgl. F 3.

3. **Jednak wnioskodawcy mają jak najbardziej poważne zamiary.**

G) Das Hosenverbot ist nicht nur verfassungswidrig, da die Gleichberechtigung im Grundgesetz garantiert wird, sondern auch ein Paradebeispiel für die von der Geschichte überholten und überladenen Gesetzbücher.

1. Zakaz noszenia spodni jest nie tylko sprzeczny z konstytucją – <u>ustawy muszą</u> mianowicie <u>gwarantować równouprawnienie</u> –, ale jest także najlepszym przykładem na to, jak nieaktualne z biegiem lat stały się kodeksy, i jak bardzo są przeładowane.

   Die Übersetzung gibt den Inhalt des AT falsch wieder. *Die Gleichberechtigung wird im Grundgesetz garantiert* heißt nicht <u>ustawy muszą gwarantować,</u> sondern – *konstytucja gwarantująca równouprawnienie*.

2. Zakaz noszenia spodni jest nie tylko sprzeczny z konstytucją gwarantującą równouprawnienie, ale jest także najlepszym przykładem na to, jak nieaktualne z biegiem lat stały się kodeksy i jak bardzo są przeładowane.

3. Zakaz noszenia spodni jest nie tylko sprzeczny z konstytucją – równouprawnienie jest mianowicie zagwarantowane w przepisach – jest on także najlepszym przykładem na to, jak przeładowane są przepisy.

W przepisach ist ungenau; richtig – *w konstytucji*; jak przeładowane są przepisy ist unvollständig, Auslassung – *von der Geschichte überholten*; richtig – *nieaktualne/przestarzałe*, vgl. G 2.

ÜBUNG 2

1. Hosenverbot für Frauen

   Kobietom nie wolno jest posiadać spodni

   Die Übersetzung ist ungenau. Das Verbot betrifft nicht das Besitzen sondern das Tragen von Hosen. Richtig *kobietom nie wolno jest nosić spodni*.

2. In Frankreich ist ein altes Gesetz aufgetaucht, das den Frauen das Tragen von Hosen verbietet.

   We Francji pojawiła się stara ustawa zakazująca noszenia spodni.

   noszenia spodni – ungenau/Auslassung *zakazująca kobietom noszenia spodni*

3. Das Hosenverbot ist nicht nur verfassungswidrig – sondern auch immer noch gültig.

   Zakaz noszenia spodni jest nie tylko sprzeczny z przepisami – ale też nadal obowiązuje.

   sprzeczny z przepisami – Ausdruck falsch; richtig *sprzeczny z konstytucją*

4. „Jedwede Frau, die sich wie ein Mann zu kleiden wünscht, […]"

   „Każda kobieta, której życzeniem jest przebierać się za mężczyznę, […]"

   Nicht przebierać się sondern *ubierać się*. Sich verkleiden ist nicht *sich kleiden*.

5. Nach Napoleons Schlachten und dem Untergang seines Kaiserreichs blieb das frauenfeindliche Hosen-Gesetz in Kraft.

   Po napoleońskich bitwach i likwidacji Cesarstwa wroga kobietom ustawa dotycząca spodni utrzymała moc prawną.

   likwidacja – falsches Wort; richtig *upadek*

6. Als ausgerechnet am 1. April 2010 eine Gruppe von Abgeordneten einen Antrag einreichte, um diesen alten Zopf zu kappen, der es eigentlich auch heute noch den französischen Frauen bei Strafe verbieten würde, Hosen zu tragen, glaubten einige in der Nationalversammlung an einen schlechten Aprilscherz.

Kiedy akurat w prima-aprilis w 2010 roku grupa parlametariuszy wystąpiła z wnioskiem o zniesienie tej przestarzałej ustawy, niektórzy politycy w Zgromadzeniu Narodowym sądzili, że chodzi o jakiś żart.

Auslassung – *der es eigentlich auch heute noch den französischen Frauen bei Strafe verbieten würde, Hosen zu tragen* (richtig vgl. Ü 1, E); parlamentariuszy – falsches Wort (andere Bedeutung); richtig *parlametarzystów/deputowanych* (auch *posłów*)

7. Nach seiner Wahl versprach 2007 Präsident Nicolas Sarkozy, dem mit einem großen Frühlingsputz in den Gesetzessammlungen abzuhelfen.

Po objęciu w 2007 roku urzędu prezydenta Nicolas Sarkozy obiecał temu zaradzić i zrobić wiosenne porządki w prawniczych księgach.

prawnicze księgi – falsch; richtig *zbiory ustaw* (eventuell auch *kodeksy*)

ÜBUNG 3

ÜBERSETZUNG

Hosenverbot für Frauen in Paris

Die Welt ist voller Verbote. Einige, obgleich lästig, scheinen im Hinblick auf die Sicherheit der Menschen nachvollziehbar.

Lassen sich zum Beispiel für die Einführung von Alkohol- und Rauchverbot an öffentlichen Orten – wenn auch nur schweren Herzens – rationale Gründe finden, so entzieht sich das Hosenverbot jeder vernünftigen Erklärung …

Französinnen sind schöne Frauen. Das muss sich der Chef der Pariser Polizei im Jahre 1800 gedacht haben. Um die Sinnlichkeit der Pariserinnen zusätzlich zu betonen, beschloss er ein etwas untypisches Verbot einzuführen: Die Einwohnerinnen von Paris durften von da an keine Hosen mehr tragen. Der Zweck des Verbots war, Frauen daran zu hindern, sich wie Männer zu geben. Wollte sich eine hübsche Pariserin nicht an das Verbot halten, benötigte sie eine befristete Erlaubnis. Um eine solche zu bekommen, musste sie sich wiederum zum Polizeirevier begeben. Der damalige Polizeichef hatte ganz offensichtlich eine romantische Natur und wusste die subtilen Vorzüge des jungen weiblichen Körpers zu schätzen. An dieser Stelle könnte jemand sagen, das Hosenverbot sei noch eine weitere veraltete, sinnlose und für die damalige Zeit so bezeichnende Vorschrift.

Das stimmt, nur, dass dieses Verbot bis heute gilt. Es hatte mehrere erfolglose Versuche gegeben es abzuschaffen. Im Laufe der Jahrhunderte gelang es lediglich besondere Umstände festzulegen, unter denen das Verbot nicht galt.

Und so wurde beispielsweise 1892 das Gesetz dahingehend geändert, dass „Frauen, die ein Pferd am Zügel führen, Hosen tragen dürfen". Siebzehn Jahre später, 1909, ergänzte man das Dekret zusätzlich um den mildernden Eintrag, gemäß dem „Hosen zulässig sind, wenn eine Frau auf dem Fahrrad fährt oder das Fahrrad am Lenker hält". Die Änderungen waren, wie man sieht, mindestens so komisch wie das Verbot selbst.

Die Situation hätte sich 1969 ändern können. Globale Protestbewegungen, die eine Gleichberechtigung von Frauen anstrebten, wurden damals immer stärker. Angesichts der Protestwelle wandte sich der Rat von Paris an den damaligen Polizeichef mit der Bitte, das Verbot abzuschaffen. Leider kam man der Bitte nicht nach, da es nach Ansicht des Polizeichefs unvernünftig sei, sich bei der Änderung einer Vorschrift nach der Mode zu richten, denn diese ändere sich zu schnell.

Der bisher letzte Versuch, das Verbot abzuschaffen (im Jahre 2003) blieb ebenfalls erfolglos. Das bedeutet, dass Frauen, die sich im 21. Jahrhundert in Paris in einer Hose in die Öffentlichkeit begeben, gegen das Gesetz verstoßen. Soweit sie natürlich nicht in Begleitung eines Fahrrads oder eines Pferdes sind.

1. Kobiety w Paryżu spodni nosić nie mogą

   Hosenverbot für Frauen in Paris

2. Świat roi się od zakazów.

   Die Welt ist voller Verbote.

3. Niektóre z nich, choć przykre, wydają się być logiczne ze względu na bezpieczeństwo ludzi.

   Einige, obgleich lästig, scheinen im Hinblick auf die Sicherheit der Menschen nachvollziehbar.

4. I tak, o ile we wprowadzeniu zakazu spożywania alkoholu czy też palenia papierosów w miejscach publicznych, z bólem serca można znaleźć jakieś racjonalne przesłanki, o tyle zakaz noszenia spodni przez panie wymyka się raczej wszelkiemu rozsądkowi.

   Lassen sich zum Beispiel für die Einführung von Alkohol- und Rauchverbot an öffentlichen Orten – wenn auch nur schweren Herzens – rationale Gründe finden, so entzieht sich das Hosenverbot jeder vernünftigen Erklärung ...

5. Francuzki to piękne kobiety. Z podobnego założenia wyszedł szef paryskiej policji w roku 1800.

Französinnen sind schöne Frauen. Das muss sich der Chef der Pariser Polizei im Jahre 1800 gedacht haben.

6. Ażeby dodatkowo podkreślić zmysłowość paryżanek, postanowił on wprowadzić dość nietypowy zakaz. A mianowicie, od tej pory wszystkie mieszkanki Paryża nie mogły już nosić spodni.

Um die Sinnlichkeit der Pariserinnen zusätzlich zu betonen, beschloss er ein etwas untypisches Verbot einzuführen: Die Einwohnerinnen von Paris durften von da an keine Hosen mehr tragen.

7. Celem zakazu miało być powstrzymanie kobiet przed noszeniem się jak mężczyźni.

Der Zweck des Verbots war, Frauen daran zu hindern, sich wie Männer zu geben.

8. W przypadku, gdy któraś z pięknych paryżanek chciałaby złamać zakaz, musiała uzyskać tymczasowe pozwolenie.

Wollte sich eine hübsche Pariserin nicht an das Verbot halten, brauchte sie eine befristete Erlaubnis.

9. Z kolei, żeby uzyskać takowe, należało udać się na komendę. Najwyraźniej ówczesny szef policji był romantykiem i cenił subtelne walory dziewczęcego ciała.

Um eine solche zu bekommen, musste sie sich widerum zum Polizeirevier begeben. Der damalige Polizeichef hatte ganz offensichtlich eine romantische Natur und wusste die subtilen Vorzüge des jungen weiblichen Körpers zu schätzen.

10. W tym miejscu ktoś mógłby powiedzieć, że zakaz noszenia spodni to kolejny skostniały i bezsensowny przepis, charakterystyczny dla tamtych czasów. Owszem, sęk w tym, że ów zakaz funkcjonuje do dzisiaj!

An dieser Stelle könnte jemand sagen, das Hosenverbot sei eine weitere veraltete, sinnlose und für die damalige Zeit so typische Vorschrift. Das stimmt, nur dass dieses Verbot bis heute gilt!

11. Wielokrotnie próbowano go obalić, jednak bezskutecznie. Na przestrzeni stuleci udało się jedynie wprowadzić pewne specjalne okoliczności, w których zakaz nie obowiązywał.

Es hatte mehrere erfolglose Versuche gegeben es abzuschaffen. Im Laufe der Jahrhunderte gelang es lediglich besondere Umstände festzulegen, unter welchen das Verbot nicht galt.

12. I tak, przykładowo w 1892 roku dodano poprawkę, która głosiła, że „kobiety mogą nosić spodnie, jeżeli trzymają lejce konia".

Und so wurde beispielsweise 1892 das Gesetz dahingehend geändert, dass „Frauen, die ein Pferd am Zügel führen, Hosen tragen dürfen".

13. Siedemnaście lat później, w roku 1909 dekret został dodatkowo złagodzony przez wpis, zgodnie z którym „...spodnie są dopuszczalne, jeżeli kobieta jedzie na rowerze lub też trzyma rower za kierownicę...". Jak widać, poprawki były równie komiczne co sam zakaz.

Siebzehn Jahre später, 1909, ergänzte man das Dekret zusätzlich um den mildernden Eintrag, gemäß dem „Hosen zulässig sind, wenn eine Frau auf dem Fahrrad fährt oder das Fahrrad am Lenker hält". Die Änderungen waren, wie man sieht, mindestens so komisch wie das Verbot selbst.

14. Sytuacja mogła się zmienić w roku 1969. Wówczas to narastały globalne ruchy dążące do równouprawnienia kobiet.

Die Situation hätte sich 1969 ändern können. Globale Prostestbewegungen, die eine Gleichberechtigung von Frauen anstrebten, wurden damals immer stärker.

15. Na fali protestów rada Paryża zwróciła się z prośbą do ówczesnego szefa policji, by ten zniósł zakaz.

Angesichts der Protestwelle wandte sich der Rat von Paris an den damaligen Polizeichef mit der Bitte, das Verbot abzuschaffen.

16. Niestety prośba spotkała się z odmową, gdyż jak zauważył szef policji, nierozsądnie jest zmieniać treść zapisu, za sprawą przesłanek mody, gdyż ta zmienia się zbyt dynamicznie.

Leider kam man der Bitte nicht nach, da es nach Ansicht des Polizeichefs unvernünftig sei, sich bei der Änderung eines Gesetzes nach der Mode zu richten, da sich diese zu schnell ändere.

17. Ostatnia jak dotąd próba zniesienia zakazu (podjęta w roku 2003) również zakończyła się niepowodzeniem.

Der bisher letzte Versuch, das Verbot abzuschaffen (im Jahre 2003) blieb ebenfalls erfolglos.

18. Oznacza to, że w XXI wieku kobiety poruszające się po ulicach Paryża w spodniach łamią prawo. O ile oczywiście nie towarzyszy im rower. Albo koń.

Das bedeutet, dass Frauen, die sich im 21. Jahrhundert in Paris in einer Hose in die Öffentlichkeit begeben, gegen das Gesetz verstoßen. Soweit sie natürlich nicht in Begleitung eines Fahrrads oder eines Pferdes sind.

20   Boreout/Lösungen

20.1   Haupttext/Übersetzung

Boreout – Langeweile ist kein schickes Leiden

Miriam Meckels Burn-Out-Syndrom ist seit Wochen Thema in den Medien. Doch nicht nur wer zu viel Arbeit hat, kann krank werden: Der Psychotherapeut Wolfgang Merkle über das Bore-Out-Syndrom, den kleinen Bruder des Burn-Out-Syndroms.

Herr Merkle, Burn-Out kennt jeder. Das Bore-Out-Syndrom ist nicht so bekannt. Klingt auch erst mal absurd: Stress durch Langeweile, wie soll das denn gehen?

Das entsteht, weil jeder diesen Anspruch in sich hat: Er muss etwas leisten, damit er Anerkennung kriegt. Und nun hat er eigentlich nichts zu leisten, was ihn wirklich fordert, und das ist schlimm. Das ist gar nicht so selten – nicht nur bei Arbeitslosen, sondern auch bei Angestellten, in deren Unternehmen die Arbeit ungleich verteilt ist oder so verteilt ist, dass jemand unterfordert ist. Zum Beispiel, weil es gerade eine Auftragsmisere gibt und jeder sich unersetzlich machen will. Oder weil jemand überqualifiziert an einer Stelle hockt, die ihm gar nicht entspricht, weil er sehr

Nuda nie jest szykowną przypadłością

O syndromie wypalenia zawodowego (burnout) Miriam Meckel mówi się w mediach od tygodni. Ale zachorować może nie tylko ktoś, kto pracuje za dużo: Rozmowa z psychoterapeutą Wolfgangiem Merklem o boreoucie, mniejszej wersji burnoutu.

Syndrom wypalenia zawodowego jest powszechnie znany. Mniej znany jest natomiast boreout – syndrom zmęczenia wywołany niedostateczną ilością obowiązków. W pierwszym momencie wydaje się to nawet absurdalne – jak to jest możliwe, że nuda wywołuje stres?

Syndrom zmęczenia wywołany niedostateczną ilością obowiązków powstaje, bo każdy z nas ma w sobie aspiracje wykazania się czymś i zdobycia w ten sposób uznania innych. A tu nagle nie ma możliwości pokazać, że potrafi sprostać trudniejszym zadaniom i to jest niedobre. Tego typu sytuacje nie są aż tak rzadkie, znają je nie tylko bezrobotni ale też pracownicy firm, w których praca podzielona jest nierówno albo tak, że niektórzy

viel mehr leisten könnte.

Woran merke ich, dass ich ein Boreout habe?

Das Überraschende ist: Die Symptome sind gar nicht so anders als beim Burn-Out, oft sind es sogar genau dieselben Stress-Symptome wie Schlaflosigkeit, Tinnitus, Magenschmerzen, Kopf-schmerzen, Rückenschmerzen, Muskel-zucken – Dinge, die darauf hinweisen, dass eine Überreiztheit da ist.

Warum sind die Leute überreizt? Sie könnten im Büro doch einfach die Füße hochlegen.

Stellen Sie sich vor, Sie haben in Ihrer Redaktion nichts zu tun und ziehen die Skatkarten heraus – das macht keinen guten Eindruck. Wenn Sie dagegen den Anschein erwecken, ganz eifrig im Internet zu recherchieren, obwohl Sie gerade noch ein Kuchenrezept angeguckt haben, dann sieht das alle-mal besser aus.

Also der Stress entsteht auch durch Vertuschen.

Genau. Weil man die Misere nicht zeigen will. Aber der Stress kommt schon auch von außen. Zum Teil ent-steht Bore-Out, weil jemand gemobbt werden soll, indem man ihm zum Bei-spiel etwas zum Überprüfen gibt, was er schon fünfmal überprüft hat und wo es keine Fehler mehr zu finden gibt, um ihn absichtlich mit Unterforderung in Stress zu bringen.

Warum ist das Syndrom noch so unbe-

wykonują czynności poniżej własnych możliwości. Na przykład, kiedy firma ma mniej zleceń, a każdy chce mieć opinię, że jest niezastąpiony. Syndrom ten powstaje też, gdy osoba posiadająca wyższe kwalifikacje tkwi na niewłaściwej posadzie, a w rzeczywistości mogłaby wykonywać bardziej odpowiedzialną pracę.

Po czym poznać, że ma się boreout?

Zaskakujące jest to, że objawy burnoutu i boreoutu prawie się od siebie nie różnią. Często mamy do czynienia z dokładnie takimi samymi objawami stresu – bezsennością, szumami w uszach, bólami żołądka, głowy i pleców, drganiem mięśni – wszystko to wskazuje na stan wzmożonego rozdrażnienia nerwowego.

Dlaczego ludzie są rozdrażnienieni? Przecież mogliby się w biurze relaksować.

Niech sobie pani wyobrazi, że w redakcji nie ma pani nic do roboty i wyjmuje pani karty do gry w skata. Dobrego wrażenia to nie sprawia. Jeśli natomiast stwarza pani pozory, że gorliwie szuka pani czegoś w Internecie, chociaż tak naprawdę akurat przegląda pani jakieś przepisy na ciasto, to wrażenie jest zupełnie inne.

To znaczy, że stres powstaje też, jeśli staramy się coś zatuszować.

Zgadza się. Bo nikt nie chce się przyznać do tego, że sytuacja jest niedobra. Ale stres mogą też naturalnie wywoływać czynniki zewnętrzne. Boreout może też powstać u osoby,

kannt?

Das hat damit zu tun, dass jeder lieber Störungen hat, die sozial angesehen sind. Jemand, der erzählt: „Ich habe so viel zu tun, mein Gott, mir kracht die Bude zusammen vor Arbeit", ist sehr viel angesehener als jemand, der sagt, er langweilt sich, hat keine Aufgaben, und das macht ihn fertig. Da sagt doch jeder: „Mit dir möchte ich tauschen, das ist ja super!" Unterforderung ist nicht so ein schickes Leiden wie Überforderung. […]

Mit Wolfgang Merkle sprach Florentine Fritzen

która ma zostać poddana mobbingowi, której daje się do sprawdzenia coś, co sprawdzała już pięć razy i gdzie już na pewno nie ma błędów, czyli że celowo dając tej osobie do wykonania frustrujące zadanie, wprowadzamy ją w stres.

Dlaczego ten syndrom jest jeszcze tak mało znany?

Wiąże się to z tym, że każdy woli mieć problemy cieszące się uznaniem społecznym. Ktoś, kto mówi: „Jestem zawalony robotą, naprawdę nie wiem, od czego zacząć", cieszy się większym uznaniem niż ktoś, kto otwarcie przyznaje, że się nudzi, że nie ma co robić i że to go wykańcza. Komuś takiemu każdy odpowie: „Tobie to dobrze. Twoje zmartwienia chciałbym mieć". Mieć za mało pracy nie jest tak szykowną przypadłością jak mieć jej za dużo. […]

Z Wolfgangiem Merklem rozmawiała Florentine Fritzen

20.2   Übungen/Fehleranalysen

ÜBUNG 1

Die richtigen Sätze sind fett gedruckt.

> A) Miriam Meckels Burn-Out-Syndrom ist seit Wochen Thema in den Medien.

1. O syndromie wypalenia zawodowego (burnout) Miriam Meckel <u>pisze się w prasie</u> od tygodni.

    Der Inhalt des AT wurde ungenau wiedergegeben. *In den Medien* bedeutet nicht nur die Presse.

2. O <u>syndromie zmęczenia wywołanym niedostateczną ilością obowiązków</u> (burnout) Miriam Meckel jest w mediach głośno od tygodni.

    Die Übersetzung ist inhaltlich falsch. Im AT geht es um das Burnout, die angegebene Erklärung bezieht sich aber auf das Boreout.

3. **O syndromie wypalenia zawodowego (burnout) Miriam Meckel mówi się w mediach od tygodni.**

> B) Das Bore-out entsteht, weil jeder diesen Anspruch in sich hat: Er muss etwas leisten, damit er Anerkennung kriegt.

1. Syndrom zmęczenia wywołany niedostateczną ilością obowiązków powstaje, bo każdy <u>chce się wykazać własnymi zdolnościami</u> w celu zdobycia uznania innych.

    Die Übersetzung weicht vom AT ab. <u>Chce się wykazać własnymi zdolnościami</u> trifft nicht den Sinn von *etwas leisten.* Richtig vgl. B 3.

2. Boreout powstaje, bo każdy ma w sobie aspiracje pokazania, że potrafi <u>pracować sumiennie</u>, żeby w ten sposób zdobyć uznanie innych.

    Die Übersetzung weicht inhaltlich vom AT ab. Etwas leisten und *gewissenhaft arbeiten ist nicht dasselbe. Richtig – vgl. B 3.*

3. **Syndrom zmęczenia wywołany niedostateczną ilością obowiązków powstaje, bo każdy z nas ma w sobie aspiracje wykazania się czymś i zdobycia w ten sposób uznania innych.**

> C) Das Überraschende ist: Die Symptome sind gar nicht so anders als beim Burn-Out, oft sind es sogar genau dieselben Stress-Symptome.

1. **Zaskakujące jest to, że objawy burnoutu i boreoutu prawie się od siebie nie różnią, często mamy do czynienia z dokładnie takimi samymi objawami stresu.**

2. Zaskakujące jest to, że objawy burnoutu i boreoutu nie różnią się od siebie aż tak bardzo, często mamy do czynienia z dokładnie takimi samymi <u>objawami przemęczenia.</u>

   Die Übersetzung ist inhaltlich ungenau. <u>Objawy przemęczenia</u> sind nicht *Stress-Symptome*. Richtig – *objawy stresu.*

3. Zaskakujące jest to, że <u>objawy</u> nie różnią się od siebie aż tak bardzo, często mamy do czynienia z dokładnie takimi samymi przejawami stresu.

   Die Übersetzung ist ungenau. Es muss heißen – *objawy burnoutu i boreoutu.*

> D) Aber der Stress kommt schon auch von außen.

1. Ale stres mogą też naturalnie wywoływać <u>inne osoby.</u>

   Die Übersetzung ist inhaltlich falsch. *Von außen* heißt nicht <u>inne osoby,</u> sondern richtig – vgl. D 3.

2. <u>Ale stres może też naturalnie wpływać na czynniki zewnętrzne.</u>

   Der Inhalt des AT wurde völlig falsch wiedergegeben. Richtig – vgl. D 3.

3. **Ale stres mogą też naturalnie wywoływać czynniki zewnętrzne.**

E) Zum Teil entsteht Bore-out, weil jemand gemobbt werden soll, indem man ihm zum Beispiel etwas zum Überprüfen gibt, was er schon fünfmal überprüft hat und wo es keine Fehler mehr zu finden gibt, um ihn absichtlich mit Unterforderung in Stress zu bringen.

1. Syndrom zmęczenia wywołany niedostateczną ilością obowiązków powstaje również, gdy poddajemy kogoś mobbingowi, na przykład dając mu do sprawdzenia coś, co sprawdzał już pięć razy i gdzie <u>znalazł już wszystkie błędy</u>, czyli że celowo dając tej osobie do wykonania zadanie poniżej jej możliwości, wpędzamy ją w stres.

    <u>Znalazł już wszystkie błędy</u> weicht inhaltlich ab. Im AT geht es nicht darum, dass alle Fehler gefunden worden sind, sondern dass es keine Fehler mehr zu finden gibt. Der AT liefert überhaupt keinen Hinweis darauf, dass die gemobbte Person vorher tatsächlich Fehler fand.

2. <u>Syndrom wypalenia zawodowego</u> powstaje również, gdy kogoś mobbingujemy, na przykład dając mu do sprawdzenia coś, co sprawdzał już pięć razy i gdzie nie ma już błędów – a robimy to po to, by dając tej osobie nudne zadanie wpędzić ją w stres.

    Die Übersetzung ist inhaltlich falsch. Gemeint ist nicht das Burn- sondern das Boreout.

3. **Boreout może powstać też u osoby, która ma zostać poddana mobbingowi, na przykład poprzez danie jej do sprawdzenia czegoś, co sprawdzała już pięć razy i gdzie już na pewno nie ma błędów, czyli żeby celowo dając tej osobie do wykonania frustrujące zadanie, wprowadzić ją w stres.**

F) Warum ist das Syndrom noch so unbekannt?

1. **Dlaczego ten syndrom jest jeszcze tak mało znany?**

2. Dlaczego o tym syndromie tak <u>mało się jeszcze wie</u>?

    <u>Mało się jeszcze wie</u> – Inhalt falsch. Der Sinn des deutschen Satzes ist nicht, dass das Syndrom wenig erforscht ist, sondern dass die Öffentlichkeit von ihm wenig Kenntnis nimmt.

3. Dlaczego tym syndromem <u>interesujemy się</u> tak mało?

    <u>Interesujemy się</u> – Inhalt falsch; richtig – vgl. F 1.

G) Das hat damit zu tun, dass jeder lieber Störungen hat, die sozial angesehen sind.

1. Wiąże się to z tym, że każdy woli mieć <u>przeszkody</u> cieszące się uznaniem społecznym.

   <u>Przeszkody</u> ist im vorliegenden Kontext lexikalisch falsch. Und das völlig unabhängig davon, ob *Störungen* im AT die beste lexikalische Wahl ist. Die Übersetzung muss lauten – *problemy/kłopoty*.

2. **Wiąże się to z tym, że każdy woli mieć problemy cieszące się uznaniem społecznym.**

3. Wiąże się to z tym, że każdy woli <u>mówić o problemach</u> cieszących się uznaniem społecznym.

   Es muss heißen – *mieć problemy*, nicht – <u>mówić o problemach</u>.

ÜBUNG 2

ÜBERSETZUNG

Syndrom boreoutu: niedostateczna ilość obowiązków w miejscu pracy

W książce „Diagnose Boreout" (Diagnoza – boreout) wydanej w marcu 2007 r. przez Philippe'a Rothlina i Petera Werdera przedstawiony jest boreout (syndrom zmęczenia wywołany niedostateczną ilością obowiązków) będący całkowitym przeciwieństwem burnoutu.

Osoby dotknięte boreoutem nie są leniwe. Chcą pracować, ale rodzaj pracy, którą wykonują, albo firma nie zapewnia im dostatecznej ilości obowiązków. Syndrom ten może powstać przed rozpoczęciem pracy lub w czasie jej wykonywania. I tak naprawdę może on wystąpić u każdego z nas. Częstymi ofiarami są pracownicy, którzy wykonują czynności według ściśle określonego harmonogramu. W nie mniejszym stopniu narażone są też osoby wykonujące pracę nie budzącą w nich pasji czy chęci działania. Wprawdzie wiele osób chciałoby pracować mniej, ale nie oznacza to, że cierpią one na boreout. Jeśli ktoś ma stale za mało obowiązków, albo wykonuje czynności, które go nudzą, wtedy stres nasila się, a nie maleje. Wówczas miejsce pracy zamienia się w męczącą poczekalnię, w której człowiek stale patrzy na zegarek w nadziei, że upłynęła kolejna minuta. Wszyscy ci, którzy nie chcą załatwiać prywatnych spraw w „czasie pracy" (albo nie mają do tego odwagi), powracają do aktualnych zadań. Ale jeśli wszystko jest już zrobione – co wtedy? No właśnie, zaczyna się coś tam jeszcze poprawiać, uzupełniać i zanim się człowiek obejrzy, jest już dotknięty boreoutem i w takim samym stopniu też perfekcjonizmem. [...]

1. Bore-out-Syndrom: Unterforderung am Arbeitsplatz

    Syndrom boreoutu: niedostateczna ilość obowiązków w miejscu pracy

2. In dem von Philippe Rothlin und Peter Werder im März 2007 veröffentlichten Buch „Diagnose Boreout", wird das genaue Gegenteil vom Burnout – das Bore-out (Unterforderung) vorgestellt.

    W książce „Diagnose Boreout" (Diagnoza – boreout) wydanej w marcu 2007 r. przez Philippe'a Rothlina i Petera Werdera przedstawiony jest boreout (syndrom zmęczenia wywołany niedostateczną ilością obowiązków), będący całkowitym przeciwieństwem burnoutu.

3. Menschen, die das Bore-out-Syndrom gepackt hat, sind nicht faul. Sie wollen arbeiten, doch die Arbeit oder das Unternehmen gibt diesen Menschen nicht die nötige Auslastung.

    Osoby dotknięte boreoutem nie są leniwe. Chcą pracować, ale rodzaj pracy, którą wykonują, albo firma nie zapewnia im dostatecznej ilości obowiązków.

4. Dieser Effekt kann vor oder während der Arbeit entstehen. Und im Grunde ist niemand vor ihm sicher.

    Syndrom ten może powstać przed rozpoczęciem pracy lub w czasie jej wykonywania. I tak naprawdę może on wystąpić u każdego z nas.

5. Vor allem Arbeitnehmer, die ihre Aufgaben und deren Pensum nach einem festen Plan erledigen müssen, sind beliebte Opfer.

    Częstymi ofiarami są pracownicy, którzy wykonują czynności według ściśle określonego harmonogramu.

6. Ebenso betroffen sind Personen, die einer Tätigkeit nachgehen, die deren Leidenschaft und Tatendrang nicht wecken.

    W nie mniejszym stopniu narażone są osoby wykonujące pracę nie budzącą w nich pasji czy chęci działania.

7. Der Wunsch, im Beruf weniger arbeiten zu müssen, ist zwar bei vielen vorhanden, doch ist dieser nicht mit einem Boreout gleichzusetzen. Denn eine dauerhafte Unterforderung führt eher zu mehr, anstatt weniger Stress.

    Wprawdzie wiele osób chciałoby pracować mniej, ale nie oznacza to, że cierpią one na boreout. Jeśli ktoś ma stale za mało obowiązków, albo wykonuje czynności, które go nudzą, wtedy stres nasila się a nie maleje.

8. Der Arbeitsplatz wird somit zum unangenehmen Wartezimmer, bei dem man ständig auf die Uhr schaut, in der Hoffnung, dass wieder eine weitere Minute verstrichen ist.

   Wówczas miejsce pracy staje się męczącą poczekalnią, w której człowiek stale patrzy na zegarek w nadziei, że upłynęła kolejna minuta.

9. All diejenigen, die private Dinge nicht während dieser „Arbeitszeit" erledigen möchten (oder sich nicht trauen), widmen sich dann doch wieder bestehenden Projekten. Nur was tun, wenn das Projekt im Grunde schon fertig ist?

   Wszyscy ci, którzy nie chcą załatwiać prywatnych spraw w „czasie pracy" (albo nie mają odwagi), powracają do aktualnych zadań. Ale jeśli wszystko jest już zrobione – co wtedy?

10. Genau, man bastelt einfach noch ein bisschen dran herum. Und ehe man sich versieht, ist man vom Boreout und Perfektionismus gleichermaßen betroffen.

    No właśnie, zaczyna się coś tam jeszcze poprawiać, uzupełniać i zanim się człowiek obejrzy, już jest dotknięty boreoutem i w takim samym stopniu perfekcjonizmem. [...]

ÜBUNG 3

ÜBERSETZUNG

Bevor nur Asche übrig bleibt

Sollte jemand, der an Burnout leidet, seinen Job hinschmeißen?

Um es möglichst kurz zu formulieren – das Burnout tritt dann auf, wenn ein beruflich engagierter Mensch die Motivation zum Weitermachen verliert und an psychischer, emotionaler wie auch physischer Erschöpfung leidet. Das Burnout äußert sich meist in Form von verminderter Effektivität und Qualität der Arbeit, mangelnder Zufriedenheit oder einem Rückzug aus bisherigen Aktivitäten. Nicht selten mündet das Burnout in eine Depression.

Es ist nicht bekannt, wie viele Polen an Burnout leiden, aber der Prozentsatz dürfte recht hoch sein. Wie sollte es anders sein, wenn fast die Hälfte aller berufstätigen Amerikaner Burnout-Symptome aufweisen. So lauten jedenfalls die Schätzungen des Americam Institute of Stress, das ausgerechnet hat, dass die US-Wirtschaft durch das Burnout jährlich Einbußen von bis zu 300 Milliarden Dollar erleidet, wobei sich diese Summe u. a. aus Produktivitätsabsenkung, Absenzzeiten und steigender Fluktuation des Personals zusammensetzt. Bei uns gibt es keine vergleichbaren Schätzungen. Dieses gesellschaftlich wichtige Problem ist nach wie vor ein Tabu. [...]

---

1. Zanim zostaną zgliszcza

    Bevor nur Asche übrig bleibt

2. Czy człowiek wypalony zawodowo powinien rzucić pracę?

    Sollte jemand, der an Burnout leidet, seinen Job hinschmeißen?

3. Najkrócej rzecz ujmując, o wypaleniu zawodowym można mówić wówczas,
    kiedy osoba zaangażowana w swoją pracę traci motywację do dalszego
    działania, doświadczając zarówno psychicznego, emocjonalnego, jak
    i fizycznego wyczerpania.

    **Um es möglichst kurz zu formulieren – das Burnout tritt dann auf, wenn
    ein beruflich engagierter Mensch die Motivation zum Weitermachen ver-
    liert und dabei psychisch, emotional und physisch ausbrennt.**

4. Wypalenie przejawia się najczęściej w postaci obniżenia efektywności i jakości
    wykonywanej pracy, brakiem satysfakcji lub wycofaniem się z dotychczasowej
    aktywności. Nierzadko przechodzi w depresję.

    **Das Burnout äußert sich meist in Form von verminderter Effektivität und
    Qualität der Arbeit, mangelnder Zufriedenheit oder einem Rückzug aus bishe-
    rigen Aktivitäten. Nicht selten mündet das Burnout in eine Depression.**

5. Nie wiadomo, ilu Polaków syndrom wypalenia zawodowego dotyczy, ale ich
    odsetek z pewnością jest niemały. Nie może być inaczej, skoro jego objawy ma
    prawie połowa pracujących Amerykanów.

    **Es ist nicht bekannt, wie viele Polen an Burnout leiden, aber der Prozent-
    satz dürfte recht hoch sein. Wie sollte es anders sein, wenn fast die Hälfte
    aller berufstätigen Amerikaner Burnout-Symptome aufweisen.**

6. Takie są w każdym razie szacunki organizacji The American Institute of Stress, która
    wyliczyła, iż z tego powodu gospodarka USA traci rocznie aż 300 mld dol., na co
    składają się m.in. spadek wydajności, absencja pracowników, rosnąca rotacja kadr.

    **So lauten jedenfalls die Schätzungen des Americam Institute of Stress, das
    ausgerechnet hat, dass die US-Wirtschaft durch das Burnout jährlich Ein-
    bußen von bis zu 300 Milliarden Dollar erleidet, wobei sich diese Summe u.
    a. aus Produktivitätsabsenkung, Absenzzeiten und steigender Fluktuation
    des Personals zusammensetzt.**

7. U nas podobnych szacunków nikt nie robi. Ten ważny społecznie problem wciąż
    jest tematem tabu.

    **Bei uns gibt es keine vergleichbaren Schätzungen. Dieses gesellschaftlich
    wichtige Problem ist nach wie vor ein Tabu.**

ÜBUNG 4

ÜBERSETZUNG

Was tun, um sich wie Phönix aus der Asche wieder zu erheben? Dazu meint Monika Starecka, Leiterin der Finanzbuchhaltung bei Vattenfall Heat Poland:

Nach dem Studium kam ich zu einer renommierten Buchhaltungsfirma. Nach drei Jahren harter Arbeit wurde mir plötzlich klar, dass ich kurz vor einem Burnout stand. Mein Arbeitstag hatte zehn Stunden. Ich schlief viel, wachte morgens trotzdem müde auf. Selbst wenn ich früher Feierabend machte, hatte ich zu nichts Lust. Mein Mann und ich schliefen auf der Couch vor dem Fernseher ein, die Fernbedienung noch in der Hand. An gemeinsame Theater- oder Kinobesuche wie früher war nicht mehr zu denken. Der Job machte mir keinen Spaß mehr, ich arbeitete weniger effektiv, die Zeit zerrann mir zwischen den Fingern. Ich vergeudete täglich ganze anderthalb Stunden, indem ich mit meinen Freundinnen über die Firma tratschte.

Das Erwachen kam an meinem 26. Geburtstag. Ich zog eine Art Lebensbilanz, herausgekommen ist dabei, dass ich unglücklich war. Ich beschloss mich aufzuraffen und einiges in meinem Leben zu ändern. Ich begann gegen die Spirale negativer Gedanken anzukämpfen, meldete mich bei einem Fitnessstudio an und nahm mein früheres Hobby, das Tauchen, wieder auf.

Der frühere Arbeitseifer stellte sich nicht mehr ein, also wechselte ich in einen etwas ruhigeren Job. Aber erst, als mein Wunsch nach eigenen Kindern immer deutlicher wurde. Heute bin ich Mutter von zwei Kindern, und es gelingt mir, eine Lebensbalance zu halten. Ich arbeite mit einem Coach zusammen, der mir dabei hilft. Da ich das Burnout am eigenen Leib erfahren habe und selbst Managerin bin, weiß ich, wie ich mit Menschen umgehen muss, für die ich verantwortlich bin. Abteilungsleiter schicke ich zu Stress-Schulungen, die Anderen versorge ich in bestimmten Zeitabständen mit neuen Aufgaben und Zuständigkeiten.

---

1. „Jak powstać z popiołów?" – Radzi Monika Starecka, dyrektor departamentu działu rachunkowości finansowej Vattenfall Heat Poland:

   Was tun, um sich wie Phönix aus der Asche wieder zu erheben? Monika Starecka, Leiterin der Finanzbuchhaltung bei Vattenfall Heat Poland rät hierzu:

2. Po studiach trafiłam do renomowanej firmy księgowej. Po trzech latach ciężkiej pracy nagle dotarło do mnie, że jestem na skraju wypalenia zawodowego.

   Nach dem Studium kam ich zu einer renommierten Buchhaltungsfirma. Nach drei Jahren harter Arbeit wurde mir plötzlich klar, dass ich kurz vor einem Burnout stand.

3. Pracowałam po 10 godz. dziennie. Choć spałam dużo, i tak wstawałam zmęczona. Nawet jeśli wracałam wcześniej z roboty, na nic nie miałam ochoty. Zasypialiśmy z mężem na kanapie przed telewizorem z pilotem w ręku.

Mein Arbeitstag hatte zehn Stunden. Ich schlief viel, wachte morgens trotzdem müde auf. Selbst wenn ich früher Feierabend machte, hatte ich zu nichts Lust. Mein Mann und ich schliefen auf der Couch vor dem Fernseher ein, die Fernbedienung noch in der Hand.

4. Nie było mowy o wspólnych wypadach do teatru lub kina, mimo że kiedyś chadzaliśmy do nich często. Praca przestała mnie cieszyć, zrobiłam się mniej wydajna i czas zaczął przeciekać mi przez palce. Marnowałam aż półtorej godziny dziennie plotkując z koleżankami na temat firmy.

An gemeinsame Theater- oder Kinobesuche wie früher war nicht mehr zu denken. Der Job machte mir keinen Spaß mehr, ich arbeitete weniger effektiv, die Zeit zerrann mir zwischen den Fingern. Ich vergeudete täglich ganze anderthalb Stunden, indem ich mit meinen Freundinnen über die Firma tratschte.

5. Otrzeźwienie przyszło w 26 urodziny. Zrobiłam coś na kształt bilansu życia i wyszło mi, że jestem nieszczęśliwa.

Das Erwachen kam an meinem 26. Geburtstag. Ich zog eine Art Lebensbilanz, herausgekommen ist dabei, dass ich unglücklich war.

6. Postanowiłam wziąć się w garść i cały szereg rzeczy w swoim życiu zmienić. Zaczęłam walczyć ze spiralą złych myśl. Zapisałam się do siłowni i wróciłam do hobby – nurkowania.

Ich beschloss mich aufzuraffen und einiges in meinem Leben zu ändern. Ich begann gegen die Spirale negativer Gedanken anzukämpfen, meldete mich bei einem Fitnessstudio an und nahm mein früheres Hobby, das Tauchen, wieder auf.

7. Dawny zapał do pracy nie powrócił, więc pracę zmieniłam na spokojniejszą, ale dopiero wtedy, gdy zaczęłam myśleć poważnie o dzieciach.

Der frühere Arbeitseifer stellte sich nicht mehr ein, also wechselte ich in einen etwas ruhigeren Job. Aber erst, als mein Wunsch nach eigenen Kindern immer deutlicher wurde.

8. Dzisiaj mam ich dwójkę i udaje mi się utrzymywać życiową równowagę. Pomaga mi w tym coach, z którym współpracuję.

Heute bin ich Mutter von zwei Kindern, und es gelingt mir, eine Lebensbalance zu halten. Ich arbeite mit einem Coach zusammen, der mir dabei hilft.

9. Ponieważ zaznałam, czym jest wypalenie zawodowe, i jestem menedżerem, wiem, jak traktować podległych mi ludzi. Kierowników wysyłam na szkolenia walki ze stresem, pozostałym co jakiś czas zmieniam zadania i kompetencje.

Da ich das Burnout am eigenen Leib erfahren habe und selbst Managerin bin, weiß ich, wie ich mit Menschen umgehen muss, für die ich verantwortlich bin. Abteilungsleiter schicke ich zu Stress-Schulungen, die Anderen versorge ich in bestimmten Zeitabständen mit neuen Aufgaben und Zuständigkeiten.

21 Index

22 Quellennachweise

Kapitel 1

„Komorowski to siła spokoju"; Ausschnitte eines Interviews aus *Rzeczpospolita* vom 10.5.2010.

Kapitel 2

„Bartoszewski: Niemcy są nam bliscy jak nigdy dotąd"; Quelle: *Wprost* vom 10.5.2010.

Übung 2: Der Text wurde *n-tv.de* vom 3.9.2010 entnommen.

Übung 3: „Unter Druck sind Polen immer unberechenbar"; Ausschnitte eines Interviews mit Władysław Bartoszewski aus dem *Tagesspiegel* vom 22.12.2007.

Kapitel 3

„Turecka minister nie chce krzyży w niemieckich szkołach"; Quelle: *Gazeta Wyborcza* vom 26.4.2010.

Übung 4: „Wulff stellt sich vor die neue Sozialministerin"; Ausschnitte eines Artikels aus der *Frankfurter Rundschau* vom 27.04.2010.

Kapitel 4

„Jeff Bridges – leń nagrodzony Oscarem" (Ausschnitte); Quelle: Paweł Górnikowski, *Świat Kobiety* vom 29.4.2010, *Styl.Pl*.

Übung 3: „Hits im Halbkoma" (Ausschnitte); Quelle: Andreas Borcholte, *Der Spiegel online* vom 4.3.2010.

Übung 4: „Hits im Halbkoma" (Ausschnitte), Andreas Borcholte, *Der Spiegel online* vom 4.3.2010.

Übung 5: „Jeff Bridges – leń nagrodzony Oscarem" (Fortsetzung); Quelle: Paweł Górnikowski, *Świat Kobiety* vom 29.4.2010, *Styl.Pl*.

Kapitel 5

„Domosławski: Kapuściński nadal jest moim mistrzem", Interview mit Artur Domosławski, Quelle: *Newsweek.pl* vom 27.02.2010.

Übung 2: „Kapuściński, fiction czy non-fiction"; (Ausschnitte); Quelle: Marcin Purpur, *Cafebabel.com* vom 26.03.2010.

Übung 3: „Der seltsame Fall des Ryszard Kapuściński" ist eine Übersetzung des in Übung 2 verwendeten Textes „Kapuściński, fiction czy non-fiction". Die Übersetzung stammt von Sophie Beeze und wurde *Cafebabel.com* entnommen.

Kapitel 6

„Streit um Thierse" (Ausschnitte); Quelle: Heribert Prantl, *Süddeutsche Zeitung* vom 05. 05.2010.

Übung 2: Interview mit dem Bundestagsvizepräsidenten Wolfgang Thierse aus *Der Tagesspiegel* vom 04.05.2010.

Übung 3: „Polityk, który w weekend łamie prawo" (Ausschnitte); Quelle: Bartosz T. Wieliński aus *Gazeta Wyborcza* vom 5.5.2010.

Kapitel 7

„Bundespräsident Köhler erklärt Rücktritt" (Ausschnitte); Quelle: *Süddeutsche Zeitung* vom 31.05.2010.

Übung 2: „Prezydent Köhler ustąpił ze stanowiska"; Quelle: *PAP* vom 31. Mai 2010.

Übung 3: „Er wollte keine neue Militärdoktrin für Deutschland verkünden"; Quelle: *k*vom 27.05.2010.

Kapitel 8 „Tödlicher Drogencocktail. Mehrjährige Haft und Berufsverbot für Arzt" (Ausschnitte); Quelle: *Frankfurter Allgemeine Zeitung* vom 10.05.2010.

Übung 3: Der Text stammt aus *serwis Money.pl*, 20.09.2009.

Kapitel 9

„Hosenverbot für Frauen" (Ausschnitte); Quelle: Rudolf Balmer, *taz* vom 07.05.2010.

Übung 3: Der Text wurde *Portal Facet.pl* vom 19.11.2009 entnommen.

Kapitel 10

„Bore-out-Syndrom. Langeweile ist kein schickes Leiden" (Ausschnitte); Quelle: *Frankfurter Allgemeine Zeitung* vom 26.4.2010.

Übung 2: „Bore-out-Syndrom: Unterforderung am Arbeitsplatz" (Ausschnitte); Quelle: *Portal erfolgreich-im-leben.com* vom 03.09.08.

Übung 3: „Zanim zostaną zgliszcza" (Auschnitte); Quelle: Paweł Wrabec, *Polityka* vom 17.02.2010.

Übung 4: „Jak powstać z popiołów"; Quelle: Monika Starecka, *Archiwum Polityki. Nr. 21. Pomocnik Psychologiczny. 3. Ausgabe.* S. 24-27.

Anmerkung:

Zahlreiche deutsche Belegstellen wurden mit Hilfe des Portals Wortschatz Universität Leipzig ermittelt (s. Internetquellen).

23 Bibliographie und Internetquellen

23.1 Lexik/Grammatik

[DUDEN] Das große Wörterbuch der deutschen Sprache in zehn Bänden / hrsg. vom Wissenschaftlichen Rat der Dudenredaktion. – Mannheim: Dudenverl., 1999.

Die deutsche Rechtschreibung: auf der Grundlage der neuen amtlichen Rechtschreibregeln / hrsg. von der Dudenredaktion. – Mannheim : Dudenverl., 2009 (Duden. Bd. 1).

Das Fremdwörterbuch / hrsg. von der Dudenredaktion. 10. aktual. Aufl. – Mannheim: Dudenverl., 2010 (Duden. Bd. 5).

Die Grammatik: unentbehrlich für richtiges Deutsch/hrsg. von der Dudenredaktion. – Mannheim: Dudenverl., 2009 (Duden. Bd. 4).

Redewendungen: Wörterbuch der deutschen Idiomatik / hrsg. von der Dudenredaktion. – Mannheim: Dudenverl., 2008 (Duden. Bd. 11).

[DUBISZ] Uniwersalny słownik języka polskiego / pod red. Stanisława Dubisza. 4 Bde. – Warszawa : Wyd. Naukowe PWN, 2003.

[DUNAJ] Słownik współczesnego języka polskiego / Red. Bogusław Dunaj. – Warszawa: Wilga, 1996.

Engel, Ulrich u.a.: Deutsch-polnische kontrastive Grammatik. 2 Bde. – Heidelberg: Groos, 1999.

[INNY SŁOWNIK] Inny słownik języka polskiego / Red. Mirosław Bańko. – Warszawa: PWN, 2000.

[KILIAN] Kilian, Alina: Słownik języka prawniczego i ekonomicznego: polsko-niemiecki i niemiecko-polski. Wörterbuch der Rechts- und Wirtschaftssprache: Polnisch-Deutsch und Deutsch-Polnisch. 2 Bde. Warszawa 2002.

Kozieja-Dachterska, Agnieszka: Großwörterbuch der Wirtschafts- u. Rechtssprache. Bd. 1: Deutsch-Polnisch. Bd. 2: Polnisch-Deutsch. – Warszawa: Beck, 2006-2010.

[KÜPPER] Küpper, Heinz: Wörterbuch der deutschen Umgangssprache. – Stuttgart: Klett, 1997.

Markowski, Andrzej: Język polski: poradnik prof. Markowskiego; [problemy językowe i gramatyczne współczesnego Polaka]. Warszawa: Langenscheidt, 1997.

[MARKOWSKI/PAWELEC] Markowski, Andrzej/Pawelec, Radosław: Nowy słownik wyrazów obcych i trudnych . – Warszawa: Wilga, 2005.

Markowski, Andrzej (Red.): Wielki słownik poprawnej polszczyzny. – Wyd. 1, III dodr.– Warszawa: Wydawn. Nauk. PWN, 2007.

Polański, Edward (Red.): Nowy słownik ortograficzny PWN. – Wyd. 4, III dodr. – Warszawa: Wyd. Naukowe PWN, 2002.

[PONS] Wielki słownik niemiecko-polski, polsko-niemiecki: [150 000 haseł i zwrotów]/red. Anna Dargacz u.a. 2 Bde. – Poznań: LektorKlett, 2007-2008.

[PWN] Wielki słownik niemiecko-polski = Grosswörterbuch Deutsch-Polnisch/[Red.: Józef Wiktorowicz u.a.]. – Warszawa: Wyd. Naukowe PWN, 2010.

[PWN] Wielki słownik polsko-niemiecki = Grosswörterbuch Polnisch-Deutsch/[Red.: Józef Wiktorowicz u.a.] – Warszawa: Wyd. Naukowe PWN, 2008.

[SKIBICKI] Skibicki, Wacław: Słownik terminologii prawniczej i ekonomicznej niemiecko-polski = Wörterbuch der Rechts- und Wirtschaftssprache, deutsch-polnisch. – Warszawa: Wiedza Powszechna, 1990.

Sobol, Elżbieta (Red.): Podręczny słownik języka polskiego. – Wyd. 1. – Warszawa: Wyd. Naukowe PWN, 1996.

Sobol, Elżbieta (Red.): Słownik wyrazów obcych. – Wyd.1, 13 dodr.- Warszawa : Wyd. Naukowe PWN, 2002.

[WAHRIG] Deutsches Wörterbuch: mit einem Lexikon der Sprachlehre / hrsg. von Renate Wahrig-Burfeind. – Gütersloh: Wissen Media Verlag, 2008.

[WORBS] Worbs, Erika: Polnisch-deutsches Wörterbuch der Neologismen: neuer polnischer Wortschatz nach 1989 / Erika Worbs, Andrzej Markowski, Andreas Meger ; Gesamtred.: Erika Worbs. – Wiesbaden: Harrassowitz, 2007.

23.2 Translationswissenschaft

Eco, Umberto: Quasi dasselbe mit anderen Worten: über das Übersetzen (Dire quasi la stessa cosa, dt.) – München: Hanser, 2006.

Kittel, Harald u.a. (Hrsg.): Übersetzung: ein internationales Handbuch zur Übersetzungsforschung. 2 Bde. – Berlin: de Gruyter, 2004–2010 (Handbücher zur Sprach- u. Kommunikationswiss. Bd. 26).

Koller, Werner: Einführung in die Übersetzungswissenschaft. 7., aktualis. Aufl. – Wiesbaden: Quelle u. Meyer, 2004.

Nord, Christiane: Einführung in das funktionale Übersetzen: am Beispiel von Titeln und Überschriften. – Tübingen u. Basel: Franke, 1993.

Nord, Christiane: Textanalyse und Übersetzen. 2., neu bearb. Aufl. – Heidelberg: Groos, 1991.

Paepcke, Fritz: Im Übersetzen leben: Übersetzen und Textvergleich; hrsg. von Klaus Berger u.a.. – Tübingen: Narr, 1986.

Prunč, Erich: Einführung in die Translationswissenschaft. Bd. 1: Orientierungsrahmen. 4. Aufl. – Graz: Inst. für Translationswiss., 2003.

Prunč, Erich: Entwicklungslinien der Translationswissenschaft. – Berlin: Frank & Timme, 2007.

Reiß, Katharina u.a. (Hrsg.): Grundfragen der Übersetzungswissenschaft: Wiener Vorlesungen. – Wien: WUV–Universitätsverl., 1995.

Reiß, Katharina/Hans J. Vermeer: Grundlegung einer allgemeinen Translationstheorie. – Tübingen: Niemeyer, 1984.

Snell–Hornby, Mary u.a. (Hrsg.): Handbuch Translation. 2., verb. Aufl. – Tübingen: Stauffenburg, 1999.

Snell–Hornby, Mary (Hrsg.): Übersetzungswissenschaft – eine Neuorientierung: zur Integrierung von Theorie und Praxis. 2., durchges. Aufl. – Tübingen; Basel: Francke, 1994.

Stolze, Radegundis: Grundlagen der Textübersetzung . 2. Aufl. – Heidelberg: Groos, [1985].

Stolze, Radegundis: Übersetzungstheorien: eine Einführung. 5., überarb. u. erw. Aufl.– Tübingen: Narr, 2008.

Vermeer, Hans J.: Skopos und Translationsauftrag: Aufsätze. 2. Aufl. – Heidelberg, 1990

Wilss, Wolfram (Hrsg.): Übersetzungswissenschaft. – Darmstadt: Wiss. Buchges., 1981.

Wilss, Wolfram: Übersetzungswissenschaft: Probleme und Methoden. – Stuttgart: Klett, 1977.

23.3   Nützliche Internetquellen

Wortschatz Universität Leipzig:
http://wortschatz.uni-leipzig.de/

Wortschatz Universität Leipzig: Corpus based monolingual dictionary Polish:
http://corpora.informatik.uni-leipzig.de/?dict=pol_wikipedia_2007

Internetressourcen für Polnisch-Übersetzer:
http://www.fb06.uni-mainz.de/inst/is/polnisch/ttools-online.html

Portal Wiedzy PWN:
http://www.pwn.pl/

Wideoblog profesora Jerzego Bralczyka:
http://bralczyk.blog.polityka.pl/

Korpus IPI PAN:
http://www.korpus.pl/

Korpus Języka Polskiego Wydawnictwa Naukowego PWN:
http://korpus.pwn.pl/

Polski Internetowy Słownik Mowy Potocznej i Slangu:
http://www.define.pl/

Gazeta słowniki:
http://slowniki.gazeta.pl/pl

Polish internet resources der British Library:
http://www.bl.uk/reshelp/findhelpregion/europe/poland/polishlinks/polishlinks.html

Oficjalny portal promocyjny Rzeczypospolitej Polskiej:
http://www.poland.gov.pl/?page=1000000002

Kancelaria Prezesa Rady Ministrów:
http://www.premier.gov.pl/

Sejm Rzeczypospolitej Polskiej:
http://www.sejm.gov.pl/

Deutsche Bundesregierung:
http://www.bundesregierung.de/Webs/Breg/DE/Homepage/home.html

Deutschland: Auswärtiges Amt:
http://www.auswaertiges-amt.de/DE/Startseite_node.html

Deutscher Bundestag:
http://www.bundestag.de/

www.ingramcontent.com/pod-product-compliance
Lightning Source LLC
Chambersburg PA
CBHW080357030426
42334CB00024B/2900